मैथिलीशरण संचयिता

(कविताएँ)

महात्मा गांधी अन्तरराष्ट्रीय हिन्दी विश्वविद्यालय
के लिए प्रकाशित

महात्मा गांधी अन्तरराष्ट्रीय हिन्दी विश्वविद्यालय

मैथिलीशरण संचयिता

सम्पादक

नन्दकिशोर नवल

राजकमल प्रकाशन

ISBN : 978-81-267-0476-7

मूल्य : ₹995

पहला संस्करण : 2002
दूसरा संस्करण : 2014
पहली आवृत्ति : 2024

प्रकाशक : राजकमल प्रकाशन प्रा.लि.
1-बी, नेताजी सुभाष मार्ग, दरियागंज
नई दिल्ली-110 002

शाखाएँ : अशोक राजपथ, साइंस कॉलेज के सामने, पटना-800 006
पहली मंजिल, दरबारी बिल्डिंग, महात्मा गांधी मार्ग, प्रयागराज-211 001
1, अनमोल सोराबजी संतुक लेन, धोबी तलाव, मरीन लाइंस, मुम्बई-400 002

वेबसाइट : www.rajkamalprakashan.com
ई-मेल : info@rajkamalprakashan.com

मुद्रक : राजकमल प्रकाशन प्रा. लि.
नई दिल्ली-110 002

MAITHILI SHARAN SANCHAYITA
Edited by Nand Kishore Nawal

विश्वविद्यालय का वक्तव्य

आमतौर पर यह धारणा है कि विश्वविद्यालय स्तर पर हिन्दी साहित्य, भाषा और संस्कृति का जो अध्ययन-अध्यापन होता है वह अधिकतर रूढ़िग्रस्त और उबाऊ हो गया है। महात्मा गांधी अन्तरराष्ट्रीय हिन्दी विश्वविद्यालय के प्राथमिक सरोकारों में से एक यह है कि पाठ्यक्रम, पाठ्यचर्या और पाठ्यसामग्री को एक नई शताब्दी की नई चुनौतियों और प्रश्नाकुलता के अनुरूप ताजातरीन करते हुए इस क्षेत्र में नए विकल्पों को खोजा, विकसित और विन्यस्त किया जाए। तभी यह विश्वविद्यालय हिन्दी अध्ययन-अध्यापन और अनुसन्धान के क्षेत्रों में कुछ ठोस, प्रासंगिक और कारगर विकल्प प्रस्तुत कर सकता है।

हमारे विश्वविद्यालय ने देश और विदेश के श्रेष्ठ विशेषज्ञों से विचार-विनिमय कर इस दिशा में कुछ प्रयत्न करना शुरू किया है। हमारा लक्ष्य हिन्दी साहित्य, भाषा और संस्कृति को उसकी समग्रता, जटिलता और बहुलता में आलोकित करते हुए उनकी नए प्रश्नों, चिन्ताओं और उत्सुकताओं से दो-चार होने की अपार क्षमता और उसकी वर्तमान अनेक दिशाओं को इंगित करना भी है।

चूँकि नए किस्म के पाठ्यक्रम और पाठ्यचर्या के लिए नए किस्म की पाठ्य-सामग्री अनिवार्य है, इस विश्वविद्यालय ने एक अपेक्षाकृत महत्त्वाकांक्षी प्रकाशन-योजना हाथ में ली है। यह पुस्तक उसी योजना का एक हिस्सा है।

इस प्रकाशन योजना में हिन्दी के प्रमुख लेखकों के प्रतिनिधि संचयनों, विविध विषयों पर आधारित संकलनों, यथा प्रेम, प्रकृति, अध्यात्म, मृत्यु और अनुपस्थिति, समाज, नदी, ऋतु विषयक कविताओं के संकलनों के साथ-साथ ऐसे लेखकों के चयन भी प्रकाशित करने की योजना है जो साहित्य की तथाकथित मुख्यधारा में कतिपय कारणों से विशेष उल्लेख न पा सके किन्तु जिनकी रचनात्मकता से परिचित होने पर हिन्दी साहित्य की समझ समृद्ध ही होगी।

इनके साथ ही अनेक विशिष्ट प्रकाशनों की योजना है। बीसवीं सदी के उत्तरार्ध की हिन्दी-कुल की भाषाओं (भोजपुरी, अवधी, बुंदेलखंडी, मालवी आदि) की कविताओं का संचयन, हिन्दी के आरम्भिक गद्य का संचयन,

मध्यकालीन काव्य का संचयन, सूफी-काव्य का संचयन, बीसवीं सदी के उत्तरार्ध की हिन्दी कथा, कविता, आलोचना आदि के चयन, महत्त्वपूर्ण लेखकों और कृतियों के द्विभाषी संस्करण (हिन्दी-उर्दू, हिन्दी-अंग्रेजी, हिन्दी-पोलिश आदि) तैयार किए जा रहे हैं।

इस प्रकाशन योजना की एक विशेषता यह है कि इसके निर्माण में लोकतान्त्रिक और पारदर्शी प्रक्रिया अपनाई गई है। अपने-अपने क्षेत्र के विशेषज्ञों की समितियों ने प्रकाशन योग्य सामग्री के साथ-साथ सम्पादकों का चुनाव भी किया है। निश्चय ही पुस्तकों में उनकी अपनी दृष्टि तो झलकती है, उसके साथ ही वे एक सामूहिक विवेकसम्मत प्रक्रिया का परिणाम भी हैं। इन्हें तैयार करते समय इस बात का ध्यान तो रखा ही गया है कि इस सामग्री का उपयोग भारत के बाहर उन केन्द्रों में भी किया जाना है जहाँ हिन्दी पढ़ाई जा रही है। यदि ये पुस्तकें सामान्य पाठकों के अतिरिक्त हिन्दी के छात्रों और शिक्षकों के लिए उपयोगी सिद्ध हुईं तो हमें संतोष होगा।

अनुक्रम

भूमिका

मैथिलीशरण गुप्त, सूर्यकान्त त्रिपाठी 'निराला' और गजानन माधव मुक्तिबोध खड़ीबोली के तीन महान् कवि हैं। ये तीन भिन्न-भिन्न युगों के कवि हैं, जिन्होंने अपने युग की कविता में युगान्तर उपस्थित किया। यह काम निराला ने एक से अधिक बार किया। फिर भी इन कवियों में गुप्तजी की स्थिति विशिष्ट है। वे एक तरह से खड़ीबोली के आदि कवि हैं, लेकिन ऐसे कवि नहीं, जिसने इस भाषा में काव्य-रचना का सिर्फ आरम्भ किया हो। कविता के क्षेत्र में उनकी उपलब्धियाँ महार्घ हैं। खड़ीबोली के रूप में उन्होंने नए काव्य-माध्यम का प्रयोग ही नहीं किया, उसे स्वीकृति भी दिलाई। भारतेन्दु-युग से ही कविता में खड़ीबोली के प्रयोग को लेकर विवाद शुरू हो गया था, जिसने धीरे-धीरे बहुत तीखा रूप धारण कर लिया था। 'सरस्वती'-सम्पादक आचार्य महावीरप्रसाद द्विवेदी की प्रेरणा से गुप्तजी ने खड़ीबोली को अन्तिम रूप से अपने काव्य-माध्यम के रूप में स्वीकार किया और इस विदग्धता के साथ अपनी कविता में उसका प्रयोग शुरू किया कि उसे लेकर उठाए गए सारे विवाद समाहित हो गए। गुप्तजी के हाथों में आकर खड़ीबोली इतनी समर्थ हो गई कि उसने काव्य-माध्यम के रूप में ब्रजभाषा को हमेशा के लिए अपदस्थ कर दिया और ऐसी स्थिति सम्भव हुई कि जो कवि कविता में ब्रजभाषा के प्रयोग के पक्षधर थे, वे स्वयं भी खड़ीबोली में कविताएँ लिखने लगे। काव्य-भाषा के रूप में जो खड़ीबोली की सत्ता स्थापित हो गई, उसका सबसे बड़ा कारण यह था कि गुप्तजी ने खड़ीबोली को एक आन्दोलनकर्ता के रूप में नहीं, बल्कि एक कवि के रूप में ग्रहण किया। कविता में खड़ीबोली के प्रयोग को उन्होंने एक रचनात्मक चुनौती के रूप में लिया और सफलतापूर्वक उसका सामना किया। इस तरह उन्होंने अपने काव्य-माध्यम को ही नहीं, भारतेन्दु-युग के बाद कविता लिखनेवाले प्रायः सभी कवियों के काव्य-माध्यम को बदल दिया। यह स्वीकृति निश्चय ही बहुत व्यापक थी, जिसका सम्बन्ध सम्पूर्ण युग की आवश्यकता और मनोदशा से था। इससे आगे गुप्तजी ने बड़ा काम यह किया कि खड़ीबोली में अत्यन्त श्रेष्ठ काव्य की भी सृष्टि की। इन्हीं कारणों से वे खड़ीबोली के महान कवियों में विशेष महत्त्व के अधिकारी हैं। निस्सन्देह वे मात्र युग-प्रवर्तक या युगान्तरकारी कवि ही नहीं, युग-निर्माता कवि भी थे।

जब से छायावादी कविता को व्यापक सन्दर्भ में रखकर व्याख्यायित किया जाने लगा है, इस धारणा को छोड़ दिया गया है कि छायावाद द्विवेदी-युग की प्रतिक्रिया में आया था। हिन्दी के पाठकों को 'स्थूल के प्रति सूक्ष्म का विद्रोह' वाला मुहावरा याद होगा। किसी

भी नई कविता के जन्म के पीछे निश्चय ही इतना स्थूल कारण नहीं होता, लेकिन इस बात से इनकार नहीं किया जा सकता कि द्विवेदीयुगीन कविता और छायावादी कविता के बीच विरोध क्या, एक बड़ी हद तक शत्रुता की स्थिति थी। यहाँ मैं एक ही उदाहरण दूँगा। 'सरस्वती' में 'सुकवि-किंकर' के नाम से द्विवेदीजी ने 'आजकल के हिन्दी कवि और कविता' शीर्षक निबन्ध लिखकर सामान्य रूप से छायावादी-रहस्यवादी कवियों पर और विशेष रूप से पन्तजी पर हमला किया था। द्विवेदीजी को लक्ष्य कर लिखी गई पन्तजी की कविता 'मनन कर, मनन, शकुनि, नादान !', जिसे लेकर बहुत बावेला मचा था, इसी सन्दर्भ में स्मरणीय है। इससे सिद्ध है कि द्विवेदी-युग और छायावाद के बीच शान्तिपूर्ण सहअस्तित्ववाली बात नहीं थी, भले छायावाद का उद्देश्य व्यापक रहा हो और उसके निशाने पर सर्वप्रथम रीतिकाल रहा हो। उल्लेखनीय यह है कि द्विवेदी-युग के प्रतिनिधि कवि मैथिलीशरण गुप्त को बाद की एक कविता में पन्तजी ने बहुत ऊँचे शब्दों में याद किया है। उनसे वे कहते हैं :

सूर सूर तुलसी शशि—लगता मिथ्यारोपण
स्वर्गंगा तारापथ में कर आपके भ्रमण।

स्पष्टतः यह अत्यन्त श्रेष्ठ कवि के रूप में गुप्तजी का महत्त्व-स्वीकार है, जिसका मूल्य अत्यधिक इसलिए है कि यह एक 'शत्रु' कवि की उक्ति है। कहने की आवश्यकता नहीं कि असली महत्त्व प्रतिपक्ष द्वारा स्वीकारे जाने में ही है। बाद के कवियों में दिनकर और अज्ञेय गुप्तजी के महत्त्व से परिचित थे। उन्होंने हिन्दी के नए पाठकों की गुप्तजी की कविता के सम्बन्ध में धारणा बदलने का भी यत्किंचित् प्रयास किया। सफलता कितनी मिली, नहीं कहा जा सकता।

परवर्ती हिन्दी आलोचना में गुप्तजी को लेकर एक विचित्र स्थिति देखने में आती है। चूँकि खड़ीबोली हिन्दी कविता में उनके महत्त्व को नकारना सम्भव नहीं है, इसलिए नए आलोचक प्रायः यह कहते पाए जाते हैं कि उनका महत्त्व तो है, लेकिन वह ऐतिहासिक महत्त्व है। मतलब यह कि गुप्तजी ने खड़ीबोली में काव्य-रचना के लिए मार्ग प्रशस्त किया, पर उसमें स्वयं श्रेष्ठ कविता नहीं लिख सके। यह काम तो बाद के लोगों ने किया है ! यह साफ-साफ उनके साहित्यिक महत्त्व का अस्वीकार है। इस प्रसंग में ज्ञातव्य है कि कविता में किसी कवि का ऐतिहासिक महत्त्व तभी सम्भव है, जबकि उसका साहित्यिक महत्त्व हो। उसमें ये दोनों भिन्न-भिन्न नहीं, बल्कि अभिन्न हैं, क्योंकि कवि कवि के रूप में जो कुछ उपलब्ध करता है, अपनी कविता या साहित्यिकता के माध्यम से ही। खड़ीबोली का प्रयोग तो गद्य-साहित्य और पत्रकारिता में काफी पहले से होता आ रहा था, फिर उसमें कविता क्यों नहीं सम्भव हुई ? उसके लिए एक **कवि** की आवश्यकता थी, जिसकी पूर्ति गुप्तजी ने की। चूँकि इस महान् काव्य-प्रयोक्ता का सृजन-कार्य काफी विस्तृत और वैविध्यपूर्ण है, इसलिए नई पीढ़ी के विद्वानों, कवियों और पाठकों के लिए उसे नातिसंक्षिप्त रूप में उपस्थित करना आवश्यक है। इतिहास के हर मोड़ पर एक बार पीछे मुड़कर देखना उपयोगी होता

है, पाए हुए को फिर से पाना भी, इसलिए इस संचयिता का महत्त्व स्वयंसिद्ध है।

आचार्य रामचन्द्र शुक्ल ने अपने 'इतिहास' में लिखा है, ''गुप्तजी की प्रतिभा की सबसे बड़ी विशेषता है कालानुसरण की क्षमता अर्थात् उत्तरोत्तर बदलती हुई भावनाओं और काव्य-प्रणालियों को ग्रहण करते चलने की शक्ति। इस दृष्टि से हिन्दी-भाषी जनता के प्रतिनिधि कवि ये निस्सन्देह कहे जा सकते हैं। भारतेन्दु के समय से स्वदेश-प्रेम की भावना जिस रूप में चली आ रही थी उसका विकास 'भारत-भारती' में मिलता है। इधर के राजनीतिक आन्दोलनों ने जो रूप धारण किया उसका पूरा आभास पिछली रचनाओं में मिलता है। सत्याग्रह, अहिंसा, मनुष्यत्ववाद, विश्वप्रेम, किसानों और श्रमजीवियों के प्रति प्रेम और सम्मान, सबकी झलक हम पाते हैं।'' इस कथन को सरल रूप में स्वीकार करने से कई प्रकार के भ्रम उत्पन्न हो सकते हैं, जो कवि-रूप में गुप्तजी के महत्त्व को बढ़ाने के बदले घटा देंगे। एक तो इससे ऐसा प्रतीत हो सकता है कि गुप्तजी अपने को निरन्तर बदलते रहे हैं और दूसरे यह कि उनका यह बदलना जितना संवेदना के स्तर पर हुआ है, उससे बहुत ज्यादा विचार के स्तर पर। सच्चाई यह है कि उनमें परिवर्तन होते रहे हैं, लेकिन उन्होंने अपनी 'कविता' की जमीन कभी नहीं छोड़ी और जब कभी उन्होंने मात्र विचार से प्रेरित होकर कविता लिखी है, उनकी कविता प्रभावहीन हो गई है। तात्पर्य यह कि उनका महत्त्व उनके अपने रंग में लिखने में है, वह 'जयद्रथ-वध' हो या 'भारत-भारती', 'साकेत' हो या 'यशोधरा' और 'विष्णुप्रिया' हो या 'झंकार' के प्रगीत। उसी के साथ उन्होंने सारे विस्तार को नापा और सारी विविधता को उपलब्ध किया है। उन्होंने छलाँग लगाकर अपनी शैली से बाहर जाने की कभी कोशिश नहीं की। स्वभावतः हमें उनमें निराला की तरह न 'राम की शक्ति-पूजा' के बाद 'कुकुरमुत्ता'-जैसी कविता मिलती है, न 'गीतिका' के गीतों के बाद 'बम्हन का लड़का', 'मैं उसको प्यार करता हूँ'—जैसा प्रेम-संगीत ! गुप्तजी की अपनी विशेषता सर्वत्र सुरक्षित है और वे उसी में महत्त्वशाली हैं। हमें उनके उसी रूप को खोजना और पाना है। प्रस्तुत संचयिता का उद्देश्य उनके उसी असली रूप की एक भरी-पूरी झाँकी दिखलाना है।

उन्नीसवीं शताब्दी के अन्तिम वर्षों में अन्य कवियों की तरह ही गुप्तजी ने भी काव्य-रचना का आरम्भ ब्रजभाषा में किया। उसमें उन्होंने अनेक छन्द बनाए, जो छपने भी लगे थे, लेकिन 1905 में 'सरस्वती' में 'हेमन्त' शीर्षक खड़ीबोली में रचित कविता प्रकाशित होने के साथ द्विवेदीजी के प्रभाव से वे अन्तिम रूप से ब्रजभाषा को छोड़कर खड़ीबोली में आ गए और जैसा कि ऊपर संकेत किया गया है, उसे अपनाकर उन्होंने हिन्दी कविता के भाषिक माध्यम में क्रान्ति उपस्थित कर दी। द्विवेदीजी का निर्देशन और संरक्षण उन्हें 1932 तक प्राप्त रहा, जिससे वे उस युग के काव्यादर्शों के मूर्तिमान् रूप बन गए। आज उस युग को सम्पूर्णता में द्विवेदी-युग कहते हैं। कविता में वह मैथिलीशरण-युग है। 1909 में गुप्तजी का पहला प्रबन्ध-काव्य 'रंग में भंग' प्रकाशित हुआ और 1910 में दूसरा प्रबन्ध-काव्य 'जयद्रथ-वध'।

पहला काव्य आकार में छोटा था, लेकिन दूसरा सात सर्गों का अच्छा-खासा खंडकाव्य था, जिसे हिन्दी क्षेत्र में अभूतपूर्व लोकप्रियता प्राप्त हुई। इसने गुप्तजी की शक्ति से हिन्दी के पाठकों को अच्छी तरह परिचित करा दिया, जिससे वे नई पीढ़ी के सर्वाधिक समर्थ कवि के रूप में तो मान्य हुए ही, उन्होंने उनके भीतर बहुत आशा भी जगा दी। तत्पश्चात् क्रमशः 1914, 1915 और 1916 में उनके छोटे-बड़े तीन और प्रबन्ध-काव्य निकले—'शकुन्तला', 'पंचवटी' और 'किसान'। इनमें से आरम्भिक दो बहुत सुन्दर थे। स्वभावतः उन्हें भी हिन्दीभाषी जनता ने हाथोंहाथ लिया और कविरूप में गुप्तजी का तूर्य बज उठा। हमने प्रस्तुत संचयिता में 'जयद्रथ-वध', 'शकुन्तला' और 'पंचवटी' से तीन अंश संकलित किए हैं।

अपने क्रीड़ा-प्रेम के कारण गुप्तजी मिडिल तक की पढ़ाई भी पूरी न कर सके, जिससे उन्हें अंग्रेजी का ज्ञान नहीं हुआ। लेकिन अपने अध्यवसाय के बल पर स्वतंत्र रूप से ही आगे-पीछे उन्होंने ब्रजभाषा, अवधी, संस्कृत और बाँग्ला का बहुत अच्छा ज्ञान प्राप्त किया। विशेष रूप से ब्रजभाषा-काव्य के साथ उन्होंने संस्कृत-साहित्य का गहन अध्ययन किया। रामायण और महाभारत को उपजीव्य काव्य कहा जाता है। उनके साथ उन्होंने भास, कालिदास और भवभूति के साहित्य को भी अपनी कविता का स्रोत बनाया। उनके बाँग्ला-ज्ञान का प्रमाण उनके द्वारा किया गया माइकेल मधुसूदन दत्त, नवीनचन्द्र सेन और हेमचन्द्र वन्द्योपाध्याय के काव्यों का हिन्दी काव्यानुवाद है। आचार्य शुक्ल के मत से बाँग्ला-काव्य के अनुशीलन ने गुप्तजी की कविता पर बहुत सकारात्मक प्रभाव डाला, जिससे उसकी पदावली पहले की तुलना में सरस और कोमल हो उठी। मेरा निष्कर्ष यह है कि उनकी वर्णन-क्षमता और कल्पनाशीलता को भी इसने परवान चढ़ाया। इस दृष्टि से माइकेल के महाकाव्य 'मेघनाद-वध' का उनके द्वारा अमित्र छन्द में किया गया अनुवाद बहुत महत्त्वपूर्ण है। इसने उनकी काव्य-प्रतिभा को पूरी तरह से निखारकर बहुत ऊँचे धरातल पर पहुँचा दिया है। इस तरह उनके काव्य-विकास में, उसे ओजस्विता और उदात्तता प्रदान करने में, इस अनुवाद की निर्णायक भूमिका है। गुप्तजी की काव्य-रचना का एक साहित्यिक और सांस्कृतिक स्रोत और है। वह है राजपूताने के वीरों की शौर्य-गाथाएँ और आल्हा-जैसे लोककाव्य, जो उनकी नसों में बिजली दौड़ा देते थे। उनके बालसखा मुंशी अजमेरी ने साहित्य के ज्ञान की प्राप्ति में तो उनकी अकूत सहायता की ही, वे उन्हें संगीत की तरफ भी ले गए, जिससे उनकी कविता में साहित्य के साथ-साथ संगीत के तत्त्व भी सम्भव हुए। यहाँ गुप्तजी के युगीन वातावरण का स्मरण भी आवश्यक है, जिसमें स्वाधीनता की चेतना भर रही थी और देश लाला लाजपत राय, बालगंगाधर तिलक तथा विपिनचन्द्र पाल-जैसे कांग्रेस के गरमदली नेताओं के नेतृत्व में व्यापक स्वाधीनता-संग्राम छेड़ने के लिए तैयार हो रहा था। स्वाभाविक रूप से गुप्तजी उन नेताओं के समर्थक हो गए। बाद में उन पर महात्मा गाँधी और जवाहरलाल नेहरू का भी प्रभाव पड़ा। गणेशशंकर विद्यार्थी उनके अभिन्न मित्र ही नहीं बने, उनकी राजनीतिक चेतना के प्रेरक भी रहे। यह ब्यौरा प्रस्तुत करने के पीछे बाध्यता यह है कि बिना इसे जाने हुए गुप्तजी की कविता के रचनात्मक सन्दर्भों को नहीं समझा जा सकता। ये सन्दर्भ ऐसे हैं, जिन्होंने उनके काव्य को विषय ही नहीं दिया है,

विषयी का भी निर्माण किया है।

उपर्युक्त तीनों काव्यों में से 'जयद्रथ-वध' की कथा महाभारत से ली गई है, 'शकुन्तला' का स्रोत कालिदास का नाटक 'अभिज्ञान शाकुन्तलम्' है और 'पंचवटी' रामायण के एक प्रसंग पर आधारित है। 'जयद्रथ-वध' गुप्तजी का आरम्भिक काव्य है, लेकिन अपनी ओजस्विता में वह लासानी है। उसकी वह ओजस्विता उसके छठे सर्ग में, जिसमें अर्जुन जयद्रथ का वध करते हैं, अपने उत्कर्ष पर पहुँची हुई है, इसलिए इस संचयिता में हमने पूरा षष्ठ सर्ग संकलित किया है। यह सर्ग कवि की वर्णन-पटुता की मिसाल तो है ही, बहुत गहराई में उसकी सम्प्रेषण-क्षमता की भी मिसाल है, ऐसी कि हिन्दीभाषी जनता पर अन्तिम रूप से उसका सिक्का जम गया। इस काव्य में गुप्तजी ने हरिगीतिका-जैसे सरल छन्द का ऐसा सधा हुआ प्रयोग किया है कि वह देखते ही बनता है। आम तौर पर लोग समझते हैं कि इस छन्द ने अपनी दीर्घता से कवि को कथा कहने में सुविधा प्रदान की है, लेकिन असल चीज इस छन्द की वीणा को उसके गम्भीर सुर में निनादित कर देना है, जिसमें उसने अकल्पनीय सफलता प्राप्त की है। प्रमाणस्वरूप छठे सर्ग की कुछ पंक्तियाँ देखी जा सकती हैं, जिनमें एक सांगरूपक के सहारे युद्धरत अर्जुन के ओजस्वी रूप का वर्णन किया गया है :

टंकार ही निर्घोष था, शर-वृष्टि ही जल-वृष्टि थी,
जलती हुई रोषाग्नि से उद्दीप्त विद्युत दृष्टि थी।
गांडीव रोहित-रूप था, रथ ही सशक्त समीर था;
उस काल अर्जुन वीर-वर अद्भुत जलद गम्भीर था।

'जयद्रथ-वध' की लोकप्रियता का एक बड़ा कारण यह है कि इसमें जयद्रथ विदेशी शत्रु का प्रतीक बन जाता है, अभिमन्यु युवा वीरता का और कृष्ण सत्यपक्षी भारतीय राजनीति के। इस तरह इस पौराणिक काव्य की गहराई में सामयिकता अर्थात् राष्ट्रीयता की विद्युत्-तरंगें लहरा रही थीं।

'शकुन्तला' में गुप्तजी ने शकुन्तला और दुष्यन्त की कथा दस शीर्षकों में बाँटकर कही है। उनमें से हमने 'दर्शन' शीर्षकवाला अंश लिया है, जिसमें उक्त दोनों पात्रों की पहली मुलाकात का वर्णन है। यह अंश इस लघु काव्य का सबसे सुन्दर अंश है, जिसका एक कारण इसका रूपमाला नामक चौबीस मात्राओंवाले छन्द में रचित होना भी है, जो लालित्य की दृष्टि से बेजोड़ है। आकस्मिक नहीं कि 'कामायनी' का वासना नामक सर्ग, जो छन्द-संगीत और मानवीय भावों की ऊष्मा की उपस्थिति की दृष्टि से उसका सबसे सुन्दर सर्ग है, इसी छन्द में रचित है। लालित्य के उदाहरणस्वरूप आप 'शकुन्तला' की ये पंक्तियाँ देखें, जिनका सम्बन्ध शकुन्तला के सौन्दर्य-वर्णन से है :

भ्रू कुटिल थे किन्तु सुस्थिर, पलक-पट अनमोल,
दीर्घ थे, द्युति-पूर्ण थे पर थे न लोचन लोल।

भाव-सा झलका रहे थे विमल गोल कपोल,
घोल देते थे सुधा-सी सरल मुख के बोल।

फिर आप 'कामायनी' में श्रद्धा के इस रूप का स्मरण करें, जिसमें उपर्युक्त वर्णन ही जैसे और ललित और किंचित् सूक्ष्म होकर प्रकट हुआ है :

गिर रहीं पलकें, झुकी थी नासिका की नोक,
भ्रू-लता थी कान तक चढ़ती रही बेरोक।
स्पर्श करने लगी लज्जा ललित कर्ण कपोल,
खिला पुलक कदम्ब-सा था, भरा गद्‌गद बोल।

गुप्तजी ने 'शकुन्तला' के अन्त में भरत का प्रसंग चित्रित करते हुए इस काव्य को भी राष्ट्रीय जागरण से जोड़ने की कोशिश की है, लेकिन यह काव्य अपने सांस्कृतिक रूप में ही आकर्षक है।

'पंचवटी' ऐसा काव्य है, जो सर्गों में या शीर्षकों में विभक्त नहीं है। इसमें एक सौ अट्ठाईस छन्द हैं, जिनमें गुप्तजी ने राम-वनवास के समय पंचवटी में घटित शूर्पणखावाले प्रसंग का वर्णन किया है। इस काव्य के नायक लक्ष्मण हैं, जिनकी चारित्रिक दृढ़ता का चित्रण करना कवि का उद्दिष्ट है। इसके साथ इसमें संयुक्त परिवार की आनन्ददायी झाँकी भी दिखलाई गई है, जिसमें देवर और भाभी का विनोद चला करता है। राम और लक्ष्मण के शौर्य का चित्रण भी इसमें स्वाभाविक रूप से हुआ है। लेकिन यह काव्य अपनी इस अन्तर्वस्तु से अधिक अपनी रमणीयता के लिए प्रसिद्ध है। हमने इसमें से दो अंश इस संचयिता में उद्धृत किए हैं, आरम्भिक अंश के साथ (कुछ छन्द छोड़कर) छन्द-संख्या चौसठ से लेकर छियासी तक का अंश, जिसमें सीता उपस्थित होकर प्रसंग को सरस बनाती हैं और जिसमें अन्त में दृश्य में राम का भी प्रवेश होता है। इस काव्य की आरम्भिक पंक्तियाँ अपने वर्णन की प्रांजलता के कारण हिन्दी क्षेत्र में प्रसिद्ध रही हैं, यथा—'चारुचन्द्र की चंचल किरणें/खेल रही हैं जल-थल में,/स्वच्छ चाँदनी बिछी हुई है, अवनि और अम्बरतल में', लेकिन मैं यहाँ कुछ दूसरी पंक्तियों की ओर पाठकों का ध्यान दिलाना चाहता हूँ, जिनमें चाँदनी रात के वातावरण का चित्र अधिक सटीक है :

क्या ही स्वच्छ चाँदनी है यह,
है क्या ही निस्तब्ध निशा
है स्वच्छन्द सुमन्द गन्धवह
निरानन्द है कौन दिशा ?

पाठकों को ज्ञात है कि गुप्तजी क्लासिकी परम्परा के साथ-साथ स्वच्छन्द-चेतना के भी कवि थे। 'पंचवटी' के पहले अंश में लक्ष्मण के चिन्तन के माध्यम से उन्होंने अपने अभिलषित स्वच्छन्द-लोक की झाँकी हमें दिखला दी है। दूसरे अंश के अन्त में जब राम

प्रवेश करते हैं और शूर्पणखा से पूछते हैं कि 'शुभे, बताओ कि तुम कौन हो/और चाहती हो तुम क्या ?', तो वह आशान्वित हो जाती है, जिससे राम के शब्द उसे चन्दन की तरह शीतल और कुंकुम की तरह सुवासित लगते हैं। गुप्तजी की मर्मग्राही भाषा में : 'छाती फूल गई रमणी की/क्या चन्दन है, कुंकुम क्या !' यह अभिव्यक्ति लक्ष्य करने योग्य है।

'जयद्रथ-वध', 'शकुन्तला' और 'पंचवटी' यदि गुप्तजी के आरम्भिक प्रबन्ध-काव्यों की त्रयी है, तो 'साकेत', 'यशोधरा' और 'द्वापर' मध्यवर्ती प्रबन्ध-काव्यों की। इन्हें बृहत्रयी भी कहा जा सकता है, क्योंकि ये आकार में भी कमोबेश बड़े हैं। इनमें 'साकेत' गुप्तजी का महाकाव्य है, जिसे हिन्दी क्षेत्र की जनता उनकी सर्वश्रेष्ठ कृति के रूप में जानती है। यह सच्चाई है कि इस काव्य की रचना उन्होंने जितने मनोयोग से की है, उतने मनोयोग से किसी अन्य काव्य की नहीं। इसमें उन्होंने बारह सर्गों में रामकथा कही है। इस कथा का ढाँचा इस काव्य में बदला हुआ है, इसलिए विद्वानों में इसके उद्देश्य अथवा इसकी अन्तर्वस्तु को लेकर मतभेद रहा है। स्वयं आचार्य शुक्ल 'साकेत' में 'प्रबन्धत्व की कमी' देखते हुए कहते हैं, " 'साकेत' की रचना तो मुख्यतः इस उद्देश्य से हुई कि उर्मिला 'काव्य की उपेक्षिता' न रह जाए। पूरे दो सर्ग (9 और 10) उसके वियोग-वर्णन में खप गए हैं," और "काव्य का नाम 'साकेत' रखा गया है, जिसका तात्पर्य यह है कि इसमें अयोध्या में होनेवाली घटनाओं और परिस्थितियों का ही वर्णन प्रधान है।" ये बातें सही हैं, लेकिन वे हमें इस काव्य के मर्म तक नहीं ले जातीं। गुप्तजी और प्रेमचन्द दोनों ही संयुक्त परिवार के पक्षधर थे और अपने स्तर पर उसे बचाकर रखने के लिए प्रयत्नशील। कारण यह कि बीसवीं शताब्दी में पाश्चात्य सभ्यता के प्रभाव से संयुक्त परिवार टूटने लगे थे, जो उन्हें सह्य नहीं था। मुक्तिबोध ने भी लिखा है कि संयुक्त परिवार का विघटन बीसवीं शताब्दी के भारतीय समाज की सबसे महत्त्वपूर्ण घटना है। यह घटना भारतीय समाज-व्यवस्था पर ही नहीं, भारतीय संस्कृति के चिरपोषित मूल्यों पर भी आघात पहुँचा रही थी, इसलिए गुप्तजी ने कविता में और प्रेमचन्द ने कथा-साहित्य में उसका प्रतिरोध करने का भरसक प्रयास किया। 'साकेत' गुप्तजी के उसी प्रयास का स्मारक है। संयुक्त परिवार की पुनःप्रतिष्ठा के लिए उन्होंने दशरथ के परिवार को लिया, जिसमें संयुक्त परिवार का यथार्थ और आदर्श दोनों अपने अतिशय भयावह और अतिशय सुन्दर रूप में देखने को मिलते हैं। आदर्श को प्रभावशाली बनाने के लिए यथार्थ का होना आवश्यक था, इसलिए उन्हें इस परिवार की कथा सर्वाधिक उपयुक्त प्रतीत हुई। राम के राज्याभिषेक की पूर्वसन्ध्या पर कैकेयी का रोष और उसकी वर-याचना के फलस्वरूप चौदह वर्षों के लिए राम का वनवास संयुक्त परिवार का अत्यधिक त्रासद यथार्थ है, जिसकी परिणति दशरथ की मृत्यु, रावण द्वारा सीता के हरण और लंका के युद्ध के रूप में होती है। उसका अत्यधिक उदात्त आदर्श राम के सहर्ष वन-गमन, भरत की चित्रकूट-यात्रा और लक्ष्मण तथा उर्मिला के त्याग के रूप में सामने आता है। उर्मिला का त्याग लक्ष्मण से भी बड़ा है, क्योंकि लक्ष्मण ने संघर्ष करके अपने आराध्य राम के सान्निध्य

में रहने का सुयोग तो पा लिया था। यही हाल सीता का भी था। वे नववधू थीं, लेकिन उन्होंने भी राम को बाध्य कर दिया था कि वे उन्हें अपने साथ वन ले चलें। उर्मिला तो इस स्थिति में भी नहीं थी कि वह कुछ कह सके। यदि वह भी लक्ष्मण के साथ वन चलने की जिद करती, तो राम लक्ष्मण को भी छोड़ जाते, सो लक्ष्मण का खयाल करके वह चुप ही रही और चौदह वर्षों तक वियोगिनी का जीवन बिताने को विवश हुई। स्वभावतः गुप्तजी ने संयुक्त परिवार के महत्त्व-प्रतिपादन के लिए 'साकेत' की रचना की, तो उसमें उर्मिला को विशेष महत्त्व दिया और एक पूरे सर्ग में उसकी व्यथा का चित्रण किया। चूँकि उनका उद्देश्य परिवार की कथा कहना था, इसलिए उन्होंने अयोध्या को केन्द्र बनाया, जहाँ दशरथ का परिवार रहता था। सीता और लक्ष्मण वन के लिए प्रस्थान करते हैं, तो गुप्तजी कहते हैं : 'यह जंगम-साकेत-देव-मन्दिर चला !' इसी तरह राम जब मातृभूमि से विदा लेने लगते हैं, तो अयोध्या को सम्बोधित कर कहते हैं : 'सूक्ष्म रूप में सभी कहीं तू साथ है !' तात्पर्य यह कि 'साकेत' में रामकथा अयोध्या से हटकर भी नहीं हटती। दंडकारण्य की घटनाएँ शत्रुघ्न के मुँह से मांडवी और भरत के सामने वर्णन कराई गई हैं, इसके पीछे भी यही कारण है कि अयोध्या कथा का केन्द्र बनी रहे। इसके आगे की घटनाएँ भी भरत के बाण से मूर्च्छित होकर गिरे हनुमान अयोध्या में ही सुनाते हैं और वहीं योग-बल से सबको युद्ध का दृश्य दिखलाते हैं। आचार्य हजारीप्रसाद द्विवेदी ने अपने 'हिन्दी साहित्य' में गुप्तजी के उपर्युक्त तीनों काव्यों के प्रसंग में जो टिप्पणी की है, उसमें उनकी संयुक्त परिवार के प्रति प्रतिबद्धता के सम्बन्ध में हलका-सा संकेत मिलता है : ''भारतवर्ष के सभी मर्यादाप्रेमी कवि परिवार के कवि रहे हैं। गुप्तजी में वह परम्परा पूरी मात्रा में उतरी है।'' इससे हमारे निष्कर्ष को बल मिलता है।

इस संचयिता में हमने 'साकेत' के दो पूरे के पूरे सर्ग ले लिये हैं—द्वितीय और चतुर्थ सर्ग। द्वितीय सर्ग में दो संवाद हैं—कैकेयी-मन्थरा-संवाद और कैकेयी-दशरथ-संवाद। ये दोनों ही इतनी आवेगपूर्ण भाषा में लिखे गए हैं और इस सटीकता के साथ कि गुप्तजी की वर्णन-क्षमता का लोहा मानना पड़ता है। दोनों ही सर्ग प्रांजलता और मार्मिकता की दृष्टि से बेजोड़ हैं। बड़ी बात यह कि कवि तुलसीदास के पदचिह्नों को बचाते हुए आगे चला है और सारे प्रसंगों की बुनावट अपनी स्वतन्त्र मेधा और कल्पना से की है। कैकेयी-दशरथ-संवाद के पूर्व उसने उर्मिला-लक्ष्मण, राम-सीता और दशरथ-वसिष्ठ का संवाद लिखा है, जिससे एक नाटकीय विडम्बना की सृष्टि हुई है। अन्त में दशरथ की स्थिति के वर्णन से यह अनुमान लगाया जा सकता है कि यह सर्ग कितना प्रभावशाली है। वह वर्णन इस प्रकार है :

वचन पलटें कि भेजें राम को वन में,
उभय विध मृत्यु निश्चित जानकर मन में,
हुए जीवन-मरण के मध्य धृत-से वे,
रहे बस अर्द्ध जीवित, अर्द्ध मृत-से वे।

'साकेत' का द्वितीय सर्ग जहाँ संयुक्त परिवार के भयानक यथार्थ को उपस्थित करता है, वहाँ उसका चतुर्थ सर्ग उस यथार्थ के भीतर से उसके मोहक आदर्श के लिए रास्ता बनाता है। उसका श्रेय कौशल्या, राम, सीता और उर्मिला को है, जिनके चरित्र न्यूनाधिक इस सर्ग में उभरकर आए हैं। सुमित्रा और लक्ष्मण की बातों से उत्तेजित हुए बिना राम ने उनसे उत्तर में जो कुछ कहा, वह आदर्श की पराकाष्ठा तो है ही, आज जो नैतिकताशून्य लाभ-लोभ की राजनीति चल रही है, उसे देखते हुए बहुत प्रासंगिक भी है। पाठक उसे देखें :

यदि न आज वन जाऊँ मैं,
किस पर हाथ उठाऊँ मैं ?—
पूज्य पिता या माता पर ?
या कि भरत-से भ्राता पर ?
और किसलिए ? राज्य मिले ?
है जो तृण-सा त्याज्य, मिले,
माँ की स्पृहा, पिता का प्रण,
नष्ट करूँ, करके सव्रण ?
प्राप्त परम गौरव छोड़ूँ ?
धर्म बेचकर धन जोड़ूँ ?

'साकेत' के दो पूरे सर्गों के अलावा हमने यहाँ उसके नवम सर्ग से भी, जिसमें विस्तार से उर्मिला का विरह वर्णित है, दस मुक्तक संकलित किए हैं। इन मुक्तकों में प्रगीत भी हैं, कवित्त भी और एक बरवै भी। इनमें जो बात लक्ष्य करने योग्य है, वह यह कि इनमें उर्मिला एक दिव्य नारी के रूप में नहीं, बल्कि एक सामान्य युवती के रूप में सामने आती है। वह नायिका है और लक्ष्मण नायक। दोनों के बीच का प्रेम नायक-नायिका के बीच का प्रेम है, दाम्पत्य अथवा गार्हस्थ्य-प्रेम। इस प्रेम में प्रचुर ऐंद्रियता है, बावजूद इसके कि उर्मिला के चरित्र की आदर्शवादिता सुरक्षित रहती है। इसका सबसे बढ़िया उदाहरण 'मेरे चपल यौवन-बाल !' प्रगीत है, जिसके चलते आलोचकों ने गुप्तजी की बहुत आलोचना की है। वे इस बात को समझना नहीं चाहते कि गुप्तजी तुलसीदास की परम्परा के नहीं, बल्कि वाल्मीकि, कालिदास और भवभूति की परम्परा के कवि हैं, जिस कारण उन्हें मर्यादावाद और पवित्रतावाद की कसौटी पर चढ़ाकर उनके साथ न्याय नहीं किया जा सकता। स्मरणीय है कि लंका-विजय के बाद अयोध्या लौटने पर लक्ष्मण से मिलन के लिए जब उर्मिला की सज्जा की जाने लगी, तो उसने अपनी सखी से कहा : 'पर यौवन-उत्साह कहाँ से लाऊँगी मैं ?/वह खोया धन आज कहाँ सखि, पाऊँगी मैं ?' लक्ष्मण से भी वह इसी तरह की बात कहती है : 'खोई अपनी हाय ! कहाँ वह खिल खिल खेला ?/प्रिय, जीवन की कहाँ आज वह चढ़ती बेला ?' यह उर्मिला मानववादी कवि गुप्तजी की ही सृष्टि हो सकती है, तुलसीदास की नहीं।

'यशोधरा' गौतम बुद्ध और उनकी धर्मपत्नी यशोधरा की कथा पर आधारित काव्य है, जिसकी कई खूबियाँ हैं। इसमें गुप्तजी ने यशोधरा के व्यवहार से नारी के स्वाभिमान

की रक्षा बहुत दृढ़ता से की है, जिसकी परिणति गहन मार्मिकता में होती है। इस कारण यह काव्य अपनी मार्मिकता में अद्वितीय बन गया है। सिद्धार्थ जब बुद्धत्व प्राप्त करके कपिलवस्तु लौटते हैं, तो शुद्धोदन और महाप्रजावती यशोधरा से कहते हैं कि वह भी उनकी अगवानी के लिए उन लोगों के साथ चले। यशोधरा को इस बात की पीड़ा है कि सिद्धार्थ उसे अपने मार्ग की बाधा समझकर सुप्तावस्था में उसे छोड़कर सिद्धि की खोज में चले गए थे। इससे वह उन लोगों के साथ जाने से इनकार कर देती है। इस पर महाप्रजावती उससे पूछती हैं कि 'बाधा कौन सी है तुझे आज वहाँ जाने में ?' उत्तर में यशोधरा कहती है :

बाधा तो यही है मुझे बाधा नहीं कोई भी !
विघ्न भी यही है, जहाँ जाने से जगत् में
कोई मुझे रोक नहीं सकता है—धर्म से,
फिर भी जहाँ मैं, आप इच्छा रहते हुए,
जाने नहीं पाती ! यदि पाती तो कभी यहाँ
बैठी रहती मैं ? छान डालती धरित्री को।
सिंहनी-सी काननों में, योगिनी-सी शैलों में,
शफरी-सी जल में, विहंगिनी-सी व्योम में,
जाती तभी और उन्हें खोजकर लाती मैं !
मेरा सुधा-सिन्धु मेरे सामने ही आज तो
लहरा रहा है, किन्तु पार पर मैं पड़ी
प्यासी मरती हूँ, हाय ! इतना अभाग्य भी
भव में किसी का हुआ ? कोई कहीं ज्ञाता है,
तो मुझे बता दे हा ! बता दे हा ! बता दे हा !

इस काव्य में यशोधरा बहुत शालीनता के साथ वैष्णवदर्शन की हामी बनकर बौद्धदर्शन का प्रतिकार करती है, लेकिन अन्त में जब बुद्ध उसके सामने आकर भिक्षा-याचना करते हैं, तो दान में वह अपने पुत्र राहुल को उन्हें सौंप देती है। इस काव्य की अन्यतम विशेषता यह है कि अपने दूसरे काव्यों की तरह इसमें भी गुप्तजी ने रूपगत प्रयोग किया है और इसे संवादों के रूप में रचा है, जिसमें कथा के कई पात्रों का आत्मनिवेदन बहुत जगह घेरता है। हमने इस संचयिता के लिए इसमें से नौ सुन्दर प्रगीत चुने हैं, जिनमें यशोधरा के आत्मनिवेदन के साथ राहुल के साथ उसका एक विलक्षण कथात्मक संवाद, एक लोरी और एक प्रभाती भी है।

जैसे 'यशोधरा' गुप्तजी का सर्वाधिक मार्मिक काव्य है, 'द्वापर' उनका सर्वाधिक सुन्दर काव्य। इसमें कृष्ण-कथा के विभिन्न पात्र आत्मनिवेदन करते हैं, जिन्हें जोड़कर यह काव्य बनता है। हमने इनमें से राधा, देवकी और कुब्जा के आत्मनिवेदन लिये हैं, जो तीन प्रकार के हैं और गुप्तजी की काव्य-शक्ति से पूरी ताकत से परिचित कराते हैं। उनमें से हम यहाँ पहले राधा के आत्मनिवेदन से कुछ पंक्तियाँ उद्धृत कर रहे हैं :

यह वृन्दावन, यह वंशीवट,
यह यमुना का तीर हरे !
यह तरते ताराम्बरवाला
नीला निर्मल नीर हरे !
यह शशि रंजित सितघन-व्यंजित
परिचित, त्रिविध समीर हरे !
बस, यह तेरा अंक और यह
मेरा रंक शरीर हरे !

इन पंक्तियों के साथ देवकी के आत्मनिवेदन की ये पंक्तियाँ देखने के बाद यह अच्छी तरह स्पष्ट हो जाता है कि 'द्वापर' में कविता किस स्तर पर चलती है :

हा भगवन् ! हो गई व्यर्थ वह
प्रसव-वेदना सारी;
लेकर यह अनुभूति-चेतना
कहाँ रहे यह नारी ?
उड़ता है छै टूक कलेजा,
कर हैं मेरे दो ही;
किसे किसे थामूँ, तू ही कह,
हे मेरे निर्मोही !

जैसाकि ऊपर संकेत किया गया है, प्रबन्ध-काव्य के क्षेत्र में गुप्तजी ने अनेक रूपगत प्रयोग किए हैं। 'जयद्रथ-वध' सर्गों में विभाजित काव्य है, लेकिन 'शकुन्तला' प्रसंगानुसार शीर्षकों में बाँटकर लिखी गई है। 'पंचवटी' में तो कुछ भी नहीं है। वह एक लम्बी कविता की तरह है, जिसमें कुल एक सौ अट्ठाईस छन्द हैं। 'साकेत' गुप्तजी का विधिवत् रचा गया महाकाव्य है, लेकिन उसका नवम सर्ग कथा-प्रवाह को आगे नहीं बढ़ाता, बल्कि उसमें एक गहरे भँवर की सृष्टि करता है और यह कोई हलकी बात नहीं है, क्योंकि कवि ने इस सर्ग को अतिरिक्त महत्त्व देते हुए बहुत निष्ठा और श्रम के साथ रचा है। प्रबन्ध-कृति के रूप में 'यशोधरा' का विधान तो विलक्षण है। गौतम बुद्ध और यशोधरा की कथा के पात्रों के आत्मनिवेदन और पारस्परिक संवादों के रूप में रचित यह काव्य अपने इस रूप के लिए विवादास्पद भी बना, लेकिन विद्वान् अन्ततः इस निष्कर्ष पर पहुँचे कि इसमें कोई वैचित्र्य नहीं है, यह कथा के दबाव से स्वयं इस रूप में निर्मित हुआ है। ज्ञातव्य है कि इसमें मुक्तकों और प्रगीतों के साथ गद्य के अंश भी हैं। 'द्वापर' में किसी तरह से कोई सरल कथा नहीं निर्मित होती। इसमें कृष्ण-कथा के विभिन्न पात्र प्रायः विस्तार से अलग-अलग आत्मनिवेदन करते हैं, जिससे कृष्ण-कथा का क्या, पूरी द्वापर-कथा का रूप खड़ा हो जाता है। कहा जा चुका है कि यह काव्य गुप्तजी की सर्वाधिक सुन्दर कृति है। बाद के उनके तीन प्रबन्ध-काव्य 'कुणाल-गीत', 'विष्णुप्रिया' और 'रत्नावली' हैं, जिनमें से

प्रथम और अन्तिम प्रायः आद्यन्त स्वतन्त्र प्रगीतों में रचित हैं और द्वितीय अमित्र छन्द में, जिसमें बीच-बीच में प्रगीत भी आते हैं। दिलचस्प यह है कि 'कुणाल-गीत' और 'रत्नावली' के सारे प्रगीत कुणाल और रत्नावली के ही आत्मनिवेदन हैं, जिनमें आनेवाले संकेतों से कथा का आभास मिलता चलता है।

दूसरी बात यह कि शकुन्तला, उर्मिला और यशोधरा के साथ जब हम विष्णुप्रिया और रत्नावली-जैसे गुप्तजी के नारी-पात्रों पर दृष्टि डालते हैं, तो पता चलता है कि वे पुरुषों वा महापुरुषों से अधिक अपने पतियों द्वारा सताई गई स्त्रियों के कवि हैं और वे पुरुष-महापुरुष भी कौन हैं ? दुष्यन्त, लक्ष्मण, गौतम बुद्ध, चैतन्य और तुलसीदास ! गुप्तजी अपने काव्यों में इनके विरुद्ध तलवार लेकर खड़े हैं और बड़ी शालीनता से इनके सिद्धान्त और आचरण का खंडन करते हुए इनकी उत्पीड़ित पत्नियों का पक्ष लेते हैं। यह नारी संस्कृति और राष्ट्रीयता के साथ गुप्त-काव्य का महत्त्वपूर्ण केन्द्र है, यह बात सदा स्मरण रखने की है, क्योंकि इससे कविरूप में उनकी महान् आधुनिक और जनतान्त्रिक छवि निर्मित होती है। हमने इस संचयन में 'विष्णुप्रिया' के एक अंश के साथ 'कुणाल-गीत' और 'रत्नावली' से सिर्फ पाँच-पाँच प्रगीत लिये हैं, जो अतिशय सुन्दर हैं। आप 'कुणाल-गीत' के एक प्रगीत में छन्द का यह लहराता हुआ संगीत देखें :

मेरे दुकूल का चुप छुप छोर खींचती है,
स्मृति, तू बता, मुझे अब किस ओर खींचती है ?

पुनः विष्णुप्रिया का अपने पति चैतन्य के प्रति यह संवाद, जब वे नवविवाहिता पत्नी का त्याग कर वैष्णवधर्म के प्रचार के लिए संन्यास लेने जा रहे थे :

शाक्त तुम मेरे, क्यों न वैष्णव हो औरों के,
पशु नहीं, नर-बलि देते नहीं लेते हो !

यह है गुप्तजी का तेवर, जो उनके कलश को अपने युग के कवियों में सबसे ऊपर स्थापित करता है। इसके साथ हमें 'रत्नावली' का यह लघु प्रगीत भी देख लेना चाहिए, जिसका कोमलता में कोई सानी नहीं है :

हूक इस उर की-सी अविराम,
कूक तू कोकिल, आठों याम।
देख आ उड़कर इतना ही,
उधर भी बौरे हैं क्या आम ?

गुप्तजी का एक बृहत् प्रबन्ध-काव्य 'जय भारत' भी है, जिसमें महाभारत की कथा शुरू से लेकर अन्त तक प्रस्तुत की गई है। लेकिन यह काव्य 'साकेत' की तरह नहीं है, जिसमें कथा की सुदृढ़ संरचना हो और उसका कोई नायक हो। गुप्तजी महाभारत के विभिन्न प्रसंगों को लेकर छोटे-छोटे प्रबन्ध-काव्य तथा प्रबन्धात्मक कविताएँ पहले से

लिखते आ रहे थे। 'जय भारत' में उन्होंने उन्हें एक क्रम से गुम्फित कर दिया है और जो प्रसंग छूटे हुए थे, उन्हें नए सिरे से पद्यबद्ध किया है। कभी-कभी ऐसा भी हुआ है कि कथित को भी उन्हें उचित अनुपात और रूप में कहना पड़ा है, उदाहरणार्थ 'जयद्रथ-वध', जिससे 'जय भारत' में उन्होंने कोई अंश नहीं लिया और उस प्रसंग का पुनराख्यान किया है। इस काव्य में वर्णित घटनाएँ कभी विस्तृत हैं, तो कभी अत्यन्त संक्षिप्त भी, लेकिन इसमें सन्देह नहीं कि महाभारत की पूरी कथा अपनी पूरी ओजस्विता और मार्मिकता के साथ इसमें उपस्थित हो सकी है। हमने इससे एक छोटा-सा अंश उद्धृत किया है, 'कुरुक्षेत्र' शीर्षक, जिसमें युद्धोपरान्त का त्रासद दृश्य एक बड़े प्रश्नचिह्न के रूप में कृष्ण की आँखों के सामने फैला है। स्मरणीय है कि इस काव्य का प्रकाशन-काल 1952 है, जिसका तात्पर्य यह है कि उक्त दृश्य वस्तुतः द्वितीय विश्वयुद्ध की समाप्ति के बाद का दृश्य है, जैसे दिनकर के काव्य 'कुरुक्षेत्र' के प्रथम सर्ग में अंकित दृश्य। 'जय भारत' में वह दृश्य गान्धारी कृष्ण को दिखलाती है और उनसे पूछती है :

> मैं मानती हूँ दुरित - पूरित बन्धु - वैर - विरोध था,
> पर हाय ! क्या अन्याय का अन्याय ही प्रतिशोध था ?

इस प्रश्न का कोई उत्तर कृष्ण से न बन पड़ा और अन्त में 'सिर पीट अपना अस्थिरा प्रभु के पदों में गिर पड़ी'।

'गुरुकुल' गुप्तजी का ऐसा काव्य है, जिसमें अलग-अलग उन्होंने सिख गुरुओं के बलिदान की कहानी बहुत ही वेगमयी भाषा में कही है। उन्हीं में से एक गुरु तेगबहादुर भी थे, जिन पर लिखी गई कविता स्वतन्त्र पुस्तिका के रूप में भी प्रकाशित हुई थी। हमने उसी कविता को इस संचयिता में संकलित किया है, क्योंकि धर्म के लिए कुर्बान हो जानेवाले गुरु तेगबहादुर की चारित्रिक उदात्तता जिस रूप में इसमें प्रस्तुत की गई है, वह अनुपमेय है।

वैसे तो संवाद-शैली में गुप्तजी के कई प्रबन्ध-काव्य रचित हैं, पर उनके घोषित रूप में लिखे गए कुछ काव्य-नाटक भी हैं, यथा 'अनघ', 'दिवोदास', 'पृथिवीपुत्र', 'जयिनी' और 'लीला'। इनमें से प्रथम और अन्तिम को छोड़कर बाकी तीनों वस्तुतः नाट्य-कविता हैं, आकार में बहुत ही छोटे। ये एकत्र भी प्रकाशित हैं। मैंने इनमें से केवल 'पृथिवीपुत्र' को नमूने के तौर पर इस संचयिता में शामिल किया है, क्योंकि उसमें कवि ने आधुनिक विश्व के विनाश की आशंका से उपजी अपनी चिन्ता की अभिव्यक्ति की है।

प्रबन्ध-कविता के अलावा गुप्तजी ने निबन्ध-कविता भी लिखी है। निबन्ध-कविता वस्तुतः आचार्य शुक्ल द्वारा प्रयुक्त 'पद्यात्मक निबन्ध' का सूचक है, जिससे उनका आशय किसी विषय पर लिखी गई ऐसी कविता से है, जो इतिवृत्तप्रधान हो और जिसमें सरसता की कमी हो। 'जयद्रथ-वध' में हरिगीतिका छन्द में कथा को निबद्ध करके गुप्तजी भारी

लोकप्रियता प्राप्त कर चुके थे। 1912 में हाली के मुसद्दस से प्रेरित होकर हिन्दू जाति के उत्थान के लिए उन्होंने उसी छन्द में 'भारत-भारती' नामक निबन्ध-कविता की रचना की, जिसने लोकप्रियता में 'जयद्रथ-वध' को भी पीछे छोड़ दिया। काका कालेलकर के अनुसार इस पुस्तक की लोकप्रियता महात्मा गाँधी की पुस्तक 'हिन्द स्वराज्य' के बाद ही आती है। यह तीन खंडों में बँटी हुई है—अतीत, वर्तमान और भविष्यत्। पहले खंड में भारत के अतीत की महिमा का गान, दूसरे खंड में उसकी वर्तमान दुर्दशा का चित्रण और तीसरे खंड में उसके भविष्य की प्रकल्पना है। इसमें जो इतिवृत्तात्मकता और नीरसता है, उसके बारे में आचार्य शुक्ल की टिप्पणी देख लेना ही काफी होगा। उनके शब्द हैं : ''यद्यपि काव्य की विशिष्ट पदावली, रसात्मक चित्रण, वाग्वैचित्र्य इत्यादि का विधान इसमें न था, पर बीच-बीच में मार्मिक तथ्यों का समावेश बहुत साफ और सीधी-सादी भाषा में होने से यह पुस्तक स्वदेश की ममता से पूर्ण नवयुवकों को बहुत प्रिय हुई।'' उदाहरण के तौर पर इसकी ये पंक्तियाँ देखी जा सकती हैं :

जिस लेखनी ने है लिखा उत्कर्ष भारतवर्ष का,
लिखने चली अब हाल वह उसके अमित अपकर्ष का।
जो कोकिला नन्दन-विपिन में प्रेम से गाती रही,
दावाग्नि-दग्धारण्य में रोने चली है अब वही !

'भारत-भारती' की आलोचना में विद्वानों ने कई बातें कही हैं—एक तो यह कि इसमें सम्पूर्ण भारत के नहीं, बल्कि सिर्फ आर्यावर्त के उत्थान की बात कही गई है, दूसरे, जैसे हाली का मुसद्दस मुसलमानों को सम्बोधित है, यह हिन्दुओं को, और तीसरे, इसमें देश-भक्ति के साथ-साथ राजभक्ति भी है। ये तीनों बातें सही हैं, पर साथ-साथ यह भी सही है कि इसमें न कहीं द्रविड़-द्वेष है और न कहीं मुस्लिम-द्वेष। जहाँ तक राजभक्ति की बात है, वह तिलक-जैसे नेता का युग था, जिसमें अंग्रेजों के विरुद्ध हमारी लड़ाई पूर्ण स्वराज्य की लड़ाई तक नहीं पहुँची थी, अभी उसके रास्ते में थी। इसमें राजभक्ति भी आती थी, जिसके प्रभाव में स्वयं तिलक ने अपने को ब्रिटिश राज के प्रति निष्ठावान् कहा था। 'भारत-भारती' उसी दौर की रचना है, इसलिए इससे उससे अधिक की अपेक्षा करना अनुचित है। जो बात ध्यान देने योग्य है, वह यह कि 'भारत-भारती' हमें गुप्तजी के रचनात्मक मानस के भूगोल से परिचित कराती है। उनके विचार बहुत आधुनिक थे, जिसका प्रमाण 'हिन्द स्वराज्य' की बातों से उनका अलग होना है। भविष्यत् खंड की ये पंक्तियाँ गौरतलब हैं :

व्यवसाय अपने व्यर्थ हैं अब नव्य यन्त्रों के बिना,
परतन्त्र हैं हम सब कहीं अब भव्य यन्त्रों के बिना।
कल के हलों के सामने अब पूर्व का हल व्यर्थ है,
उस वाष्प-विद्युद्वेग-सम्मुख देह का बल व्यर्थ है।

प्राचीन हों कि नवीन छोड़ो रूढ़ियाँ जो हों बुरी,

बनकर विवेकी तुम दिखाओ हंस जैसी चातुरी।
प्राचीन बातें ही भली हैं, यह विचार अलीक है,
जैसी अवस्था हो जहाँ वैसी व्यवस्था ठीक है।

आगे चलकर गुप्तजी ने विभिन्न विषयों पर अपने विचार प्रकट करने के लिए 'हिन्दू' नाम से एक पूरी और बृहत् पुस्तक लिखी, जिसे 'भारत-भारती' का ही बढ़ाव मानना चाहिए। हमने इस संचयिता में 'हिन्दू' को छोड़कर 'भारत-भारती' के तीनों खंडों से ही कुछ अंश संकलित किए हैं। यह करना आवश्यक था, क्योंकि यह वह कृति है, जिससे 'राष्ट्रकवि' के रूप में गुप्तजी की पहचान बनी थी। स्मरणीय है कि यह अभिधा उन्हें स्वयं महात्मा गाँधी ने 1936 में यह कहते हुए प्रदान की थी कि 'वे हमलोगों के कवि हैं और राष्ट्र-भर की आवश्यकता को समझकर लिखने की कोशिश कर रहे हैं।'

यह सही है कि गुप्तजी मूलतः प्रबन्ध-कवि हैं, लेकिन यह कैसे सम्भव था कि देश में स्वाधीनता-संग्राम चल रहा था और वे उसमें योग देने के लिए स्फुट राष्ट्रीय कविताएँ न लिखते ? स्वभावतः उन्होंने अच्छी संख्या में वैसी कविताएँ लिखीं, जिनके दो संग्रह बहुत प्रसिद्ध हैं—'स्वदेश-संगीत' और 'मंगल-घट'। इनमें संगृहीत राष्ट्रीय कविताओं की विशेषता यह है कि उनमें कवि ने सिर्फ देश के भूगोल और इतिहास का ही वर्णन नहीं किया है, बल्कि भारतीय संस्कृति के बुनियादी मूल्यों को निरन्तर रेखांकित किया है। इससे उनकी राष्ट्रीय कविताएँ हमारे भीतर बाहर से ही देश-प्रेम नहीं जगाती हैं, हमें भीतर से भी जागृत करती हैं। दूसरी बात यह कि गुप्तजी ने अपनी सारी कविताएँ अलग-अलग छन्दों और रूपों में लिखी हैं, जिससे उनका संगीत अलग से हमें प्रभावित करता है। 'बैठे हैं' कविता में हम तुकबन्दी का सर्जनात्मक उपयोग देखते हैं, तो 'भारत-सन्तान' और 'विचित्र संग्राम' शीर्षक कविताओं का मस्ती से भरा हुआ छन्द हमें मुग्ध कर लेता है। 'मातृभूमि' और 'मातृ-मूर्ति' शीर्षक कविताएँ उनकी सर्वाधिक प्रसिद्ध राष्ट्रीय कविताएँ हैं, जिनमें से पहली छप्पय-जैसे प्यारे छन्द में रचित है, तो दूसरी वस्तुतः एक प्रगीतात्मक कविता है। हमने इस संचयिता में गुप्तजी की ऐसी कुल नौ कविताएँ संकलित की हैं, पाँच 'स्वदेश-संगीत' से और चार 'मंगल-घट' से। ये कविताएँ पाठकों पर यह बात अच्छी तरह से उजागर कर देती हैं कि वे सिर्फ स्वाधीनता-आन्दोलन के सामयिक प्रभाव में कविता लिखनेवाले कवि न थे, बल्कि वे सच्चे अर्थों में राष्ट्रकवि थे, जिसकी नसों में भारतीय राष्ट्र और भारतीय संस्कृति की चेतना प्रवाहित थी। 'अंजलि और अर्घ्य' नामक पुस्तिका गुप्तजी ने महात्मा गाँधी की हत्या के बाद उनके प्रति श्रद्धांजलि अर्पित करने के लिए लिखी थी। 'बापू का महाप्रयाण' शीर्षक से उसका आरम्भिक अंश भी हमने यहाँ संकलित किया है।

ज्ञातव्य है कि गुप्तजी की स्फुट कविताएँ राष्ट्रीय भी हैं और दूसरे प्रकार की भी। 'मंगल-घट' में दूसरे प्रकार की अनेक कविताएँ भी संगृहीत हैं, साथ ही उनके मरणोपरान्त

प्रकाशित संग्रह 'स्वस्ति और संकेत' में भी। हमने इन दोनों संग्रहों से क्रमशः चार और पाँच कविताएँ ली हैं, जिनके बिना गुप्तजी का काव्य-संसार कभी पूरा नहीं हो सकता था। उनमें से यहाँ मैं दो छोटी-छोटी कविताएँ उद्धृत करना चाहता हूँ, जिससे पाठकों को पता चल सके कि गुप्तजी के तेवर ऐसे भी थे। पहली कविता 'मंगल-घट' से है—'काट-छाँट' :

''कोकिल ! क्यों तू 'कु-ऊ' 'कु-ऊ' कहता रहता है ?
करके उसमें सन्धि क्यों न कू-कू कहता है ?''

''आलोचकजी, रीति मुझे भी यह जँचती है,
बात वही है और एक मात्रा बचती है।
सुनिए, उल्लू व्याकरण
कैसा अच्छा जानता।
है 'घु-ऊ, घु-ऊ' कहकर न जो,
'घू-घू' मात्र बखानता ॥''

और दूसरी 'स्वस्ति और संकेत' से—'लत्ते उड़ जाएँगे' :

तड़क भड़क और कड़क मिटेगी सब
गर्व और गौरव सभी ये गुड़ जायँगे
गाज न गिराओ ओ घमंडी घनो, मानो कहा
काले मुँह आप ही तुम्हारे मुड़ जायँगे
मातृमूर्ति मेदिनी को सीधे जलदान करो
झोंके झूम झंझा के जहाँ वे जुड़ जायँगे
पत्ते उड़ जायँगे तुम्हारे घटाडंबर के
याद रक्खो अम्बर के लत्ते उड़ जायँगे !

'मंगल-घट' से ली गई अन्तिम कविता 'प्रणाम' है, जो शाल-वृक्ष को सम्बोधित कर लिखी गई एक प्यारी कविता है। वैसे यह कविता पहले 'झंकार' में संगृहीत हो चुकी थी। 'स्वस्ति और संकेत' से ली गई अन्तिम कविता 'ब्रजभाषा और खड़ीबोली' है, जिसमें गुप्तजी ने दोनों को दो भाषाओं, लेकिन एक ही छन्द में सम्बोधित कर दोनों की प्रकृति और उपयोगिता को अलग-अलग स्पष्ट कर दिया है। इस कविता में उनकी ब्रजभाषा-कविता का दुर्लभ नमूना मिलता है। इससे यह सूचना भी प्राप्त होती है कि उन्होंने ब्रजभाषा के विरुद्ध अभियान चलाया, लेकिन वे उसकी समृद्धि और लालित्य से अच्छी तरह परिचित थे, जिसका उपयोग भी अपने काव्य में उन्होंने यथास्थान किया है। स्पष्टतः ब्रजभाषा-काव्य के प्रति उनका दृष्टिकोण पन्त के दृष्टिकोण से भिन्न निराला के दृष्टिकोण से मिलता था।

जैसे गुप्तजी ने मुक्तक-कविता लिखी है, वैसे ही अच्छी संख्या में प्रगीत-कविता भी। उनकी प्रगीत-कविता दो प्रकार की है : एक वह, जो उनके प्रबन्ध-काव्यों में आई है और दूसरी वह, जो स्वतन्त्र रूप में रची गई है। कहा जा चुका है कि 'कुणाल-गीत' और

'रत्नावली' नामक प्रबन्ध-काव्य प्रगीतों में ही रचित हैं, जबकि 'साकेत' और 'यशोधरा' में बीच-बीच में प्रगीत आए हैं। 'साकेत' के नवम सर्ग में अनेक प्रगीत हैं और 'यशोधरा' तो मुख्य रूप से प्रगीतात्मक ही है। कुछ प्रगीत 'विष्णुप्रिया' में भी हैं। हमने इन प्रबन्धात्मक प्रगीतों से जो चयन किया है, उसका समावेश प्रबन्ध-कवितावाले खंड में ही किया गया है। गुप्तजी के स्वतन्त्र प्रगीत उनके जिन संग्रहों में संगृहीत हुए हैं, उनमें 'झंकार', 'उच्छ्वास' और 'स्वस्ति और संकेत' उल्लेखनीय हैं। हमने यहाँ 'झंकार' से छब्बीस, 'उच्छ्वास' से छः और 'स्वस्ति और संकेत' से आठ यानी कुल चालीस प्रगीत संकलित किए हैं। यदि गुप्तजी के प्रबन्धात्मक प्रगीतों के साथ इन्हें देखा जाए, तो एक अत्यन्त श्रेष्ठ प्रगीतकार के रूप में उनकी छवि उभरकर आती है, जिस पर अभी तक पूरी तरह से हमारा ध्यान नहीं गया।

गुप्तजी के प्रगीतों को लेकर भी किंचित् विवाद की स्थिति है। पाठकों से क्षमायाचना करते हुए मैं पुनः आचार्य शुक्ल का हवाला दे रहा हूँ, जिन्होंने प्रगीत-मुक्तक के प्रसंग में एक स्थान पर गुप्तजी की बहुत सही ढंग से चर्चा की है और दूसरे स्थान पर अनावश्यक रूप से उनका उपहास करते हुए एक गलत बात कही है। श्रीधर पाठक को 'सच्चे स्वच्छन्दतावाद' का प्रवर्तक ठहराते हुए वे गुप्तजी, मुकुटधर पांडेय और बदरीनाथ भट्ट को उस परम्परा की अगली कड़ी बतलाते हैं और कहते हैं, ''खड़ीबोली की कविता जिस रूप में चल रही थी उससे सन्तुष्ट न रहकर द्वितीय उत्थान के समाप्त होने के कुछ पहले ही कई कवि खड़ीबोली काव्य को कल्पना का नया रूप-रंग देने और उसे अधिक अन्तर्भावव्यंजक बनाने में प्रवृत्त हुए जिनमें प्रधान थे—सर्वश्री मैथिलीशरण गुप्त, मुकुटधर पांडेय और बदरीनाथ भट्ट।'' पुनः, ''ये प्रकृति के साधारण, असाधारण सब रूपों पर प्रेमदृष्टि डालकर, उसके *रहस्य-भरे सच्चे संकेतों को परखकर,* भाषा को अधिक चित्रमय, सजीव और मार्मिक रूप देकर कविता का एक अकृत्रिम, *स्वच्छन्द* मार्ग निकाल रहे थे।'' निस्सन्देह इसी मार्ग पर चलकर गुप्तजी ने 'झंकार' के प्रगीत रचे थे, लेकिन अपने निष्कर्षों के विरुद्ध जाकर 'इतिहास' में ही आचार्य शुक्ल उन पर यह कठोर टिप्पणी करते हैं : ''तृतीय उत्थान में 'छायावाद' के नाम से रहस्यात्मक कविताओं का कलरव सुन इन्होंने भी कुछ गीत रहस्यवादियों के स्वर में गाए जो 'झंकार' में संगृहीत हैं। पर असीम के प्रति उत्कंठा और लम्बी-चौड़ी वेदना का विचित्र प्रदर्शन गुप्तजी की अन्तःप्रेरित प्रवृत्ति के अन्तर्गत नहीं। काव्य का एक मार्ग चलता देख ये उधर भी जा पड़े।'' दिलचस्प यह है कि जहाँ उन्होंने गुप्तजी को स्वच्छन्दतावादी कहा है, वहाँ भी 'झंकार' के प्रगीतों के ही अंश उद्धृत किए हैं। स्वच्छन्दतावाद और छायावाद ने एक दूसरे पर अपना प्रभाव डाला है, फिर भी सच यह है कि ये दोनों समानान्तर चलनेवाली काव्य-धाराएँ हैं, जिनमें प्रसाद, निराला, पन्त और महादेवी के समानान्तर आगे चलकर माखनलाल, 'नवीन' और सियारामशरण काव्य-सृजन करते हैं। स्मरणीय है कि कथित उत्तर-छायावादी कवि 'बच्चन' और दिनकर का असली सम्बन्ध भी स्वच्छन्द-धारा से ही है, छायावाद से नहीं। 'झंकार' के प्रगीतों में कहीं से प्रगाढ़ छायावादी रहस्य-भावना के दर्शन नहीं होते, बस 'सुन्दर रहस्यात्मक संकेत' मिलते हैं, जिन्हें

आचार्य शुक्ल स्वच्छन्दतावादी कविता की विशेषता के रूप में निरूपित करते हैं। 'झंकार' का रहस्यवाद वस्तुतः भक्ति और रहस्य के बीच की चीज है, जो अपनी स्वाभाविकता के कारण आपत्तिजनक नहीं लगता, न गुप्तजी की धर्म-भावना से बेमेल। ऐसी स्थिति में उनका आरोप स्वयं निरस्त हो जाता है। यहाँ कुछ उदाहरण देखे जा सकते हैं :

नटनागर, आज कहाँ अटके ?
रथ-सूत हुए अपने भट के,
कि फँसे युग छोर कहीं पट के,
कल-हंस हुए यमुना-तट के,
कि बने पिक वीर किसी वट के,
नटनागर, आज कहाँ अटके ?

□

पाकर ऐसा अमृतस्रोत,
हो जावे वह ओतप्रोत,
तेरे पद-पद्मों के पोत,
तरें वहाँ मुझको भी तार,
इसी प्रकार पार होऊँ मैं ओ मेरे आधार !
तेरे गीतों की गुंजार।

□

हरे ! तुम्हारी करुणा-धारा
तारा — हाराकारा,
धोती रहे धरा के धब्बे,
बहे ग्लानि-श्रम सारा।
जीवन-सुधा पिए यह वसुधा,
रहे भवाब्धि न खारा;
प्रेम-वृष्टि सविवेक दृष्टि हो—
सृष्टि एक परिवारा।

जहाँ तक प्रगीत-कविता के सौन्दर्य की बात है, 'झंकार' के प्रगीत पारदर्शी अभिव्यक्ति और वैविध्यपूर्ण छन्द-संगीत के लिए हिन्दी में हमेशा याद किए जाएँगे। 'नटनागर, आज कहाँ अटके ?' प्रगीत में हमने देखा कि गुप्तजी कैसे 'ट'-जैसे कठोर वर्ण की योजना से भी माधुर्य उत्पन्न कर सकते हैं। छायावादियों की तरह उन्होंने अपने प्रगीतों में न तो हिन्दी की सामान्य शब्दावली का निषेध किया और न मसृण शब्द-योजना के प्रति अतिरिक्त आग्रह दिखलाया। प्रगीतकार के रूप में उनके तेवर का परिचय प्राप्त करने के लिए 'झंकार' के 'भूल भुलैयाँ' शीर्षक निम्नलिखित प्रगीत को देखना जरूरी है :

लूँ मैं सौ सौ बार बलैयाँ,
धन्य तुम्हारी भूल भुलैयाँ।
गेल नहीं, अपने को भी मैं,
भय है, भूल न जाऊँ सैयाँ।
अबकी निकलूँ, फिर न घुसूँगी
भूली, देख घनी घमछैयाँ।
धन्य तुम्हारी भूल भुलैयाँ।

अटक रही मैं इधर-उधर हा,
भटक न भूले मेरी गैयाँ,
आओ, बैयाँ पकड़ उबारो
लाओ, पड़ूँ तुम्हारी पैयाँ।
धन्य तुम्हारी भूल भुलैयाँ।

'उच्छ्वास' में गुप्तजी की ऐसी कविताएँ और प्रगीत संगृहीत हैं, जो स्वजनों की मृत्यु पर प्रकट किए गए उनके उच्छ्वास हैं। उनमें से जो प्रगीत मुझे अतिरिक्त आत्मपरकता से मुक्त लगे हैं, यहाँ ले लिये गए हैं। उनमें कवि के गहन शोक की अभिव्यक्ति हुई है, यह कहने की आवश्यकता नहीं। उसी ने उसकी वाणी को विशिष्ट बना दिया है। आचार्य शुक्ल ने गुप्तजी को स्वच्छन्द-कवि बतलाते हुए 'नक्षत्र-निपात' और 'पुष्पांजलि' शीर्षक प्रगीतों का भी उल्लेख किया है। ज्ञातव्य है कि इनमें से पहला प्रगीत गुप्तजी ने सियारामशरण गुप्त के एक शिशु के न रहने पर लिखा था और दूसरा उन्हीं के एक किशोर बालक की आकस्मिक मृत्यु पर। यदि ये तथ्य उनके सामने रहते, तो सम्भव है, वे उनका किंचित् भिन्न रूप में उल्लेख करते। 'स्वस्ति और संकेत' से लिये गए प्रगीत कई प्रकार के हैं, जिनमें से कुछ को कवि के वैयक्तिक स्पर्श ने बेहद सुन्दर और मार्मिक बना दिया है। ऐसे ही प्रगीतों में से एक है : 'अब वे वासर बीत गए !/मन तो भरा-भरा है अब भी पर तन के रस रीत गए !'

इस भूमिका के आरम्भ में गुप्तजी द्वारा किए गए बाँग्ला काव्यों के पद्यानुवाद की बात कही गई है। उनमें से इस संचयिता में नमूने के तौर पर हमने सिर्फ माइकेल के काव्यों के अनुवाद के अंश सम्मिलित किए हैं। गुप्तजीकृत अनुवाद कितना पूर्ण है, इसके प्रमाण-स्वरूप 'विरहिणी व्रजांगना' की 'वसन्त' शीर्षक कविता का यह पहला बन्द उद्धृत है :

हे सखि ! फूलों के खिलने से कानन अति कमनीय हुआ,
पिक-कुल कलकल चंचल अलि-दल दृश्य परम रमणीय हुआ।
कलित ललित जल उछल रहा है, चलो चलें हम कानन को,
आँखें ठंडी करें देखकर श्रीहरि के चन्द्रानन को।

'वीरांगना' और 'मेघनाद-वध' का अनुवाद गुप्तजी ने पन्द्रह वर्णों के अमित्राक्षर छन्द में किया है, जो इस बात का सबूत है कि वे तुकान्त कविता से ऐसे न बँधे थे कि आवश्यक होने पर भी उसे न छोड़ सकें। अमित्राक्षर छन्द में उन्होंने मौलिक काव्य भी रचा है, यथा 'सिद्धराज', 'विष्णुप्रिया' और 'जय भारत' की 'युद्ध' शीर्षक दीर्घ कविता।

गुप्तजी ने गद्य में भी दो नाटक रचे हैं—'तिलोत्तमा' और 'चन्द्रहास'। इसके अलावा संस्मरणों की भी उनकी दो पुस्तकें हैं—'श्रद्धांजलि और संस्मरण' और 'मुंशी अजमेरी'। पहले ऐसा विचार था कि प्रस्तुत संचयिता में इन गद्य-रचनाओं के भी कुछ अंश दिए जाएँ, पर एक तो पृष्ठ-संख्या की सीमा सामने आई, दूसरे, गुप्तजी के भव्य कवि-रूप को ही यथासम्भव पूर्णता में उपस्थित करना ज्यादा ठीक लगा, सो गद्यांश देने का खयाल छोड़ना पड़ा। गुप्तजीकृत भास के कई नाटकों के गद्यानुवाद भी हैं। उनसे कुछ लेने का कोई मतलब नहीं था।

निराला ने एक बार त्रिलोचन से पूछा था—'तुम गुप्तजी की कविताओं से संचयन कितने पृष्ठों में तैयार कर सकते हो ?' त्रिलोचन ने उत्तर दिया था—'ढाई सौ पृष्ठों में।' इस पर निराला ने उनसे कहा था—'मैं पाँच सौ पृष्ठों में कर सकता हूँ।' यह संचयिता तैयार करते समय उक्त प्रसंग बराबर मेरे ध्यान में रहा। पृष्ठ-संख्या की सीमा थी, इसलिए जाहिर है कि ढेर सारे सुन्दर काव्यांश मुझसे छूट गए होंगे। मैं भी उसके लिए दोषी हो सकता हूँ, क्योंकि यह सर्वथा सम्भव है कि मैंने अधिक सुन्दर अंशों को छोड़कर अज्ञानवश अपेक्षाकृत कम सुन्दर अंशों को संकलित कर लिया हो। निश्चय ही इसमें मेरी व्यक्तिगत रुचि का भी हाथ होगा। उसके लिए मैं पाठकों से क्षमाप्रार्थी हूँ और महात्मा गांधी अन्तरराष्ट्रीय हिन्दी विश्वविद्यालय के कीर्तिलब्ध कुलपति श्री अशोक वाजपेयी का अतिशय अनुगृहीत कि उन्होंने संचयिता सम्पादित करने के बहाने मुझे गुप्तजी के काव्य के 'स्वर्गंगा तारापथ' में भ्रमण करने का अवसर दिया। इति।

नन्दकिशोर नवल

लखनचन्द कोठी, गुलबीघाट लेन,
महेन्द्रू, पटना—800 006
13 सितम्बर, 2001

प्रबन्ध-कविता

जयद्रथ-वध

षष्ठ सर्ग

उस ओर था भूरिश्रवा[1] से वीर सात्यकि लड़ रहा,
झंझानिल प्रेरित जलद ज्यों हो जलद से अड़ रहा।
बहु युद्ध करने से प्रथम ही था यदपि सात्यकि थका;
पर देख अर्जुन को निकट उत्साह से वह था छका ॥
उस काल दोनों में परस्पर युद्ध वह ऐसा हुआ,
है योग्य कहना बस यही—अद्‍भुत वही वैसा हुआ,
सब वीर लड़ना छोड़ क्षण-भर देखने उसको लगे,
कह 'धन्य-धन्य' पुकारकर सब रह गए गुण पर ठगे।
रथ-अश्व दोनों के शरों से साथ दोनों के मरे,
व्रण-पूर्ण दोनों हो गए तो भी न वे मन में डरे।
करने लगे फिर क्रुद्ध दोनों बाहु-युद्ध विशुद्ध यों—
युग गिरि सपक्ष समक्ष हों लड़ते विपक्ष-विरुद्ध ज्यों—
लड़ते हुए सात्यकि हुआ जब श्रमिक शोणित से सना,
तब खड्ग से भूरिश्रवा ने शीश चाहा काटना।
पर वार ज्यों ही कर उठाकर वेग से उसने किया,
त्यों ही धनंजय के विशिख ने काट उसका कर दिया।
करवाल-युत जब केतु-सम भूरिश्रवा का कर गिरा,
सब शत्रु तब कहने लगे इस कार्य को अनुचित निरा।
वृषसेन, कर्ण, कृपादि ने धिक्कार अर्जुन को दिया—
"धिक् धिक् धनंजय ! पापमय दुष्कर्म यह तुमने किया।"
बोले वचन तब पार्थ उनसे लीन होकर रोष में—
"क्या निज जनों का त्राण करना सम्मिलित है दोष में ?
मेरा नियम यह है, जहाँ तक बाण मेरा जायगा,
अपने जनों को आपदा से वह अवश्य बचायगा।

1. कुरुवंशी राजा।

नास्तिक मनुज भी विपद में करते विनय भगवान से,
देते दुहाई धर्म्म की त्यों आज तुम भी ज्ञान से।
लज्जा नहीं आती तुम्हें उपदेश देते धर्म्म का ?
आती हँसी तुम पापियों से नाम सुन सत्कर्म का ॥
देखे बिना निज कर्म पहले बोध देना व्यर्थ है,
होता नहीं सद्धर्म कुछ उपदेश के ही अर्थ है।
तुम सात ने जब वध किया था एक बालक का यहाँ,
रे पामरो ! तब यह तुम्हारा धर्म सारा था कहाँ ?
पापी मनुज भी आज मुँह से राम नाम निकालते !
देखो भयंकर भेड़िये भी आज आँसू डालते !
आजन्म नीच अधर्मियों के जो रहे अधिराज हैं—
देते अहो ! सद्धर्म की वे भी दुहाई आज हैं !!"
सुनकर वचन यों पार्थ के चुप रह गए वैरी सभी,
दोषी किसी के सामने क्या सिर उठा सकते कभी ?
भूरिश्रवा का वध किया ले खड्ग सात्यकि ने वही,
'जिसकी सिरोही सिर उसी का' उक्ति यह कर दी सही ॥
उत्साह संयुत उस समय ही भीम आ पहुँचे वहाँ,
मिलकर चले फिर शीघ्र सब था सिन्धुराज छिपा जहाँ।
पहुँचे तथा वे जब वहाँ निज मार्ग निष्कंटक बना,
कृप, कर्ण, शल्य, द्रौणि से करना पड़ा तब सामना ॥
खल शकुनि-दुःशासन-सहित जो जानता छल-कर्म्म को
पहुँचा वहाँ कुरुराज भी पहने अलौकिक वर्म को,
पीछे जयद्रथ को किए दृढ़ व्यूह-सा आगे बना,
करने लगे संग्राम वे करके विजय की कामना ॥
लड़ते वरुण - यक्षेश - युत देवेन्द्र दैत्यों से यथा,
लड़ने लगे अर्जुन वहाँ पर भीम सात्यकि-युत तथा।
दोनों तरफ से छूटते थे बाण विद्युत खंड ज्यों,
अति घोर मारुत-तुल्य रव थे कर रहे कोदंड त्यों।
रथ-अश्व भी मिलकर परस्पर सामने बढ़ने चले,
थे एक पर वे एक मानो चोटकर चढ़ने चले।
थे वीर यों शोभित सभी रँग कर रुधिर की धार से,
होते सुशोभित शैल ज्यों गैरिक छटा-विस्तार से ॥
इस ओर थे ये तीन ही उस ओर वे छै सात थे;
तिस पर असंख्यक शूर उनके कर रहे आघात थे।

पर कर रहे वर वीर ये वीरत्व व्यक्त विशेष थे,
मानो प्रबल तीनों बली विधि, विष्णु और महेश थे ॥
तब कर्ण ने दश-दश शरों से विद्ध कर हरि-पार्थ को,
दर्शित किया मानो वहाँ दुगने प्रबल पुरुषार्थ को।
पर सूत, हय, रथ और उसका नष्ट करके चाप भी,
कर चौगुना विक्रम हुए शोभित धनंजय आप भी ॥
तत्काल ही फिर लक्ष्य करके कर्ण के वर वक्ष को,
छोड़ा कपिध्वज ने कुपित हो एक बाण समक्ष को।
पर बीच में ही द्रोण-सुत ने काट उसको बाण से,
जाते हुए लौटा लिये उस वीरवर के प्राण-से।
फिर एक साथ असंख्य शर सब शत्रुओं ने मार के,
नरसिंह अर्जुन को किया ज्यों पंजरस्थ प्रचार के।
पर भस्म होता है यथा इन्धन कराल कृशानु से,
ऐन्द्रास्त्र से कर नष्ट वे शर पार्थ प्रकटे भानु से ॥
टंकार ही निर्घोष था, शर-वृष्टि ही जल-वृष्टि थी,
जलती हुई रोषाग्नि से उद्दीप्त विद्युत दृष्टि थी।
गाँडीव रोहित-रूप था, रथ ही सशक्त समीर था,
उस काल अर्जुन वीर-वर अद्भुत जलद गम्भीर था ॥
थे दिव्य-वर पाए हुए सब शत्रु भी पूरे बली,
अतएव वे भी स्थिर रहे सह पार्थ-शर धारावली।
इस ओर यों ही हो रहा जब युद्ध यह उद्दंड था,
उस ओर अस्ताचल-निकट तब जा चुका मार्तंड था ॥
फिर देखते ही देखते वह अस्त भी क्रम से हुआ,
कब तक रहेगा वह अटल जो क्षीण-बल श्रम से हुआ !
प्रण पूर्ण पार्थ न कर सके, रवि प्रथम ही घर को गया,
सम्भावना ही थी न जिसकी हाय ! यह क्या हो गया !
उस काल पश्चिम ओर रवि की रह गई बस लालिमा;
होने लगी कुछ कुछ प्रकट-सी यामिनी की कालिमा।
सब कोक-गण शोकित हुए विरहाग्नि से डरते हुए,
आने लगे निज निज गृहों को विहग रव करते हुए ॥
यों अस्त होना देख रवि का पार्थ मानो हत हुए,
मुँदते कमल के साथ वे भी विमुख, गौरवगत हुए।
लेकर उन्होंने श्वास ऊँचा, वदन नीचा कर लिया,
संग्राम करना छोड़कर गांडीव रथ में रख दिया ॥

पूरी हुई होगी प्रतिज्ञा पार्थ की, इससे सुखी,
पर चिह्न पाकर कुछ न उसके व्यग्र चिन्तायुत दुखी,
राजा युधिष्ठिर उस समय दोनों तरफ क्षोभित हुए,
प्रमुदित न विमुदित उस समय के कुमुद-सम शोभित हुए॥
इस ओर आना जान निशि का थे मुदित निशिचर बड़े,
उस ओर प्रमुदित शत्रुओं के हाथ मूँछों पर पड़े।
दुर्योधनादिक कौरवों के हर्ष का क्या पार था—
मानो उन्होंने पा लिया त्रैलोक्य का अधिकार था ॥
बोला जयद्रथ से वचन कुरुराज तब सानन्द यों—
"हे वीर ! रण में अब नहीं तुम घूमते स्वच्छन्द क्यों ?
अब सूर्य के सम पार्थ को भी अस्त होते देख लो,
चलकर समस्त विपक्षियों को व्यस्त होते देख लो ॥"
कहकर वचन कुरुराज ने यों हाथ उसका धर लिया,
कर्णादि के आगे तथा उसको खड़ा फिर कर दिया।
उस काल निर्मल-मुकुर-सम उसका वदन दर्शित हुआ,
पाकर यथा अमरत्व वह निज हृदय में हर्षित हुआ।
खल शत्रु भी विश्वास जिनके सत्य को यों कर रहे,
निश्चिन्त, निर्भय, सामने ही मोद नद में तर रहे।
है धन्य अर्जुन के चरित को, धन्य उसका धर्म है;
क्या और हो सकता अहो ! इससे अधिक सत्कर्म है !
वाचक विलोको तो जरा, है दृश्य क्या मार्मिक अहो ?
देखा कहीं अन्यत्र भी क्या शील यों धार्मिक कहो ?
कुछ देखकर ही मत रहो, सोचो विचारो चित्त में,
बस, तत्त्व है अमरत्व का वर-वृत्तरूपी वित्त में;
यह देख लो निज धर्म्म का सम्मान ऐसा चाहिए,
सोचो हृदय में सत्यता का ध्यान जैसा चाहिए।
सहृदय जिसे सुनकर द्रवित हों चरित वैसा चाहिए,
अति भव्य भावों का नमूना और कैसा चाहिए !
क्या पाप की ही जीत होती हारता है पुण्य ही ?
इस दृश्य को अवलोक कर तो जान पड़ता है यही !
धर्म्मार्थ दुःख सहे जिन्होंने, पार्थ मरणासन्न[1] हैं।
दुष्कर्म ही प्रिय हैं जिन्हें वे धार्त्तराष्ट्र प्रसन्न हैं !
परिणाम सोच न भीम-सात्यकि रह सके क्षण-भर खड़े,
'हा कृष्ण !' कह हरि के निकट बेहोश होकर गिर पड़े,

1. मरने के समीप।

यों देखकर उनकी दशा दृग बन्द कर अरविन्द-से,
कहने लगे अर्जुन वचन इस भाँति फिर गोविन्द से—
"रहते हुए तुम-सा सहायक प्रण हुआ पूरा नहीं !
इससे मुझे है जान पड़ता भाग्य-बल ही सब कहीं।
जलकर अनल में दूसरा प्रण पालता हूँ मैं अभी,
अच्युत ! युधिष्ठिर आदि का सब भार है तुम पर सभी ॥
सन्देश कह दीजो यही सबसे विशेष विनय भरा—
खुद ही तुम्हारा जन धनंजय धर्म के हित है मरा।
तुम भी कभी निज प्राण रहते धर्म को मत छोड़ियो,
वैरी न जब तक नष्ट हों मत युद्ध से मुँह मोड़ियो
थे पांडु के सुत चार ही, यह सोच धीरज धारियो;
हों जो तुम्हारे प्रण-नियम उनको कभी न बिसारियो।
है इष्ट मुझको भी यही यदि पुण्य मैंने हों किए,
तो जन्म पाऊँ दूसरा मैं वैर-शोधन के लिए ॥
कुछ कामना मुझको नहीं है इस दशा में स्वर्ग की,
इच्छा नहीं रखता अभी मैं अल्प भी अपवर्ग की।
हा ! हा ! कहाँ पूरी हुई मेरी अभी आराधना,
अभिमन्यु विषयक वैर की है शेष अब भी साधना !
कहना किसी से और मुझको अब न कुछ सन्देश है,
पर शेष दो जन हैं अभी जिनका बड़ा ही क्लेश है !
कृष्णा-सुभद्रा से कहूँ क्या ? यह न होता ज्ञात है,
मैं सोचता हूँ किन्तु हा ! मिलती न कोई बात है।
जैसे बने समझा बुझाकर धैर्य सबको दीजियो;
कह दीजियो, मेरे लिए मत शोक कोई कीजियो।
अपराध जो मुझसे हुए हों वे क्षमा करके सभी,
कृपया मुझे तुम याद करियो स्वजन जान कभी कभी ॥
हा ! धर्मवीर अजातशत्रो ! आर्य भीम ! हरे हरे !
हा ! प्रिय नकुल सहदेव भ्रातः ! उत्तरे ! हा उत्तरे !
हा देवि कृष्णे ! हा सुभद्रे ! अब अधम अर्जुन चला;
धिक् है—क्षमा करना मुझे—मुझसे हुआ रिपु का भला।
जैसा किया होगा प्रथम वैसा हुआ परिणाम है,
माधव ! विदा दो बस मुझे अब, बार-बार प्रणाम है।
इस भाँति मरने के लिए यद्यपि नहीं तैयार हूँ,
पर धर्म्म-बन्धन-बद्ध हूँ मैं क्या करूँ लाचार हूँ ॥

इस भाँति अर्जुन के वचन श्रीकृष्ण थे जब सुन रहे,
हँसकर जयद्रथ ने तभी ये विष-वचन उनसे कहे—
"गोविन्द ! अब क्या देर है प्रण का समय जाता टला !
शुभ-कार्य जितना शीघ्र हो, है नित्य उतना ही भला ॥"
सुनकर जयद्रथ का कथन हरि को हँसी कुछ आ गई,
गम्भीर श्यामल मेघ में विद्युच्छटा-सी छा गई।
कहते हुए यों—यह न उनका भूल सकता वेश है—
"हे पार्थ ! प्रण पालन करो, देखो अभी दिन शेष है ॥"
हो पूर्ण जब तक पार्थ-प्रति प्रभु का कथन ऊपर कहा,
तब तक महा अद्भुत हुआ यह एक कौतुक-सा अहा !
मार्तंड अस्ताचल निकट घन मुक्त-सा देखा गया,
है जान सकता कौन हरि का कृत्य नित्य नया-नया ?
था पार्थ के हित के लिए यह खेल नटवर ने किया,
दिन शेष रहते सूर्य को था अस्त-सा दिखला दिया।
अनुकूल अवसर पर उसे फिर कर दिया यों व्यक्त है,
वह भक्तवत्सल भक्त पर रहता सदा अनुरक्त है ॥
तत्काल अर्जुन की अचानक नींद मानो हट गई,
सब हो गई उनको विदित माया महा-विस्मयमयी,
अवलोक तब हरि को उन्होंने एक बार विनोद से,
निकटस्थ शीघ्र उठा लिया गांडीव अति आमोद से ॥
इस स्वप्न के-से दृश्य से सब शत्रु विस्मित रह गए,
कर्त्तव्यमूढ़ - समान वे नैराश्य - नद में बह गए !
उस काल उनका तेज मानो पार्थ को ही मिल गया,
तब तो सदा से सौ गुना मुख शीघ्र उनका खिल गया ॥
हो भीम सात्यकि भी सजग आनन्द रव करने लगे,
निज यत्न निष्फल देखकर बैरी सभी डरने लगे।
तब सम्मुखस्थित जाल-गत जो था हरिण-सा हो रहा,
उस खल जयद्रथ से कुपित हो यों धनंजय ने कहा—
"रे नीच ! अब तैयार हो तू शीघ्र मरने के लिए,
मेरा यही अवसर समझ, प्रण पूर्ण करने के लिए।
है व्यर्थ चेष्टा भागने की, मृत्यु का तू ग्रास है;
भज 'रामनाम' नृशंस ! अब तो काल पहुँचा पास है।"
गति देख अन्य न एक भी निज कर्म के दुर्दोष से,
करने लगा तत्क्षण जयद्रथ शस्त्र-वर्षा रोष से।

आशा नहीं रहती जगत् में प्राण रहने की जिसे,
उसका भयंकर-वेग सहसा सह्य हो सकता किसे ?
पर पार्थ ने सह ली व्यथा सब शत्रु के आघात की,
आनन्द के उत्थान में रहती नहीं सुध गात की।
गांडीव से तत्काल वे भी बाण बरसाने लगे,
जो उग्र उल्का - खंड - से चंडच्छटा छाने लगे ॥
कर्णादि ने की व्यक्त फिर भी युद्ध कौशल की कला,
पर हो गई चेष्टा विफल सब, बस न उनका कुछ चला ॥
विचलित दलित करता द्रुमों को प्रबल-झंझानिल यथा,
सब शत्रुओं को पार्थ ने पल में किया विह्वल तथा ॥
फिर पुष्प-माला युक्त मन्त्रित दिव्य द्युति से ओघ[1]-सा।
रक्खा धनंजय ने धनुष पर बाण एक अमोघ-सा।
क्षण-भर उसे सन्धानने में वे यथा शोभित हुए,
हों भाल-नेत्र-ज्वाल हर ज्यों छोड़ते क्षोभित हुए ॥
वह शर इधर गांडीव-गुण[2] से भिन्न जैसे ही हुआ,
धड़ से जयद्रथ का उधर सिर छिन्न वैसे ही हुआ।
रक्ताक्त वह सिर व्योम में उड़ता हुआ कुछ दूर-सा
दीखा अरुणतम उस समय के अस्त होते सूर-सा ॥
अर्जुन विशिख तो लौट आया पर न रिपु का सिर फिरा,
अपने पिता की गोद में ही वह अचानक जा गिरा।
रण से अलग उनका पिता तप कर रहा था रत हुआ[3];
भगवान की इच्छा, तनय के साथ वह भी हत हुआ।
श्रीकृष्ण, अर्जुन, भीम, सात्यकि शंख-रव करने लगे,
हर्षित हुए सबके वदन, मन मोद से भरने लगे।
प्रत्यक्ष कौरव पक्ष की तब नासिका-सी कट गई,
मानो विकल कुरुराज की शोकार्त्त छाती फट गई।

---

1. समूह, 2. गुण-प्रत्यंचा, 3. जयद्रथ के पिता वृद्धक्षत्र ने घोर तपस्या करके यह वर प्राप्त किया था कि जिसके द्वारा मेरे पुत्र का सिर पृथ्वी पर गिरे उसका सिर भी उसी समय सौ टुकड़े होकर पृथ्वी पर गिर पड़े। जिस समय अर्जुन का छोड़ा हुआ पाशुपत अस्त्र जयद्रथ के सिर को लेकर उड़ा, उस समय वृद्धक्षत्र सामन्त-पंचक तीर्थ में सायं-सन्ध्या कर रहे थे। पाशुपत के प्रभाव से जयद्रथ का सिर वहीं उनकी गोद में जा गिरा। वे घबराकर सहसा उठ खड़े हुए। उनके उठते ही वह सिर उनकी गोद से पृथ्वी पर गिर पड़ा। साथ ही उनका सिर भी सौ टुकड़े होकर पृथ्वी पर गिर पड़ा।

शकुन्तला

दर्शन

एक बार शकुन्तला को सौंप आश्रम-भार—
सोम तीर्थ गए हुए थे कण्व करुणागार।
उन दिनों ही सर्वथा निज धर्म्म में अनुरक्त—
आ गए सहसा वहाँ दुष्यन्त मृगयासक्त।

उस शुभाश्रम के द्रुमों की देखते ही छाँह—
फड़कने उनकी लगी शुभ-शकुन सूचक बाँह।
तब हुआ फल के विषय में इस प्रकार विचार—
मुक्त है सर्वत्र ही भवितव्यता का द्वार।

सोचते ही थे अभी इस भाँति वे भूपाल,
"इधर आली ! इधर" यह वाणी हुई तत्काल।
चौंककर खिंच-से गए उस ओर वे सस्नेह,
था वहीं भवितव्यता का द्वार निस्सन्देह।

कर रही थी जो अलौकिक रूप-रस की वृष्टि,
जा पड़ी सखियों समेत शकुन्तला पर दृष्टि।
जो कि आश्रम-वाटिका में सींचती थी नीर,
नव्य-यौवन-पूर्ण जिसका था सु-भव्य शरीर।

शुद्ध होम-शिखोपमा उस सुन्दरी को देख—
रह गए निस्तब्ध-से नृप सफल लोचन लेख।
व्यर्थ भूषण-भार से बढ़ता न उसका मान,
थी स्वयं ही वह सुवर्णा रत्नराजि-समान।

भ्रू कुटिल थे किन्तु सुस्थिर, पलक-पट अनमोल,
दीर्घ थे, द्युति-पूर्ण थे पर थे न लोचन लोल।
भाव-सा झलका रहे थे विमल गोल कपोल,
घोल देते थे सुधा-सी सरल मुख के बोल।

घट-वहन से स्कन्ध नत थे और करतल लाल,
उठ रहा था श्वास-गति से वक्ष देश विशाल।
श्रवण - पुष्प - परिग्रही था स्वेद - सीकर - जाल,
एक कर से थी सँभाले मुक्त-काले बाल।

पुष्प-राशि-समान उसकी देख पावन कान्ति—
भूप को होने लगी जंगम-लता की भ्रान्ति—
क्या मनोमिष से उन्हीं के जानकर अरविन्द—
घूमता था वर वदन पर एक मुग्ध मिलिन्द।

किन्तु अलि की ओर से दृग फेर बारंबार—
सीखने-सी वह लगी भय-मिष भृकुटि-संचार !
अन्त में कहने लगी—अब क्या करूँ मैं हाय !
आलियों ने तब बताया इस प्रकार उपाय—

''इस समय दुष्यन्त को ही रक्षणार्थ पुकार,
है तपोवन का निरन्तर भूप पर ही भार।''
यों वचन सुन और अवसर देखकर अनुरूप—
आप यह कहते हुए प्रकटित हुए झट भूप—

''पौरवों के हाथ जब तक है सु-शासन-भार,
कौन करता है यहाँ पर ढीट अत्याचार ?''
देखकर आया अचानक भूप को निज गेह—
चौंककर आदर दिया सबने उन्हें सस्नेह।

हुई मुग्ध शकुन्तला भी नृपतिवर को देख,
मान देता था जिन्हें अमरेन्द्र भी सविशेष।
उस अनोखे अतिथि को, आतिथ्य में चुपचाप,
दे दिया उसने हृदय भी शीघ्र अपने आप।

द्रवित दोनों ही हुए पाकर प्रणय का ताप;
आलियों के बीच से होने लगा अनुलाप।
आदि हो तो हो नहीं है उस कथा का अन्त,
था समय रति-काम-युत वह मूर्तिमन्त वसन्त !

विवश आया बिछुड़ने का समय दोनों ओर—
बिछुड़कर भी वे परस्पर बन गए चितचोर !
मार्ग में, मिस से ठिठकती, ठहरती सौ बार—
गई व्यग्र शकुन्तला नृप को निहार निहार।

इधर नृप को भी विवश करना पड़ा प्रस्थान,
किन्तु उनका मन वहीं पर हो गया रममाण !
अवश तन ने भी दिखाई अलसता तत्काल—
अस्तु आश्रम के निकट ही दिए डेरे डाल।

पंचवटी

1

चारु चन्द्र की चंचल किरणें
खेल रही हैं जल-थल में,
स्वच्छ चाँदनी बिछी हुई है
अवनि और अम्बरतल में।
पुलक प्रकट करती है धरती
हरित तृणों की नोकों से
मानो झीम रहे हैं तरु भी
मन्द पवन के झोंकों से।

2

पंचवटी की छाया में है
सुन्दर पर्ण-कुटीर बना,
उसके सम्मुख स्वच्छ शिला पर
धीर वीर निर्भीकमना,
जाग रहा यह कौन धनुर्धर
जब कि भुवन भर सोता है?
भोगी कुसुमायुध योगी-सा
बना दृष्टिगत होता है॥

3

किस व्रत में है व्रती वीर यह
निद्रा का यों त्याग किए,
राजभोग के योग्य विपिन में
बैठा आज विराग लिए।
बना हुआ है प्रहरी जिसका
उस कुटीर में क्या धन है?

जिसकी रक्षा में रत इसका
तन है, मन है, जीवन है !

4

मर्त्यलोक-मालिन्य मेटने
स्वामि-संग जो आई है,
तीन लोक की लक्ष्मी ने यह
कुटी आज अपनाई है।
वीर-वंश की लाज यही है
फिर क्यों वीर न हो प्रहरी ?
विजन देश है, निशा शेष है,
निशाचरी माया ठहरी !

5

कोई पास न रहने पर भी
जन-मन मौन नहीं रहता;
आप आपकी सुनता है वह
आप आपसे है कहता।
बीच बीच में इधर उधर निज
दृष्टि डालकर मोदमयी,
मन ही मन बातें करता है
धीर धनुर्धर नई नई—

6

''क्या ही स्वच्छ चाँदनी है यह,
है क्या ही निस्तब्ध निशा;
है स्वच्छन्द सुमन्द गन्धवह,
निरानन्द है कौन दिशा ?
बन्द नहीं, अब भी चलते हैं,
नियति-नटी के कार्य्य-कलाप
पर कितने एकान्त भाव से,
कितने शान्त और चुपचाप !

7

है बिखेर देती वसुन्धरा
मोती, सबके सोने पर,
रवि बटोर लेता है उनको
सदा सवेरा होने पर।
और विरामदायिनी अपनी
सन्ध्या को दे जाता है,
शून्य श्याम-तनु जिससे उसका
नया रूप झलकाता है !

8

सरल तरल जिन तुहिन कणों से
हँसती हर्षित होती है;
अति आत्मीया प्रकृति हमारे
साथ उन्हीं से रोती है !
अनजानी भूलों पर भी वह
अदय दंड तो देती है,
पर बूढ़ों को भी बच्चों-सा
सदय भाव से सेती है॥

9

तेरह वर्ष व्यतीत हो चुके,
पर है मानो कल की बात,
वन को आते देख हमें जब
आर्त्त अचेत हुए थे तात।
अब वह समय निकट ही है जब
अवधि पूर्ण होगी वन की;
किन्तु प्राप्ति होगी इस जन को,
इससे बढ़कर किस धन की !

10

और आर्य को, राज्य-भार तो
वे प्रजार्थ ही धारेंगे,

व्यस्त रहेंगे, हम सबको भी
मानो विवश विसारेंगे !
कर विचार लोकोपकार का
हमें न इससे होगा शोक;
पर अपना हित आप नहीं क्या
कर सकता है यह नरलोक !

11

मझली माँ ने क्या समझा था,
कि "मैं राजमाता हूँगी,
निर्वासित कर आर्य्य राम को
अपनी जड़ें जमा लूँगी।"
चित्रकूट में किन्तु उसे ही,
देख स्वयं करुणा थकती,
उसे देखते थे सब, वह थी
निज को ही न देख सकती॥

12

अहो ! राजमातृत्व यही था,
हुए भरत भी सब त्यागी;
पर सौ सौ सम्राटों से भी
हैं सचमुच वे बड़भागी।
एक राज्य का मूढ़ जगत ने
कितना महा मूल्य रक्खा,
हमको तो मानो वन में ही
है विश्वानुकूल्य रक्खा॥

. . . . . .

18

वैतालिक विहंग भाभी के
सम्प्रति ध्यानलग्न-से हैं,
नए गान की रचना में वे
कवि-कुल-तुल्य मग्न-से हैं।

बीच बीच में नर्तक केकी
मानो यह कह देता है—
मैं तो प्रस्तुत हूँ देखें कल
कौन बड़ाई लेता है॥

19

आँखों के आगे हरियाली
रहती हैं हर घड़ी यहाँ,
जहाँ तहाँ झाड़ी में झिरती
है झरनों की झड़ी यहाँ।
वन की एक एक हिमकणिका
जैसी सरस और शुचि है,
क्या सौ सौ नागरिक जनों की
वैसी विमल रम्य रुचि है ?

20

मुनियों का सत्संग यहाँ है,
जिन्हें हुआ है तत्त्व-ज्ञान,
सुनने को मिलते हैं उनसे
नित्य नए अनुपम आख्यान।
जितने कष्ट-कंटकों में है
जिनका जीवन-सुमन खिला,
गौरव गन्ध उन्हें उतना ही
अत्र तत्र सर्वत्र मिला॥

21

शुभ सिद्धान्त वाक्य पढ़ते हैं
शुक-सारी भी आश्रम के,
मुनिकन्याएँ यश गाती हैं
क्या ही पुण्य-पराक्रम के।
अहा ! आर्य्य के विपिन राज्य में
सुखपूर्वक सब जीते हैं,
सिंह और मृग एक घाट पर
आकर पानी पीते हैं॥

22

गुह निषाद शवरों तक का मन
रखते हैं प्रभु कानन में,
क्या ही सरल वचन रहते हैं
इनके भोले आनन में !
इन्हें समाज नीच कहता है
पर हैं ये भी तो प्राणी,
इनमें भी मन और भाव हैं
किन्तु नहीं वैसी वाणी ॥

23

कभी विपिन में हमें व्यजन का
पड़ता नहीं प्रयोजन है,
निर्मल जल, मधु, कन्द, मूल, फल—
आयोजनमय भोजन है।
मनःप्रसाद चाहिए केवल,
क्या कुटीर फिर क्या प्रासाद ?
भाभी का आह्लाद अतुल है,
मझली माँ का विपुल विषाद !

24

अपने पौधों में जब भाभी
भर-भर पानी देती हैं,
खुरपी लेकर आप निराती
जब वे अपनी खेती हैं।
पाती हैं तब कितना गौरव
कितना सुख, कितना सन्तोष !
स्वावलम्ब की एक झलक पर
न्यौछावर कुबेर का कोष ॥

25

सांसारिकता में मिलती है
यहाँ निराली निस्पृहता,

अत्रि और अनसूया की-सी
होगी कहाँ पुण्य-गृहता ?
मानो है यह भुवन भिन्न ही,
कृत्रिमता का काम नहीं,
प्रकृति अधिष्ठात्री है इसकी,
कहीं विकृति का नाम नहीं ॥

26

स्वजनों की चिन्ता है हमको,
होगा उन्हें हमारा सोच;
यहाँ एक इस विपन-वास में
दोनों ओर रहा संकोच।
सब सह सकता है, परोक्ष ही
कभी नहीं सह सकता प्रेम,
बस प्रत्यक्ष भाव में उसका
रक्षित-सा रहता है क्षेम ॥

27

इच्छा होती है स्वजनों को
एक बार वन ले आऊँ,
और यहाँ की अनुपम महिमा
उन्हें घुमाकर दिखलाऊँ।
विस्मित होंगे देख आर्य्य को
वे घर की ही भाँति प्रसन्न,
मानो वन-विहार में रत हैं
ये वैसे ही श्रीसम्पन्न ॥

28

यदि बाधाएँ हुईं हमें तो
उन बाधाओं के ही साथ,
जिससे बाधा-बोध न हो, वह
सहनशक्ति भी आई हाथ।
जब बाधाएँ न भी रहेंगी
तब भी शक्ति रहेगी यह,

पुर में जाने पर भी वन की
स्मृति अनुरक्ति रहेगी यह ॥

29

नहीं जानती हाय ! हमारी
माताएँ आमोद-प्रमोद,
मिली हमें है कितनी कोमल,
कितनी बड़ी प्रकृति की गोद।
इसी खेल को कहते हैं क्या
विद्वज्जन जीवन-संग्राम ?
तो इसमें सुनाम कर लेना
है कितना साधारण काम !

30

बेचारी उर्मिला हमारे
लिए व्यर्थ रोती होगी,
क्या जाने वह, हम सब वन में
होंगे इतने सुख-भोगी !
मग्न हुए सौमित्रि चित्र-सम
नेत्र निमीलित एक निमेष,
फिर आँखें खोलें तो यह क्या
अनुपम रूप, अलौकिक वेश !

. . . . . .

64

इसी समय पौ फटी पूर्व में,
पलटा प्रकृति-पटी का रंग,
किरण-कंटकों के श्यामाम्बर
फटा, दिवा के दमके अंग।
कुछ कुछ अरुण, सुनहली कुछ कुछ,
प्राची की अब भूषा थी,
पंचवटी की कुटी खोलकर
खड़ी स्वयं क्या ऊषा थी !

65

अहा ! अम्बरस्था ऊषा भी
इतनी शुचि सस्फूर्ति न थी,
अवनी की ऊषा सजीव थी,
अम्बर की-सी मूर्ति न थी।
वह मुख देख पांडु-सा पड़कर
गया चन्द्र पश्चिम की ओर;
लक्ष्मण के मुँह पर भी लज्जा
लेने लगी अपूर्व हिलोर॥

66

चौंक पड़ी प्रमदा भी सहसा
देख सामने सीता को,
कुमुद्वती-सी दबी देख वह
उन पद्मिनी पुनीता को।
एक बार ऊषा की आभा
देखी उसने अम्बर में,
एक बार सीता की शोभा
देखी विगताडम्बर में॥

67

एक बार अपने अंगों की
ओर दृष्टि उसने डाली,
उलझ गई वह किन्तु बीच में
थी विभूषणों की जाली।
एक बार फिर वैदेही के
देखे अंग अदूषण वे,
सनक्षत्र अरुणोदय ऐसे—
रखते थे शुभ भूषण वे।

68

हँसने लगे कुसुम कानन के
देख चित्र-सा एक महान,

विकच उठीं कलियाँ डालों में
निरख मैथिली की मुस्कान।
कौन-कौन से फूल खिले हैं,
उन्हें गिनाने लगा समीर,
एक एक कर गुन गुन करके
जुड़ आई भौरों की भीर॥

69

नाटक के इस नए दृश्य के
दर्शक थे द्विज लोग वहाँ,
करते थे शाखासनस्थ वे
समधुप रस का भोग वहाँ।
झट अभिनयारम्भ करने को
कोलाहल भी करते थे,
पंचवटी की रंगभूमि को
प्रिय भावों से भरते थे॥

70

सीता ने भी उस रमणी को
देखा, लक्ष्मण को देखा,
फिर दोनों के बीच खींच दी
एक अपूर्व हास्य-रेखा।
"देवर, तुम कैसे निर्दय हो,
घर आए जन का अपमान।
किसके पर-नर तुम, उसके जो
चाहे तुमको प्राण-समान ?

71

याचक को निराश करने में
हो सकती है लाचारी,
किन्तु नहीं आई है आश्रय
लेने को वह सुकुमारी।
देने ही आई है तुमको,
निज सर्वस्व बिना संकोच,

देने में कार्पण्य तुम्हें हो
तो लेने में है क्या सोच ?"

72

उनके अरुण चरण-पद्मों में
झुक लक्ष्मण ने किया प्रणाम,
आशीर्वाद दिया सीता ने—
"हों सब सफल तुम्हारे काम !"
और कहा—"सब बातें मैंने
सुनीं नहीं, तुम रखना याद;
कब से चलता है, बोलो, यह
नूतन शुक - रम्भा - संवाद ?"

73

बोलीं फिर उस बाला से वे यह
सुस्मित पूर्वक वैसे ही—
"अजी, खिन्न तुम न हो, हमारे
ये देवर हैं ऐसे ही।
घर में ब्याही बहू छोड़कर
यहाँ भाग आए हैं ये,
इस वय में क्या कहूँ, कहाँ का
यह विराग लाए हैं ये !

74

किन्तु तुम्हारी इच्छा है तो
मैं भी इन्हें मनाऊँगी,
रहो यहाँ तुम अहो ! तुम्हारा
वर मैं इन्हें बनाऊँगी।
पर तुम हो ऐश्वर्यशालिनी
हम दरिद्र वन-वासी हैं;
स्वामी-दास स्वयं हैं हम निज,
स्वयं स्वामिनी-दासी हैं ॥

75

पर करना होगा न तुम्हें कुछ,
सभी काम कर लूँगी मैं,
परिवेषण तक मृदुल करों से
तुम्हें न करने दूँगी मैं।
हाँ, पालित पशु-पक्षी मेरे
तंग करें यदि तुम्हें कभी,
उसे क्षमा करना होगा तो,
कह रखती हूँ इसे अभी !"

76

रमणी बोली—"रहे तुम्हारा
मेरा रोम रोम सेवी,
कहीं देवरानी यदि अपनी
मुझे बना लो तुम देवी !"
सीता बोलीं—"वन में तुम-सी
एक बहन यदि पाऊँगी,
तो बातें करके ही तुमसे
मैं कृतार्थ हो जाऊँगी।।"

77

"इस भामा विषयक भाभी को
अविदित भाव नहीं मेरे,"
लक्ष्मण को सन्तोष यही था
फिर भी थे वे मुँह फेरे।
बोल उठे अब—"इन बातों में
क्या रक्खा है, हे भाभी,
इन विनोद में नहीं दीखती
मुझे मोद की आभा भी।"

78

"तो क्या मैं विनोद करती हूँ !"
बोलीं उनसे वैदेही,

"अपने लिए रुक्ष हो तुम क्यों
होकर भी भ्रातृ-स्नेही ?
आज उर्मिला की चिन्ता यदि
तुम्हें चित्त में होती है,
कि 'वह विरहिणी बैठी मेरे
लिए निरन्तर रोती है'—॥

79

तो मैं कहती हूँ, वह मेरी
बहन न देगी तुमको दोष,
तुम्हें सुखी सुनकर पीछे भी
पावेगी सच्चा सन्तोष।
प्रिय से स्वयं प्रेम करके ही
हम सब कुछ भर पाती हैं,
'वे सर्वस्व हमारे भी हैं'
यही ध्यान में लाती हैं॥

80

जो वर-माला लिये, आप ही,
तुमको वरने आई हो,
अपना तन, मन, धन सब तुमको
अर्पण करने आई हो,
मज्जागत लज्जा तजकर भी
तिस पर करे स्वयं प्रस्ताव,
कर सकते हो तुम किस मन से
उससे भी ऐसा बर्ताव ?"

81

मुसकाए लक्ष्मण, फिर बोले—
"किस मन से मैं कहूँ भला ?
पहले मन भी तो हो मेरे
जिससे दुख-सुख सहूँ भला !"
"अच्छा ठहरो" कह सीता ने
करके ग्रीवा-भंग अहा !

"अरे-अरे," न सुना लक्ष्मण का
देख उटज की ओर कहा—

82

"आर्यपुत्र, उठकर तो देखा,
क्या ही सुप्रभात है आज,
स्वयं सिद्धि-सी खड़ी द्वार पर
करके अनुज-वधू का साज !"
क्षण-भर में देखी रमणी ने
एक श्याम शोभा बाँकी !
क्या शस्यश्यामल भूतल ने
दिखलाई निज नर-झाँकी !

83

किंवा उतर पड़ा अवनी पर
कामरूप कोई घन था,
एक अपूर्व ज्योति थी जिसमें,
जीवन का गहरापन था !
देखा रमणी ने, चरणों में—
नत लक्ष्मण को उसने भेंट—
अपने बड़े क्रोड़ में विधु-सा
छिपा लिया सब ओर समेट ॥

84

सीता बोलीं—"नाथ, निहारो
यह अवसर अनमोल नया;
देख तुम्हारे प्राणानुज का
तप सुरेन्द्र भी डोल गया !
माना इनके निकट नहीं है
इन्द्रासन की कुछ गिनती,
किन्तु अप्सरा की भी क्यों ये
सुनते नहीं नम्र विनती ?

85

तुम सबका स्वभाव ऐसा ही
निश्चल और निराला है,
और नहीं तो आई लक्ष्मी
कौन छोड़नेवाला है ?
कुम्हला रही देख लो, कर में
स्वयंवरा की वरमाला,
किन्तु कंठ देवर ने अपना
मानो कुंठित कर डाला ॥''

86

मुसकाकर राघव ने पहले
देखा तनिक अनुज की ओर,
फिर रमणी की ओर देखकर
कहा अहा ! ज्यों बोले मोर—
''शुभे, बताओ कि तुम कौन हो
और चाहती हो तुम क्या ?''
छाती फूल गई रमणी की
क्या चन्दन है, कुंकुम क्या !

साकेत

द्वितीय सर्ग

लेखनी, अब किसलिए विलम्ब ?
बोल,—जय भारति, जय जगदम्ब।
प्रकट जिसका यों हुआ प्रभात,
देख अब तू उस दिन की रात।

धरा पर धर्मादर्श-निकेत,
धन्य है स्वर्ग - सदृश साकेत।
बढ़े क्यों आज न हर्षोद्रेक ?
राम का कल होगा अभिषेक।
दशों दिग्पालों के गुण-केन्द्र,
धन्य हैं दशरथ मही-महेन्द्र।
त्रिवेणी-तुल्य रानियाँ तीन,
बहातीं सुख-प्रवाह नवीन।
मोद का आज न ओर, न छोर,
आम्र वन-सा फूला सब ओर।
किन्तु हा ! फला न सुमन-क्षेत्र,
कीट बन गए मन्थरा-नेत्र।
देखकर कैकेयी यह हाल,
आप उससे बोली तत्काल—
"अरी, तू क्यों उदास है आज,
वत्स जब कल होगा युवराज ?"
मन्थरा बोली निस्संकोच—
"आपको भी तो है कुछ सोच ?"
हँसी रानी सुनकर वह बात,
उठी अनुपम आभा अवदात।

“सोच है मुझको निस्सन्देह,
भरत जो है मामा के गेह।
सफल करके निज निर्मल-दृष्टि,
देख वह सका न यह सुख-सृष्टि !”
ठोंककर अपना क्रूर-कपाल,
जताकर यही कि फूटा भाल,
किंकरी ने तब कहा तुरन्त—
“हो गया भोलेपन का अन्त !”
न समझी कैकेयी वह बात,
कहा उसने—“यह क्या उत्पात ?
वचन क्यों कहती है तू वाम ?
नहीं क्या मेरा बेटा राम ?”
“और वे औरस भरत कुमार ?”
कुदासी बोली कर फटकार।
कहा रानी ने पाकर खेद—
“भला दोनों में है क्या भेद ?”
“भेद ?”—दासी ने कहा सतर्क—
“सवेरे दिखला देगा अर्क।
राजमाता होंगी जब एक,
दूसरी देखेंगी अभिषेक !”
रोककर कैकेयी ने रोष,
कहा—“देती है किसको दोष ?
राम की माँ क्या कल या आज,
कहेगा मुझे न लोक-समाज ?”
कहा दासी ने धीरज त्याग—
“लगे इस मेरे मुँह में आग।
मुझे क्या, मैं होती हूँ कौन ?
नहीं रहती हूँ फिर क्यों मौन ?
देखकर किन्तु स्वामि-हित-घात,
निकल ही जाती है कुछ बात।
इधर भोली हैं जैसी आप,
समझतीं सबको वैसी आप !
नहीं तो यह सीधा षड्यन्त्र,
रचा क्यों जाता यहाँ स्वतन्त्र ?
महारानी कौशल्या आज,

सहज सज लेतीं क्या सब साज ?''
कहा रानी ने—''क्या षड्यन्त्र ?
वचन हैं तेरे मायिक मन्त्र।
हुई जाती हूँ मैं उद्भ्रान्त,
खोलकर कह तू सब वृत्तान्त।''
मन्थरा ने फिर ठोंका भाल—
''शेष है अब भी क्या कुछ हाल ?
सरलता भी ऐसी है व्यर्थ,
समझ जो सके न अर्थानर्थ।
भरत को करके घर से त्याज्य,
राम को देते हैं नृप राज्य।
भरत-से सुत पर भी सन्देह,
बुलाया तक न उन्हें जो गेह !''
कहा कैकेयी ने सक्रोध—
''दूर हो दूर अभी निर्बोध !
सामने से हट, अधिक न बोल,
द्विजिह्वे, रस में विष मत घोल।
उड़ाती है तू घर में कीच,
नीच ही होते हैं बस नीच।
हमारे आपस के व्यवहार,
कहाँ से समझे तू अनुदार ?''
हुआ भ्रूकुंचित भाल विशाल,
कपोलों पर हिलते थे बाल।
प्रकट थी मानो शासन-नीति,
मन्थरा सहमी देख सभीति।
तीक्ष्ण थे लोचन अटल अडोल,
लाल थे लाली भरे कपोल।
न दासी देख सकी उस ओर,
जला दे कहीं न कोप कठोर।
क़िन्तु वह हटी न अपने आप,
खड़ी ही रही नम्र चुपचाप !
अन्त में बोली स्वर-सा साध—
''क्षमा हो मेरा यह अपराध।
स्वामि-सम्मुख सेवक या भृत्य,
आप ही अपराधी हैं नित्य।

दंड दें कुछ भी आप समर्थ,
कहा क्या मैंने अपने अर्थ ?
समझ में आया जो कुछ मर्म,
उसे कहना था मेरा धर्म।
न था यह मेरा अपना कृत्य,
भर्तृ हैं भर्तृ, भृत्य हैं भृत्य।''
मही पर अपना माथा टेक,
भरा था जिसमें अति अविवेक,
किया दासी ने उसे प्रणाम,
और वह चली गई अविराम।

गई दासी, पर उसकी बात,
दे गई मानो कुछ आघात—
'भरत-से सुत पर भी सन्देह,
बुलाया तक न उन्हें जो गेह !'
पवन भी मानो उसी प्रकार,
शून्य में करने लगा पुकार—
'भरत-से सुत पर भी सन्देह,
बुलाया तक न उन्हें जो गेह !'
गूँजते थे रानी के कान,
तीर-सी लगती थी वह तान—
'भरत-से सुत पर भी सन्देह,
बुलाया तक न उन्हें जो गेह!'
मूर्ति-सी बनी हुई उस ठौर,
खड़ी रह सकी न अब वह और।
गई शयनालय में तत्काल,
गभीरा सरिता-सी थी चाल।
न सहकर मानो तनु का भार,
लेटकर करने लगी विचार।
कहा तब उसने—''हे भगवान्,
आज क्या सुनते हैं ये कान ?
मनोमन्दिर की मेरी शान्ति,
बनी जाती है क्यों उत्क्रान्ति ?
लगा दी किसने आकर आग ?
कहाँ था तू संशय के नाग ?

नाथ, कैकेयी के वर-वित्त,
चीरकर देखो उसका चित्त।
स्वार्थ का वहाँ नहीं है लेश,
बसे हो एक तुम्हीं प्राणेश !
सदा थे तुम भी परमोदार,
हुआ क्यों सहसा आज विकार ?
भरत-से सुत पर भी सन्देह,
बुलाया तक न उन्हें जो गेह ?
न थी हम माँ-बेटे की चाह,
आह ! तो खुली न थी क्या राह ?
मुझे भी भाई के घर नाथ,
भेज क्यों दिया न सुत के साथ ?
राज्य का अधिकारी है ज्येष्ठ,
राम में गुण भी हैं सब श्रेष्ठ।
भला फिर भी क्या मेरा वत्स,
शान्त रस में बनता बीभत्स ?
तुम्हारा अनुज भरत हे राम,
नहीं है क्या नितान्त निष्काम ?
जानते जितना तुम कुलधन्य,
भरत को कौन जानता अन्य ?
भरत रे भरत, शील-समुदाय,
गर्भ में आकर मेरे हाय !
हुआ यदि तू भी संशय-पात्र,
दग्ध हो तो मेरा यह गात्र !
चली जा पृथिवी, तू पाताल,
आपको संशय में मत डाल।
कहीं तुझ पर होता विश्वास,
भरत में पहले करता वास।
अरे विश्वास, विश्व-विख्यात,
किया है किसने तेरा घात ?
भरत ने ? वह है तेरी मूर्ति,
राम ने ? वह है प्राणस्फूर्ति।
देव ने ? वे हैं सदय सदैव,
दैव ने ? हा घातक दुर्दैव !

तुझे क्या हे अदृष्ट, है इष्ट ?
सूर्य-कुल का हो आज अनिष्ट ?
बाँध सकता है कहाँ परन्तु—
राघवों को अदृष्ट का तन्तु ?
भाग्य-वश रहते हैं बस दीन,
वीर रखते हैं उसे अधीन।
हाय ! तब तूने अरे अदृष्ट,
किया क्या जीजी को आकृष्ट ?
जानकर अबला, अपना जाल—
दिया है उस सरला पर डाल ?
किन्तु हा ! यह कैसा सारल्य ?
सालता है जो बनकर शल्य।
भरत-से सुत पर भी सन्देह,
बुलाया तक न उसे जो गेह !
बहन कौशल्ये, कह दो सत्य,
भरत था मेरा कभी अपत्य ?
पुत्र था कभी तुम्हारा राम ?
हाय रे ! फिर भी यह परिणाम ?
किन्तु चाहे जो कुछ हो जाय,
सहूँगी कभी न यह अन्याय।
करूँगी मैं इसका प्रतिकार,
पलट जावे चाहे संसार।
नहीं है कैकेयी निर्बोध,
पुत्र का भूले जो प्रतिशोध।
कहें सब मुझको लोभासक्त,
किन्तु सुत, हूजो तू न विरक्त।"

भरत की माँ हो गई अधीर,
क्षोभ से जलने लगा शरीर।
दाह से भरा सौतिया डाह,
बहाता है बस विषप्रवाह।
मानिनी कैकेयी का कोप,
बुद्धि का करने लगा विलोप।
और रह सकी न अब वह शान्त,
उठी आँधी-सी होकर भ्रान्त।

एड़ियों तक आ छूटे केश,
हुआ देवी का दुर्गा-वेश।
पड़ा तब जिस पदार्थ पर हस्त,
उसे कर डाला अस्त-व्यस्त।
तोड़कर फेंके सब शृंगार,
अश्रुमय-से थे मुक्ताहार।
मत्त करिणी - सी दलकर फूल,
घूमने लगी आपको भूल।
चूर कर डाले सुन्दर चित्र,
हो गए वे भी आज अमित्र !
बताते थे आ आकर श्वास—
हृदय का ईर्ष्या-वह्नि-विकास।
पतन का पाते हुए प्रहार,
पात्र करते थे हाहाकार—
"दोष किसका है, किस पर रोष,
किन्तु यदि अब भी हो परितोष !"

इसी क्षण कौशल्या अन्यत्र,
सजाकर पट - भूषण एकत्र—
वधू को युवराज्ञी के योग्य,
दे रही थी उपदेश मनोज्ञ।
इधर कैकेयी उनका चित्र,
खींचती थी सम्मुख अपवित्र।
दोष-दर्शी होता है द्वेष,
गुणों को नहीं देखता त्वेष।
राजमाता होकर प्रत्यक्ष,
उसे करके वे मानो लक्ष,
खड़ी हँसती हैं वारंवार,
हँसी है वह या असि की धार ?
उठी तत्क्षण कैकेयी काँप,
अधर-दंशन करके कर चाँप।
भूमि पर पटक पटक कर पैर,
लगी प्रकटित करने निज वैर।
अन्त में सारे अंग समेट,
गई वह वहीं भूमि पर लेट।

छोड़ती थी जब तब हुंकार,
चुटीली फणिनी-सी फुंकार !

इधर यों हुआ रंग में भंग,
ऊर्मिला उधर प्राणपति-संग,
भरत-विषयक ही वार्त्तालाप,
छेड़कर सुनती थी चुपचाप।
बताते थे लक्ष्मण वह भेद,
कि "इसका है हम सबको खेद,
किन्तु अवसर था इतना अल्प,
न आ सकते वे शुभ-संकल्प।
परे थी और न ऐसी लग्न,
पिता भी थे आतुरता-मग्न।
चलो, अविभिन्न आर्य की मूर्ति,
करेगी भरत-भाव की पूर्ति।"

इस समय क्या करते थे राम ?
हृदय के साथ हृदय-संग्राम।
उच्च हिमगिरि-से भी वे धीर,
सिन्धु-सम थे सम्प्रति गम्भीर।
उपस्थित वह अपार अधिकार,
दीख पड़ता था उनको भार।
पिता का निकट देख वन-वास,
हो रहे थे वे आप उदास।
हाय ! वह पितृ-वत्सलता-भोग,
और निज बाल्यभाव का योग,
विगत-सा समझ एक ही संग,
शिथिल-से थे उनके सब अंग।
कहा वैदेही ने—"हे नाथ,
अभी तक चारों भाई साथ—
भोगते थे तुम सम सुख-भोग,
व्यवस्था मेट रही वह योग।
भिन्न-सा करके कोशलराज,
राज्य देते हैं तुमको आज।
तुम्हें रुचता है यह अधिकार ?"
"राज्य है प्रिये, भोग या भार ?

बड़े के लिए बड़ा ही दंड !
प्रजा की थाती रहे अखंड।
तदपि निश्चिन्त रहो तुम नित्य,
यहाँ राहित्य नहीं, साहित्य।
रहेगा साधु भरत का मन्त्र,
मनस्वी लक्ष्मण का बल-तन्त्र।
तुम्हारे लघु देवर का धाम,
मात्र दायित्व-हेतु है राम।''
''नाथ, यह राज-नियुक्ति पुनीत,
किन्तु लघु देवर की है जीत।
हुआ जिनके अधीन नृपगेह,
सचिव-सेनापति-सह सस्नेह !''

कोपना कैकेयी की बात—
किसी को न थी अभी तक ज्ञात।
न जाने पृथ्वी पर प्रच्छन्न
कहाँ क्या होता है प्रतिपन्न !
भूप क्या करते थे इस काल ?
लेखनी, लिख उनका भी हाल।
भूप बैठे थे कुलगुरु-संग,
भरत का ही था छिड़ा प्रसंग।
कहा कुलगुरु ने—''निस्सन्देह,
खेद है भरत नहीं जो गेह।
किन्तु यह अवसर था उपयुक्त
कि नृप हो जावें चिन्ता-मुक्त।''
भूप बोले—''हाँ, मेरा चित्त
विकल था आत्म-भविष्य-निमित्त।
इसी से था मैं अधिक अधीर,
आज है तो कल नहीं शरीर।
मारकर धोखे में मुनि-बाल
हुआ था मुझको शाप कराल,
कि 'तुमको भी निज पुत्र-वियोग
बनेगा प्राण-विनाशक रोग',
अस्तु यह भरत-विरह अक्लिष्ट
दुःखमय होकर भी था इष्ट।

इसी मिष पा पाऊँ चिरशान्ति,
सहज ही समझूँ तो निष्क्रान्ति।''
दिया नृप को वशिष्ठ ने धैर्य,
कहा—''यह उचित नहीं अस्थैर्य।
ईश के इंगित के अनुसार,
हुआ करते हैं सब व्यापार।''
''ठीक है'' इतना कहकर भूप,
शान्त हो गए सौम्य शुभरूप।
हो रहा था उस समय दिनान्त,
वायु भी था मानो कुछ श्रान्त।
गोत्र-गुरु और देव भी आद्य,
प्रणति युत पाकर अर्घ्य सपाद्य,
गए तब जाना था जिस ओर,
चले नृप भी भीतर इस ओर।

अरुण सन्ध्या को आगे ठेल,
देखने को कुछ नूतन खेल,
सजे विधु की बेंदी से भाल,
यामिनी आ पहुँची तत्काल।
सामने कैकेयी का गेह,
शान्त देखा नृप ने सस्नेह।
मन्थरा किन्तु गई थी ताड़,
कि यह है ज्वालामुखी पहाड़!
पधारे तब भीतर भूपाल,
वहाँ जाकर देखा जो हाल,
रह गए उससे वे जड़-तुल्य,
बढ़ा भय-विस्मय का बाहुल्य।
न पाकर मानो आज शिकार,
सिंहनी सोती थी सविकार।
कोप क्या इसका यह एकान्त,
प्राण लेकर भी होगा शान्त?
कुशल है यदि ऐसा हो जाय,
भूप-मुख से निकला बस ''हाय!''
टूटकर यह तारा इस रात,
न जाने, क्या न करे उत्पात!

पड़ी थी बिजली-सी विकराल,
लपेटे थे घन-जैसे बाल !
कौन छेड़े ये काले साँप ?
अवनिपति उठे अचानक काँप।
किन्तु क्या करते, धीरज धार,
बैठ पृथिवी पर पहली बार,
खिलाते-से वे व्याल विशाल,
विनयपूर्वक बोले भूपाल—
''प्रिये, किसलिए आज यह क्रोध ?
नहीं होता कुछ मुझको बोध।
तुम्हारा धन है मान अवश्य,
किन्तु हूँ मैं तो यों ही वश्य।
जान पड़ता यह नहीं विनोद,
आज यद्यपि सबको है मोद।
सजे जाते हैं सुख के साज,
तुम्हें क्या दुःख हुआ है आज ?
अम्ल होकर भी मधुर रसाल,
गया निज प्रणय-कलह का काल,
आज होकर हम रागातीत,
हुए प्रेमी से पितर पुनीत।
भरत की अनुपस्थिति का खेद,
किन्तु है इसमें ऐसा भेद,
निहित है जिसमें मेरा क्षेम,
प्रिये, प्रत्यय रखता है प्रेम।
हुआ हो यदि कुछ रोग-विकार,
बुलाऊँ वैद्य, करूँ उपचार।
अमृत भी मुझको नहीं अलभ्य,
कि मैं हूँ अमर-सभा का सभ्य।
किया हो कहीं किसी ने दोष,
कि जिसके कारण है यह रोष,
बता दो तो तुम उसका नाम,
दैव है निश्चय उस पर वाम।
सुनूँ मैं उसका नाम सुमिष्ट,
कौन-सी वस्तु तुम्हें है इष्ट ?

जहाँ तक दिनकर-कर-प्रसार,
वहाँ तक समझो निज अधिकार।
किसी को करना हो कुछ दान,
करो तो दुगना आज प्रदान।
भरा रत्नाकर-सा भंडार,
रीत सकता है किसी प्रकार ?
माँगना हो तुमको जो आज,
माँग लो, करो न कोप, न लाज।
तुम्हें पहले ही दो वरदान,
प्राप्य हैं, फिर भी क्यों यह मान ?
याद है वह संवर-रण-रंग,
विजय जब मिली व्रणों के संग ?
किया था किसने मेरा त्राण ?
विकल क्यों करती हो अब प्राण ?''

हुआ सचमुच यह प्रिय संवाद,
आ गई कैकेयी को याद।
बिना खोले फिर भी वह नेत्र,
चलाने लगी वचनमय वेत्र।
चलो, रहने दो झूठी प्रीति,
जानती हूँ मैं यह नृप-नीति।
दिया तुमने मुझको क्या मान,
वचनमय वही न दो वरदान ?''
भूप ने कहा—''न मारो बोल,
दिखाऊँ कहो हृदय को खोल ?
तुम्हीं ने माँगा कब क्या आप ?
प्रिये, फिर भी क्यों यह अभिशाप ?
भला माँगो तो कुछ इस बार,
कि क्या दूँ दान, नहीं उपहार ?''
मानिनी बोली निज अनुरूप—
''न दोगे वे दो वर भी भूप !''
कहा नृप ने लेकर निःश्वास—
''दिलाऊँ मैं कैसे विश्वास ?
परीक्षा कर देखो कमलाक्षि,
सुनो तुम भी सुरगण, चिरसाक्षि !

सत्य से ही स्थिर है संसार,
सत्य ही सब धर्मों का सार,
राज्य ही नहीं, प्राण-परिवार,
सत्य पर सकता हूँ सब वार।''
सरल नृप को छलकर इस भाँति,
गरल उगले उरगी जिस भाँति,
भरत-सुत-मणि की माँ मुदमान,
माँगने चली उभय वरदान—
''नाथ, मुझको दो यह वर एक—
भरत का करो राज्य-अभिषेक।
दूसरा, सुन लो, न हो उदास,
चतुर्दश वर्ष राम-वन-वास !''

वचन सुन ऐसे क्रूर-कराल,
देखते ही रह गए नृपाल।
वज्र-सा पड़ा अचानक टूट,
गया उनका शरीर-सा छूट,
उन्हें यों हतज्ञान-सा देख,
ठोंकती-सी छाती पर मेख,
पुनः बोली वह भौंहें तान—
''मौन हो गए, कहो हाँ या न !''
भूप फिर भी न सके कुछ बोल,
मूर्ति-से बैठे रहे अडोल।
दृष्टि ही अपनी करुण-कठोर,
उन्होंने डाली उसकी ओर !
कहा फिर उसने देकर क्लेश—
''सत्य-पालन है यही नरेश ?
उलट दो बस तुम अपनी बात,
मरूँ मैं करके अपना घात।''
कहा तब नृप ने किसी प्रकार—
''मरो तुम क्यों, भोगो अधिकार।
मरूँगा तो मैं अगति-समान,
मिलेंगे तुम्हें, तीन वरदान।''
देख ऊपर को अपने आप,
लगे नृप करने यों परिताप—

''देव, यह सपना है कि प्रतीति !
यही है नर-नारी की प्रीति ?
किसी को न दें कभी वर देव,
वचन देना छोड़ें नर-देव।
दान में दुरुपयोग का वास,
किया जावे किसका विश्वास ?
जिसे चिन्तामणि-माला जान,
हृदय पर दिया प्रधान स्थान,
अन्त में लेकर यों विष-दन्त,
नागिनी निकली वह हा हन्त !
राज्य का ही न तुझे था लोभ,
राम पर भी था इतना क्षोभ ?
न था वह निस्पृह तेरा पुत्र ?
भरत ही था क्या मेरा पुत्र ?
राम-से सुत को भी वनवास,
सत्य है यह अथवा परिहास ?
सत्य है तो है सत्यानाश,
हास्य है तो है हत्या-पाश !''
प्रतिध्वनि-मिष ऊँचा प्रासाद,
निरन्तर करता था अनुवाद।
पुनः बोले मुँह फेर महीप—
''राम हा राम, वत्स, कुल-दीप !''
हो गए गद्गद वे इस बार,
तिमिरमय जान पड़ा संसार।
गृहागत चन्द्रालोक - विधान,
जँचा निज भावी शव-परिधान !
सौध बन गया श्मशान-समान,
मृत्यु-सी पड़ी कैकेयी जान।
चिता के अंगारे-से दीप,
जलाते थे प्रज्वलित समीप !
''हाय ! कल क्या होगा ?'' कह काँप,
रहे वे घुटनों में मुँह ढाँप।
आपसे ही अपने को आज,
छिपाते थे मानो नरराज !

वचन पलटें कि भेजें राम को वन में,
उभय विध मृत्यु निश्चित जानकर मन में,
हुए जीवन-मरण के मध्य धृत-से वे;
रहे बस अर्द्ध जीवित, अर्द्ध मृत-से वे।

इसी दशा में रात कटी,
छाती-सी पौ प्रात फटी।
अरुण भानु प्रतिभात हुआ,
विरूपाक्ष-सा ज्ञात हुआ।

चतुर्थ सर्ग

करुणा - कंजारण्य - रवे !
गुण - रत्नाकर, आदि - कवे !
कविता-पितः ! कृपा वर दो,
भाव-राशि मुझमें भर दो।
चढ़कर मंजु - मनोरथ में,
आकर रम्य राज-पथ में,
दर्शन करूँ तपोवन का,
यही इष्ट है इस जन का।
सुख से सद्यः स्नान किए,
पीताम्बर परिधान किए,
पवित्रता में पगी हुई,
देवार्चन में लगी हुई,
मूर्तियाँ ममता - माया,
कौसल्या कोमलकाया,
थीं अतिशय आनन्दयुता,
पास खड़ी थीं जनकसुता।
गोट जड़ाऊँ घूँघट की—
बिजली जलदोपम पट की,—
परिधि बनी थी विधु-मुख की,
सीमा थी सुषमा-सुख की।
भाव-सुरभि का सदन अहा !
अमल कमल-सा वदन अहा !
अधर छबीले छदन अहा !
कुन्द - कली - से रदन अहा !
साँप खिलाती थीं अलकें,
मधुप पालती थीं पलकें,
और कलापों की झलकें,
उठती थीं छवि की छलकें !

गोल गोल गोरी बाँहें—
दो आँखों की दो राहें।
भाग - सुहाग पक्ष में थे,
अंचलबद्ध कक्ष में थे !
थीं कमला - सी कल्याणी,
वाणी में वीणापाणी।
'माँ ! क्या लाऊँ ?' कह कहकर—
पूछ रही थीं रह रहकर।
सास चाहती थीं जब जो,—
देती थीं उनको सब सो।
कभी आरती, धूप कभी,
सजती थीं उपकरण सभी।
देख देख उनकी ममता,
करती थीं उसकी समता।
आज अतुल उत्साह - भरे,
थे दोनों के हृदय हरे।
दोनों शोभित थीं ऐसी—
मेना और उमा जैसी।
मानो वह भू-लोक न था,
वहाँ दुःख वा शोक न था।
प्राणप्रद था पवन वहाँ,
ऐसा पुण्यस्थान कहाँ ?
अमृत-तीर्थ का तट-सा था,
अन्तर्जगत् प्रकट-सा था !
इसी समय प्रभु अनुज-सहित—
पहुँचे वहाँ विकार-रहित।
जब तक जाय प्रणाम किया,
माँ ने आशीर्वाद दिया।
हँस सीता कुछ सकुचाईं,
आँखें तिरछी हो आईं।
लज्जा ने घूँघट काढ़ा—
मुख का रंग किया गाढ़ा।
"बहू ! तनिक अक्षत-रोली,
तिलक लगा दूँ" माँ बोली—

"जियो, जियो बेटा ! आओ,
पूजा का प्रसाद पाओ।"

लक्ष्मण ने सोचा मन में,—
"जानें देंगी ये वन में ?
प्रभु उनको भी छोड़ेंगे,
तो किस धन को जोड़ेंगे ?
मँझली माँ ! तू मरी न क्यों ?
लोक-लाज से डरी न क्यों ?"
लक्ष्मण ने निःश्वास लिया,
माँ के जान सु-वास लिया !

बोले तब श्रीराघव यों—
धर्मधीर नवधन-रव ज्यों—
"माँ ! मैं आज कृतार्थ हुआ,
स्वार्थ स्वयं परमार्थ हुआ।
पावनकारक जीवन का,
मुझको वास मिला वन का।
जाता हूँ मैं अभी वहाँ,
राज्य करेंगे भरत यहाँ।"
माँ को प्रत्यय भी न हुआ,
इसीलिए भय भी न हुआ !
समझीं सीता किन्तु सभी,
झूठ कहेंगे प्रभु न कभी।
खिंची हृदय पर भय-रेखा,
पर माँ ने न उधर देखा।
बोली वे हँसकर—"रह तू,
यह न हँसी में भी कह तू।
तेरा स्वत्व भरत लेगा ?
वन में तुझे भेज देगा ?
वही भरत जो भ्राता है,
क्या तू मुझे डराता है ?
लक्ष्मण ! यह दादा तेरा,—
धैर्य देखता है मेरा !
ऐं ! लक्ष्मण तो रोता है,
ईश्वर, यह क्या होता है !"

उनका हृदय सशंक हुआ,
उदित अशुभ आतंक हुआ।
"सच हैं तब क्या वे बातें ?
दैव ! दैव ! ऐसी घातें !"
काँप उठीं वे मृदुदेही,
धरती घूमी या वे ही।
बैठीं फिर गिरकर मानो,
जकड़ गईं घिरकर मानो,
आँखें भरीं, भुवन रीता,
उलट गया सब मनचीता।
सीता से थामी जाकर—
रहीं देखती टक लाकर।
प्रभु बोले—"माँ ! भय न करो,
एक अवधि तक धैर्य धरो।
मैं फिर घर आ जाऊँगा,
वन में भी सुख पाऊँगा।"
"हा ! तब क्या निष्कासन है ?
यह कैसा वन-शासन है ?
तू सबका जीवन-धन है,
किसका यह निर्दयपन है ?
क्या तुझसे कुछ दोष हुआ,
जो तुझ पर यह रोष हुआ ?
अभी प्रार्थिनी मैं हूँगी,
प्रभु से क्षमा माँग लूँगी।
क्या प्रथमापराध तेरा,—
और विनीत विनय मेरा,
क्षमा दिलावेगा न तुझे ?
वत्स ! हुआ क्या, बता मुझे।
अथवा तू चुप ही रह जा,
बेटा लक्ष्मण ? तू कह जा।
कठिन हृदय प्रस्तुत ही है,
डर न, दंड तो श्रुत ही है।"
"माँ ! यह कोई बात नहीं,
दोषी मेरे तात नहीं,
दोष-दूरकारक हैं ये,
सब सद्गुण-धारक हैं ये।

छू सकता कब पाप इन्हें ?
प्राप्त पुण्य है आप इन्हें।
प्राप्य राज्य भी छोड़ दिया,
किसने ऐसा त्याग किया ?
किन्तु पिता-प्रण रखने को,
सबको छोड़ बिलखने को,
कर मँझली माँ के मन का,
पथ लेते हैं ये वन का !''
''समझ गई, मैं समझ गई,
कैकेयी की नीति नई।
मुझे राज्य का खेद नहीं,
राम-भरत में भेद नहीं।
मँझली बहन राज्य लेवें,
उसे भरत को दे देवें।
पुत्रस्नेह धन्य उनका,
हठ है हृदय-जन्य उनका।
मुझे राज्य की चाह नहीं,
उस पर कुछ भी डाह नहीं।
मेरा राम न वन जावे,
यहीं कहीं रहने पावे।
उनके पैर पड़ूँगी मैं,
कह कर यही अड़ूँगी मैं—
भरत-राज्य की जड़ न हिले,
मुझे राम की भीख मिले !''
''नहीं-नहीं, यह कभी नहीं;
दैन्य विषय बस रहे यहीं।''
रुकें राम-जननी जब तक,
गूँजी नई गिरा तब तक,
चकित दृष्टियाँ व्याप्त हुईं
वहाँ सुमित्रा प्राप्त हुईं :
वधू ऊर्मिला अनुपद थी,
देख गिरा भी गद्गद थी !
देख सुमित्रा को आया,
प्रभु ने सानुज सिर नाया।

बोलीं वे कि—"जियो दोनों,
यश का अमृत पियो दोनों।"
सिंही-सदृश क्षत्रियाणी,
गरजी फिर कह यह वाणी—
"स्वत्वों की भिक्षा कैसी ?
दूर रहे इच्छा ऐसी।
उर में अपना रक्त बहे,
आर्य-भाव उद्दीप्त रहे।
पाकर वंशोचित शिक्षा—
माँगेंगी हम क्यों भिक्षा ?
प्राप्य याचना - वर्जित है,
आप भुजों से अर्जित है।
हम पर-भाग नहीं लेंगी,
अपना त्याग नहीं देंगी।
वीर न अपना देते हैं,
न वे और का लेते हैं।
वीरों की जननी हम हैं,
भिक्षा-मृत्यु हमें सम हैं।
राघव शान्त रहोगे तुम ?
क्या अन्याय सहोगे तुम ?
मैं न सहूँगी, लक्ष्मण ! तू ?
नीरव क्यों है इस क्षण तू ?"
"माँ क्या करूँ ? कहो मुझसे,
क्या है कि जो न हो मुझसे,
अंगीकार आर्य करते,
तो कबके द्रोही मरते !
आज्ञा करें आर्य अब भी,
बिगड़ा बने कार्य अब भी।"
लक्ष्मण ने प्रभु को देखा,
न थी उधर कोई रेखा।
बोले वे कि—"रहो भ्रातः !
और सुनो तुम हे मातः !
यदि न आज वन जाऊँ मैं,
किस पर हाथ उठाऊँ मैं ?—
पूज्य पिता या माता पर ?

या कि भरत-से भ्राता पर ?
और किसलिए ? राज्य मिले ?
है जो तृण-सा त्याज्य, मिले ?
माँ की स्पृहा, पिता का प्रण,
नष्ट करूँ, करके सव्रण ?
प्राप्त परम गौरव छोड़ूँ ?
धर्म बेचकर धन जोड़ूँ ?
अम्ब ! क्या करूँ, तुम्हीं कहो ?
सहसा अधिक अधीर न हो।
त्याग प्राप्त का ही होता,
मैं अधिकार नहीं खोता।
अबल तुम्हारा राम नहीं,
विधि भी उस पर वाम नहीं।
वृथा क्षोभ का काम नहीं,
धर्म बड़ा, धन-धाम नहीं।
किसने क्या अन्याय किया,
कि जो क्षोभ यों जाय किया ?
माँ ने पुत्र-वृद्धि चाही,
नृप ने सत्य-सिद्धि चाही।
मँझली माँ पर कोप करूँ ?
पुत्र-धर्म का लोप करूँ ?
तो किससे डर सकता हूँ ?
तुम पर भी कर सकता हूँ !
भैया भरत अयोग्य नहीं,
राज्य राम का भोग्य नहीं।
फिर भी वह अपना ही है,
यों तो सब सपना ही है।
मुझको महा महत्त्व मिला,
स्वयं त्याग का तत्त्व मिला,
माँ ! तुम तनिक कृपा कर दो,
बना रहे वह, यह वर दो !''
मौन हुए रघुकुल-भूषण,
मानो प्रभा-पूर्ण पूषण !
कहाँ गई वह क्षोभ-घटा ?
छाई एक अपूर्व छटा !

सबका हृदय-द्राव हुआ,
रोम रोम से स्राव हुआ !
मोती जैसे बड़े बड़े,—
टप-टप आँसू टपक पड़े।

सीता ने सोचा मन में—
'स्वर्ग बनेगा अब वन में !
धर्मधारिणी हूँगी मैं,
वन-विहारिणी हूँगी मैं।'
तनिक कनोखी अँखियों से,
अजब अनोखी अँखियों से,
प्रभु ने उधर दृष्टि डाली,
दीख पड़ी दृढ़ हृदयाली।
संग-गमन-हित, सीता के,
प्रस्तुत परम पुनीता के,
उच्चव्रत पर अड़े हुए,
रोम रोम थे खड़े हुए !
उठी न लक्ष्मण की आँखें,
जकड़ी रहीं पलक-पाँखें।
किन्तु कल्पना घटी नहीं,
उदित ऊर्मिला हटी नहीं।
खड़ी हुई हृदयस्थल में—
पूछ रही थी पल-पल में—
'मैं क्या करूँ ? चलूँ कि रहूँ ?
हाय ! और क्या आज कहूँ ?'
आः ! कितना सकरुण मुख था,
आर्द्र-सरोज-अरुण मुख था।
लक्ष्मण ने सोचा कि—''अहो,
कैसे कहूँ चलो कि रहो !
यदि तुम भी प्रस्तुत होगी—
तो संकोच-सोच दोगी।
प्रभुवर बाधा पावेंगे,
छोड़ मुझे भी जावेंगे !
नहीं, नहीं, यह बात न हो,
रहो, रहो, हे प्रिये ! रहो।

यह भी मेरे लिए सहो,
और अधिक क्या कहूँ, कहो ?"
लक्ष्मण हुए वियोगजयी,
और ऊर्मिला प्रेममयी ?
वह भी सब कुछ जान गई,
विवश भाव से मान गई।
श्रीसीता के कन्धे पर—
आँसू बरस पड़े झर झर।
पहन तरल-तर हीरे-से,
कहा, उन्होंने धीरे से—
"बहन ! धैर्य का अवसर है,"
वह बोली—"अब ईश्वर है।"
सीता बोलीं कि—"हाँ, बहन,
सभी कहीं, गृह हो कि गहन।"
कौसल्या क्या करती थीं ?
कुछ कुछ धीरज धरती थीं।
प्रभु की वाणी कट न सकी,
युक्ति एक भी अट न सकी !
प्रथम सुमित्रा भ्रान्त हुईं,
फिर क्रम क्रम से शान्त हुईं।
खड़ी रहीं, न हिलीं डोलीं,
तब कौसल्या ही बोलीं—
"जाओ, तब बेटा ! वन ही,
पाओ नित्य धर्म-धन ही।
जो गौरव लेकर जाओ;
लेकर वही लौट आओ।
पूज्य-पिता-प्रण रक्षित हो,
माँ का लक्ष्य सुरक्षित हो।
घर में घर की शान्ति रहे,
कुल में कुल की कान्ति रहे।
होते मेरे सुकृत कहीं,
तो क्यों आती विपद यहीं ?
फिर भी हों तो त्राण करें,
देव सदा कल्याण करें।
और कहूँ क्या मैं तुमसे—
वन में भी विकसो द्रुम-से।

फिर भी है इतना कहना—
मुनियों के समीप रहना!
जिसे गोद में पाला है,
जो उर का उजयाला है।
बहन सुमित्रे! चला वही,—
जहाँ हिंस्र-पशु-पूर्ण मही!
यह गौरव का अर्जन है,
या सर्वस्व-विसर्जन है?
त्याग मात्र इसका धन है,
पर मेरा माँ का मन है,
हा! मैं कैसे धैर्य धरूँ?
क्या चिन्ता से दग्ध मरूँ?
यदि मैं मर भी जाऊँगी,
तो भी शान्ति न पाऊँगी!''
कहा सुमित्रा ने तब यों—
''जीजी! विकल न हो अब यों!
आशा हमें जिलावेगी,
अवधि अवश्य मिलावेगी।''
राघव से बोलीं फिर वे—
थीं उस समय अनस्थिर वे।
''वत्स राम! ऐसा ही हो,
फल इसका कैसा ही हो।
लेकर उच्च हृदय इतना,
नहीं हिमालय भी जितना,
तुमने मानव-जन्म लिया,
धरणी-तल को धन्य किया;
मैं भी कहती हूँ—जाओ,
लक्ष्मण को भी अपनाओ।
धैर्य सहित सब कुछ सहना,
दोनों सिंह-सदृश रहना।
लक्ष्मण! तू बड़भागी है,
जो अग्रज-अनुरागी है।
मन ये हों, तन तू वन में,
धन ये हों, जन तू वन में।

लक्ष्मण का तन पुलक उठा,
मन मानो कुछ कुलक उठा।
माँ का भी आदेश मिला,
पर वह किसका हृदय हिला ?

कहा ऊर्मिला ने—"हे मन !
तू प्रिय-पथ का विघ्न न बन।
आज स्वार्थ है त्याग-भरा !
हो अनुराग विराग-भरा !
तू विकार से पूर्ण न हो,
शोक-भार से चूर्ण न हो।
भ्रात-स्नेह-सुधा बरसे,
भू पर स्वर्ग-भाव सरसे !"
प्रस्तुत हैं प्राणस्नेही,
चुप थीं अब भी वैदेही।
कहतीं क्या वे प्रिय जाया,
जहाँ प्रकाश वहीं छाया।
इसी समय दुख से छाए,
सचिव सुमन्त्र वहाँ आए।
वे परिवार-भुक्त-से थे,
अति अविभिन्न युक्त-से थे।
प्रभु जो उनकी ओर बढ़े,
प्रथम अश्रु फिर वचन कहे—
"राम ! क्या कहूँ मैं अब हा !
बनकर भी बिगड़ा सब हा !
देख तुम्हारा निष्कासन,
कैकेयी-सुत का शासन,
नहीं चाहती कभी प्रजा,
उड़ी क्रान्ति की कहीं ध्वजा ?
विदित तुम्हें है नृप-गति भी,
कैकेयी की दुर्मति भी।
ऐसी विषमावस्था है,
फिर भी वन-व्यवस्था है ?
पितृ-स्पृहा क्या ज्ञेय नहीं,
प्रजा-भाव क्या ध्येय नहीं ?"

प्रभु बोले—"यह बात नहीं,
तात ! तुम्हें क्या ज्ञात नहीं ?
स्पृहा बड़ी या धर्म बड़ा ?
किसमें है शुभ कर्म बड़ा ?
और प्रजा में द्रोह कहाँ ?
है बस मेरा मोह वहाँ।
मैंने क्या कर दिया किसे,
कर न सकेंगे भरत जिसे ?
उनके निन्दा-वाक्य मुझे,
होंगे विष के बाण बुझे।
उनकी निन्दा मेरी है,
प्रजा प्रीति की प्रेरी है।
पर वे मेरे भ्राता हैं,
मँझली माँ भी माता हैं।"
अब सुमन्त्र कुछ कह न सके,
पर नीरव भी रह न सके,
खड़े रहे वे मुँह खोले,
फिर धीरे धीरे बोले—
"नहीं जानता मैं रोऊँ,
या आनन्द-मग्न होऊँ;
राम ! तुम्हारा मंगल हो,
प्राप्त हमें आत्मिक बल हो।
तुम भूतल से भिन्न नहीं,
हम सबसे विच्छिन्न नहीं।
उर से किन्तु अलौकिक हो,
नित पतंग-कुल के पिक हो !
अन्तःकरण अपार्थिव है,
उदित वहाँ दिव ही दिव है।
अमरवृन्द नीचे आवें,
मानव-चरित देख जावें।
वन में ही यदि रहना है,
तो नृप का यह कहना है—
'तुम सुमन्त्र रथ ले जाओ,
पुत्रों को पहुँचा आओ।
भरत यहाँ आवें जब लों,
बचा रहा मैं यदि तब लों—

तो मैं उन्हें राज्य दूँगा,
वन में स्वयं प्राप्त हूँगा।'

सबने ऊर्ध्वश्वास लिया,
या उर को आश्वास दिया !
प्रभु बोले—"तो देर न हो,
रथ जुतने के लिए कहो।
अब वल्कल पहनूँ बस मैं,
बनूँ वनोचित तापस मैं।
यहीं रजोगुण-लेश रहे,
वन में सात्त्विक वेश रहे।"

रोते हुए सुमन्त्र गए,
आए वल्कल वस्त्र नए।
बढ़े प्रथम कर कोमल दो,
या मृणालयुत शतदल दो !
सीता चुप, सब रोती थीं,
दृग-जल से मुँह धोती थीं।
"बहू-बहू !" माँ चिल्लाईं,
आँखें दूनी भर आईं—
"हाथ हटा, ये वल्कल हैं,
मृदुतम तेरे करतल हैं।
यदि ये छू भी जावेंगे—
तो छाले पड़ आवेंगे !
कोसल-वधू ! विदेह-लली !
मुझे छोड़कर कहाँ चली ?
वन की काँटों-भरी गली,
तू है मानस-कुसुम-कली।
दैव ! हुआ तू वाम किसे ?
रोको, रोको राम ! इसे।
क्या यह वन में रह लेगी ?
तप-वर्षा-हिम सह लेगी ?
सौ कष्टों की कथा रहे,
वन की सारी व्यथा रहे,

जब आँधी-सी आवेगी—
यह सहसा उड़ जावेगी ?"

आ पड़ता जब सोच कहीं—
रहता तब संकोच नहीं।
प्रभु ने जो निदेश पाया,
प्राणसखी को समझाया,
वन के सारे कष्ट कहे,
जो जो भय थे स्पष्ट कहे,
जिनको सुनकर मुँह सूखे,
देह दुःख पाकर दूखे—
"आतप, वर्षा, हिम सहना,
बाघ-भालुओं में रहना,
अबलाओं का काम नहीं !
वन में जन का नाम नहीं।
खान-पान सब कुछ खोना,
निशि में भी दुर्लभ सोना।
यही नहीं, वनचर होना,
रोने से भी मुँह धोना !"

किन्तु वृथा, सीता बोलीं,
डर से नेक नहीं डोलीं—
"नाथ ! न कुछ होगा इससे,
क्या कहते हो तुम किससे ?
समझो मुझको भिन्न न हा !
करो ऐक्य उच्छिन्न न हा !
तुमको दुख तो मुझको भी,
तुमको सुख तो मुझको भी।
सुख में आ आकर घेरूँ,
संकट में अब मुँह फेरूँ,
देखेगा तो कौन उसे ?
मरना होगा मौन उसे।
जो गौरव लेकर स्वामी !
होते हो काननगामी,
उसमें अर्द्ध भाग मेरा,
करो न आज त्याग मेरा।

मातृ-सिद्धि, पितृ-सत्य सभी,
मुझ अर्द्धांगी बिना अभी—
हैं अर्द्धांग अधूरे ही;
सिद्ध करो तो पूरे ही।
सबके हित मैं वन में भी,
निर्जन, सघन गहन में भी,
सब व्रत-नियम निबाहूँगी,
सबका मंगल चाहूँगी।
सास-ससुर की स्नेह-लता—
बहन ऊर्मिला महाव्रता,
सिद्ध करेगी वही यहाँ,
जो मैं भी कर सकी कहाँ ?
वन में क्या भय ही भय है ?
मुझको तो जय ही जय है !
यदि अपना आत्मिक बल है,
जंगल में भी मंगल है।
कंटक जहाँ कुसुम भी हैं,
छायावाले द्रुम भी हैं।
निर्झर हैं, दूर्वा-दल हैं,
मीठे कन्द, मूल, फल हैं।
रहते हैं मिष्टान्न पड़े,
लगते हैं फल मधुर बड़े।
वधुएँ लंघन से डरतीं—
तो उपवास नहीं करतीं !
मुक्त गगन है, मुक्त पवन,
वन है प्रभु का खुला भवन।
सलिल - पूर्ण सरिताएँ हैं,
करुण - भाव - भरिताएँ हैं।
उटज लताओं से छाया,
विटपों की ममता - माया।
खग - मृग भी हिल जावेंगे,
सभी मेल मिल जावेंगे,
देवर एक धनुर्धारी—
होंगे सब सुविधाकारी।

वे दिन - रात साथ देंगे,
मेरी रक्षा कर लेंगे।
मदकल कोकिल गावेंगे,
मेघ मृदंग बजावेंगे।
नाचेंगे मयूर मानी,
हूँगी मैं वन की रानी !
हिंस्र जीव हैं घोर जहाँ,
ऋषि-मुनि भी क्या नहीं वहाँ ?
यहाँ नहीं जो शान्ति वहीं,
भव-विकार या भ्रान्ति नहीं।
अंचल होगा फूल - भरा,
कल - जल होगा कूल - भरा,
मन होगा दुख - भूल - भरा,
वन होगा सुख - मूल भरा।
अथवा कुछ भी न हो वहाँ,
तुम तो हो जो नहीं यहाँ।
मेरी यही महामति है—
पति ही पत्नी की गति है।
नाथ ! न भय दो तुम हमको,
जीत चुकी हैं हम यम को।
सतियों को पति-संग कहीं—
अगम गहन क्या दहन नहीं।''
सीता और न बोल सकीं,
गद्‌गद कंठ न खोल सकीं।
इधर ऊर्मिला मुग्ध निरी—
कहकर 'हाय !' धड़ाम गिरी !

लक्ष्मण ने दृग मूँद लिए,
सबने दो - दो बूँद दिए।
कहा सुमित्रा ने — ''बेटी !
आज मही पर तू लेटी !''
''बहन ! बहन ! कहकर भीता,
करने लगीं व्यजन सीता।
''आज भाग्य जो है मेरा,
वह भी हुआ न हा ! तेरा !''

माताएँ थीं मूर्ति बनी,
व्यग्र हुए प्रभु धर्म - धनी।
युग भी कम थे उस क्षण से;
बोले वे यों लक्ष्मण से—
''अनुज, मार्ग मेरा लेकर,
संग अनावश्यक देकर,
सोचो अब भी तुम इतना—
भंग कर रहे हो कितना ?
हठ करके, प्यारे भाई,
करो न मुझको अन्यायी।''
''हाय ! आर्य, रहिए, रहिए,
मत कहिए, यह मत कहिए।
हम संकट को देख डरें,
या उसका उपहास करें ?
पाप - रहित सन्ताप जहाँ,
आत्म - शुद्धि ही आप वहाँ।''
''लक्ष्मण तुम हो तपस्पृही,
मैं वन में भी रहा गृही।
वनवासी, हे निर्मोही,
हुए वस्तुतः तुम दो ही।''
कहा सुमित्रा ने तब यों—
''निश्चय पर वितर्क अब क्यों ?
जैसे रहें, रहेंगी हम,
रोकर सही, सहेंगी हम।''
उस मूर्च्छिता वधू का सिर,
गोदी में रक्खे अस्थिर,
कौसल्या माता भोली,
धाड़ मारकर यों बोली—
''देव-वृन्द ! देखो नीचे,
मत मारो आँखें मींचे।
जाओ, वत्स ! कहा मैंने,
जो आ पड़ा सहा मैंने।
जो जी सकी—और जीने की चेष्टा किया करूँगी,
चौदह वर्ष बीतने पर तो मानो फिर न मरूँगी।
देख उस समय तुम तीनों को छूटा धैर्य धरूँगी।
मानो तीन लोक के धन से अपना भाग्य भरूँगी।

पक्ष सिद्ध हो,
लक्ष विद्ध हो,
राम ! नाम हो तेरा,
धर्म - वृद्धि हो,
मर्म - ऋद्धि हो,
सब तेरे, तू मेरा।"

प्रस्थान,—वन की ओर,
या लोक - मन की ओर ?
होकर न धन की ओर,
हैं राम जन की ओर।

नवम सर्ग

1

वेदने, तू भी भली बनी !
पाई मैंने आज तुझी में अपनी चाह घनी।
नई किरण छोड़ी है तूने, तू वह हीर-कनी,
सजग रहूँ मैं, साल हृदय में, ओ प्रिय विशिख-अनी !
ठंडी होगी देह न मेरी, रहे दृगम्बु-सनी,
तू ही उसे उष्ण रक्खेगी मेरी तपन-मनी !
आ, अभाव की एक आत्मजे, और अदृष्टि-जनी,
तेरी ही छाती है सचमुच उपमोचितस्तनी !
अरी वियोग-समाधि, अनोखी, तू क्या ठीक ठनी,
अपने को, प्रिय को, जगती को देखूँ खिंची-तनी।
मन-सा मानिक मुझे मिला है तुझमें उपल-खनी,
तुझे तभी छोड़ूँ जब सजनी, पाऊँ प्राण-धनी।

2

दोनों ओर प्रेम पलता है।
सखि, पतंग भी जलता है हा ! दीपक भी जलता है !

सीस हिलाकर दीपक कहता—
'बन्धु ! वृथा ही तू क्यों दहता ?'
पर पतंग पड़कर ही रहता !
कितनी विह्वलता है।
दोनों ओर प्रेम पलता है।

बचकर हाय पतंग मरे क्या ?
प्रणय छोड़कर प्राण धरे क्या ?
जले नहीं तो मरा करे क्या ?

क्या यह असफलता है ?
दोनों ओर प्रेम पलता है।

कहता है पतंग मन मारे—
'तुम महान, मैं लघु, पर प्यारे,
क्या न मरण भी हाथ हमारे ?
शरण किसे छलता है ?'
दोनों ओर प्रेम पलता है।

दीपक के जलने में आली,
फिर भी है जीवन की लाली;
किन्तु पतंग-भाग्य-लिपि काली,
किसका वश चलता है ?
दोनों ओर प्रेम पलता है।

जगती वणिग्वृत्ति है रखती,
उसे चाहती जिससे चखती;
काम नहीं, परिणाम निरखती,
मुझे यही खलता है।
दोनों ओर प्रेम पलता है।

3

मैं निज अलिन्द में खड़ी थी सखि, एक रात,
रिमझिम बूँदें पड़ती थीं घटा छाई थी,
गमक रहा था केतकी का गन्ध चारों ओर,
झिल्ली-झनकार यही मेरे मन भाई थी।

करने लगी मैं अनुकरण स्वनूपुरों से,
चंचला थी चमकी, घनाली घहराई थी,
चौंक देखा मैंने, चुप कोने में खड़े थे प्रिय,
माई ! मुख-लज्जा उसी छाती में छिपाई थी ?

4

लाईं सखि, मालिनें थीं डाली उस बार जब,
जम्बूफल जीजी ने लिये थे, तुझे याद है ?

मैंने थे रसाल लिये, देवर खड़े थे वहीं,
हँसकर बोल उठे—'निज निज स्वाद है !'
मैंने कहा—'रसिक, तुम्हारी रुचि काहे पर ?'
बोले—'देवि, दोनों ओर मेरा रस-वाद है,
दोनों का प्रसाद-भागी हूँ मैं', हाय आली ! आज
विधि के प्रसाद से विनोद भी विषाद है !

5

निरख सखी, ये खंजन आए,
फेरे उन मेरे रंजन ने नयन इधर मन भाए !
फैला उनके तन का आतप, मन ने सर सरसाए,
घूमे वे इस ओर वहाँ, ये हंस यहाँ उड़ छाए !
करके ध्यान आज इस जन का निश्चय वे मुसकाए,
फूल उठे हैं कमल, अधर-से ये बन्धूक सुहाए !
स्वागत, स्वागत, शरद्, भाग्य से मैंने दर्शन पाए,
नभ ने मोती वारे, लो, ये अश्रु अर्घ्य भर लाए !

6

काली काली कोइल बोली,—
होली—होली—होली !

हँसकर लाल-लाल होंठों पर हरियाली हिल डोली,
फूटा यौवन, फाड़ प्रकृति की पीली पीली चोली।
होली—होली—होली !

अलस कमलिनी ने कलरव सुन उन्मद अँखियाँ खोली,
मल दी ऊषा ने अम्बर में दिन के मुख पर रोली !
होली—होली—होली !

रागी फूलों ने पराग से भर ली अपनी झोली,
और ओस ने केसर उनके स्फुट-सम्पुट में घोली।
होली—होली—होली !

ऋतु ने रवि-शशि के पलड़ों पर तुल्य प्रकृति निज तोली,
सिहर उठी सहसा क्यों मेरी भुवन-भावना भोली ?
होली—होली—होली !

गूँज उठी खिलती कलियों पर उड़ अलियों की टोली,
प्रिय की श्वास-सुरभि दक्षिण से आती है अनमोली।
होली—होली—होली !

7

आई हूँ सशोक मैं अशोक आज तेरे तले,
आती है तुझे क्या हाय ! सुध उस बात की।
प्रिय ने कहा था—'प्रिये, पहले ही फूला यह,
भीति जो थी इसको तुम्हारे पदाघात की !'
देवी उन कान्ता सती शान्ता को सुलक्ष कर,
वक्ष भर मैंने भी हँसी यों अकस्मात् की—
'भूलते हो नाथ, फूल फूलते ये कैसे, यदि
ननद न देतीं प्रीति पद-जलजात की !'

8

सखि, मैं भव-कानन में निकली,
बनके इसकी वह एक कली,
खिलते खिलते जिससे मिलने
उड़ आ पहुँचा हिल हेम-अली।
मुसकाकर आलि, लिया उसको,
तब लौं यह कौन बयार चली,
'पथ देख जियो' कह गूँज यहाँ
किस ओर गया वह छोड़ छली ?

9

मेरे चपल यौवन-बाल !
अचल अंचल में पड़ा सो, मचलकर मत साल।
बीतने दे रात, होगा सुप्रभात विशाल,
खेलना फिर खेल मन के पहन के मणि-माल।

पक रहे हैं भाग्य-फल तेरे सुरम्य-रसाल,
डर न, अवसर आ रहा है, जा रहा है काल।
मन पुजारी और तन इस दुःखिनी का थाल,
भेंट प्रिय के हेतु उसमें एक तू ही लाल।

10

अवधि-शिला का उर पर था गुरु-भार,
तिलतिल काट रही थी दृग-जल-धार।

यशोधरा

1

सखि, प्रियतम हैं वन में ?
किन्तु कौन इस मन में ?

दिव्य-मूर्ति-वंचित भले चर्म-चक्षु गल जायँ,
प्रलय ! पिघलकर प्रिय न जो प्राणों में ढल जायँ,
जैसे गन्ध पवन में !
सखि, प्रियतम हैं वन में ?

नयन वृथा व्याकुल न हो, नई नहीं यह रीति,
रखते हो तुम प्रीति तो धारण करो प्रतीति !
यही बड़ा बल जन में;
सखि, प्रियतम हैं वन में ?

भक्त नहीं जाते कहीं, आते हैं भगवान;
यशोधरा के अर्थ है अब भी यह अभिमान।
मैं निज राज-भवन में,
सखि, प्रियतम हैं वन में ?

उन्हें समर्पित कर दिए, यदि मैंने सब काम,
तो आवेंगे एक दिन, निश्चय मेरे राम।
यहीं, इसी आँगन में,
सखि, प्रियतम हैं वन में ?

2

मरण सुन्दर बन आया री !
शरण मेरे मन भाया री !

आली, मेरे मनस्ताप से पिघला वह इस बार;
रहा कराल कठोर काल सो हुआ सदय सुकुमार !
नर्म सहचर-सा छाया री !
मरण सुन्दर बन आया री !

अपने हाथों किया विरह ने उसका सब श्रृंगार,
पहना दिया उसे उसने मृदु मानस-मुक्ता-हार।
विरुद विहगों ने गाया री !
मरण सुन्दर बन आया री !

फूलों पर पद रख, कूलों पर रच लहरों से रास,
मन्द पवन के स्यन्दन पर चढ़-बढ़ आया सविलास।
भाग्य ने अवसर पाया री !
मरण सुन्दर बन आया री।

फिर भी गोपा के कपाल में कहाँ आज यह भोग ?
प्रियतम का क्या, यम का भी है दुर्लभ उसे सुयोग ?
बनी जननी भी जाया री !
मरण सुन्दर बन आया री।

स्वामी मुझको मरने का भी दे न गए अधिकार,
छोड़ गए मुझ पर अपने उस राहुल का सब भार।
जिये जल जलकर काया री !
मरण सुन्दर बन आया री !

3

जलने को ही स्नेह बना।
उठने को ही बाष्प बना है,
गिरने को ही मेह बना।

जलता स्नेह जलावेगा ही,
फोले बाष्प फलावेगा ही,
मिट्टी मेह गलावेगा ही,
सब सहने को देह बना !
जलने को ही स्नेह बना !

यही भला, आँसू बह जावें,
रक्त-बिन्दु कह किसको भावें ?
मैं उठ जाऊँ सखि, वे आवें,
बसने को ही गेह बना,
जलने को ही स्नेह बना।

4

कूक उठी है कोयल काली।
ओ मेरे वनमाली।

चक्कर काट रही है रह रह, सुरभि मुग्ध मतवाली;
अम्बर ने गहरी छानी यह, भू पर दुगुनी ढाली !
ओ मेरे वनमाली !

समय स्वयं यह सजा रहा है डगर डगर में डाली,
मृदु समीर-सह बजा रहा है नीर तीर पर ताली,
ओ मेरे वनमाली !

लता कंटकित हुई ध्यान से ले कपोल की लाली,
फूल उठी है हाय ! मान से प्राण भरी हरियाली।
ओ मेरे वनमाली !

ढलक न जाय अर्घ्य आँखों का, गिर न जाय यह थाली,
उड़ न जाय पंछी पाँखों का, आओ हे गुणशाली !
ओ मेरे वनमाली !

5

जीर्ण तरी, भूरि भार, देख, अरी, एरी !
कठिन पन्थ, दूर पार, और यह अँधेरी !

सजनी, उलटी बयार,
वेग धरे प्रखर धार,
पद पद पर विपद-वार,
रजनी घन-घेरी।
जीर्ण तरी, भूरि भार, देख, अरी, एरी !

जाना होगा परन्तु;
खींच रहा कौन तन्तु ?
गरज रहे घोर जन्तु,
बजती भय-भेरी।
जीर्ण तरी, भूरि भार देख, अरी, एरी !

समय हो रहा सपत्न ?
अपने वश कौन यत्न ?
गाँठ में अमूल्य रत्न,
बिसरी सुध मेरी।
जीर्ण तरी, भूरि भार, देख, अरी, एरी !

भव का यह विभव साथ,
थाती भर किन्तु हाथ।
ले लें कब लौट नाथ ?
सौंप बचे चेरी।
जीर्ण तरी, भूरि भार, देख, अरी, एरी !

इस निधि के योग्य पात्र,
यदि था यह तुच्छ गात्र,
तो यही प्रतीति मात्र,
दैव, दया तेरी
जीर्ण तरी, भूरि भार, देख, अरी, एरी !

6

''माँ, कह एक कहानी।''
''बेटा, समझ लिया क्या तूने
मुझको अपनी नानी ?''

''कहती है मुझसे यह चेटी,
तू मेरी नानी की बेटी !
कह माँ, कह, लेटी ही लेटी,
राजा था या रानी ?
राजा था या रानी ?
माँ, कह एक कहानी।''

“तू है हठी मानधन मेरे,
सुन, उपवन में बड़े सवेरे,
तात भ्रमण करते थे तेरे,
जहाँ सुरभि मनमानी।”
“जहाँ सुरभि मनमानी ?
हाँ, माँ, यही कहानी।”

“वर्ण वर्ण के फूल खिले थे,
झलमल कर हिम-बिन्दु झिले थे,
हलके झोंके हिले-मिले थे,
लहराता था पानी।”
“लहराता था पानी ?
हाँ, हाँ, यही कहानी।”

“गाते थे खग कल कल स्वर से,
सहसा एक हंस ऊपर से
गिरा, विद्ध होकर खर-शर से।
हुई पक्ष की हानी !”
“हुई पक्ष की हानी ?
करुणा-भरी कहानी !”

“चौंक उन्होंने उसे उठाया,
नया जन्म-सा उसने पाया।
इतने में आखेटक आया,
लक्ष्य-सिद्धि का मानी।”
“लक्ष्य सिद्धि का मानी ?
कोमल-कठिन कहानी।”

“माँगा उसने आहत पक्षी,
तेरे तात किन्तु थे रक्षी।
तब उसने, जो था खगभक्षी—
हठ करने की ठानी।”
“हठ करने की ठानी ?
अब बढ़ चली कहानी।”

"हुआ विवाद सदय-निर्दय में,
उभय आग्रही थे स्वविषय में,
गई बात तब न्यायालय में,
सुनी सभी ने जानी।"
"सुनी सभी ने जानी ?
व्यापक हुई कहानी।"

"राहुल, तू निर्णय कर इसका—
न्याय पक्ष लेता है किसका ?
कह दे निर्भय, जय हो जिसका।
सुन लूँ तेरी बानी !"
"माँ, मेरी क्या बानी ?
मैं सुन रहा कहानी।

"कोई निरपराध को मारे,
तो क्यों अन्य उसे न उबारे ?
रक्षक पर भक्षक को वारे,
न्याय दया का दानी।"
"न्याय दया का दानी ?
तूने गुनी कहानी।"

7

सो, अपने चंचलपन, सो !
सो, मेरे अंचल-धन, सो !

पुष्कर सोता है निज सर में,
भ्रमर सो रहा है पुष्कर में,
गुंजन सोया कभी भ्रमर में,
सो, मेरे गृह-गुंजन, सो !
सो, मेरे अंचल-धन, सो !

तनिक पार्श्व-परिवर्तन कर ले,
उस नासा-पुट को भी भर ले।
उभय पक्ष का मन तू हर ले,

मेरे व्यथा-विनोदन, सो !
सो, मेरे अंचल-धन, सो !

रहे मन्द ही दीपक-माला,
तुझे कौन भय-कष्ट-कसाला ?
जाग रही है मेरी ज्वाला,
सो, मेरे आश्वासन, सो !
सो, मेरे अंचल-धन, सो !

ऊपर तारे झलक रहे हैं,
गोखों से लग ललक रहे हैं,
नीचे मोती ढलक रहे हैं,
मेरे अपलक दर्शन, सो !
सो, मेरे अंचल-धन, सो !

तेरी साँसों का सुस्पन्दन,
मेरे तप्त हृदय का चन्दन !
सो, मैं कर लूँ जी भर क्रन्दन !
सो, उनके कुल-नन्दन, सो !
सो, मेरे अंचल-धन, सो !

खेले मन्द पवन अलकों से,
पोंछूँ मैं उनको पलकों से।
छद-रद की छवि की छलकों से
पुलक-पूर्ण शिशु-यौवन, सो !
सो, मेरे अंचल-धन, सो !

8

घुसा तिमिर अलकों में भाग,
जाग, दुःखिनी के सुख, जाग !

जागा, नूतन गन्ध पवन में,
उठ तू अपने राज-भवन में,
जाग उठे खग वन-उपवन में,

और खगों में कलरव-राग !
जाग, दुःखिनी के सुख, जाग !

तात ! रात बीती वह काली,
उजियाली ले आई लाली,
लदी मोतियों से हरियाली,
ले लीलाशाली, निज भाग।
जाग, दुःखिनी के सुख, जाग !

किरणों ने कर दिया सवेरा,
हिमकण-दर्पण में मुख हेरा,
मेरा मुकुर मंजु मुख तेरा,
उठ, पंकज पर पड़े पराग !
जाग दुःखिनी के सुख, जाग !

तेरे वैतालिक गाते हैं,
स्वस्ति लिये ब्राह्मण आते हैं,
गोप दुग्ध-भाजन लाते हैं,
ऊपर झलक रहा है झाग।
जाग, दुःखिनी के सुख, जाग !

मेरे बेटा, भैया, राजा,
उठ, मेरी गोदी में आ जा,
भौंरा नचे, बजे हाँ, बाजा,
सजे श्याम हय, या सित नाग ?
जाग, दुःखिनी के सुख, जाग !

जाग अरे, विस्मृत भव मेरे !
आ तू, क्षम्य उपद्रव मेरे !
उठ, उठ, सोये शैशव मेरे !
जाग स्वप्न, उठ, तन्द्रा त्याग !
जाग, दुःखिनी के सुख, जाग !

9

रे मन, आज परीक्षा तेरी।
विनती करती हूँ मैं तुझसे, बात न बिगड़े मेरी।

अब तक जो तेरा निग्रह था,
बस अभाव के कारण वह था।
लोभ न था, जब लाभ न यह था;
सुन अब स्वागत-भेरी !
रे मन, आज परीक्षा तेरी।

दो पग आगे ही वह धन है,
अवलम्बित जिस पर जीवन है।
पर क्या पथ पाता यह जन है ?
मैं हूँ और अँधेरी।
रे मन, आज परीक्षा तेरी।

यदि वे चल आए हैं इतना,
तो दो पद उनको है कितना ?
क्या भारी वह, मुझको जितना ?
पीठ उन्होंने फेरी।
रे मन, आज परीक्षा तेरी।

सब अपना सौभाग्य मनावें,
दरस-परस, निःश्रेयस पावें।
उद्धारक चाहें तो आवें,
यहीं रहे यह चेरी।
रे मन, आज परीक्षा तेरी।

द्वापर

राधा

शरण एक तेरे मैं आई,
धरे रहें सब धर्म हरे !
बजा तनिक तू अपनी मुरली,
नाचें मेरे मर्म हरे !
नहीं चाहती मैं विनिमय में
उन वचनों का वर्म हरे !
तुझको—एक तुझी को—अर्पित
राधा के सब कर्म हरे !

यह वृन्दावन, यह वंशीवट
यह यमुना का तीर हरे !
यह तरते ताराम्बर वाला
नीला निर्मल नीर हरे !
यह शशि रंजित सितघन-व्यंजित
परिचित, त्रिविध समीर हरे !
बस, यह तेरा अंक और यह
मेरा रंक शरीर हरे !

कैसे तुष्ट करेगी तुझको,
नहीं राधिका बुधा हरे !
पर कुछ भी हो, नहीं कहेगी
तेरी मुग्धा मुधा हरे !
मेरे तृप्त प्रेम से तेरी
बुझ न सकेगी क्षुधा हरे !
निज पथ धरे चला जाना तू,

अलं मुझे सुधि-सुधा हरे !
सब सह लूँगी—रो रोकर मैं,
देना मुझे न बोध हरे !
इतनी ही विनती है तुझसे,
इतना ही अनुरोध हरे !
क्या ज्ञानापमान करती हूँ,
कर न बैठना क्रोध हरे !
भूले तेरा ध्यान राधिका,
तो लेना तू शोध हरे !

झुक, वह वाम कपोल चूम ले
यह दक्षिण अवतंस हरे !
मेरा लोक आज इस लय में
हो जावे विध्वंस हरे !
रहा सहारा इस अन्धी का
बस यह उन्नत अंस हरे !
मग्न अथाह प्रेम-सागर में
मेरा मानस-हंस हरे !

देवकी

आधी रात जहाँ दिन में भी,
वहाँ रात, फिर पूरी !
किसे ज्ञात है, कहाँ हमारे,
फिरते दिन की दूरी ?
फिर भी किस निश्चिन्त भाव से
सोते हो तुम स्वामी,
वही जानता है इस जी की,
जो है अन्तर्यामी।

तब भी काल बीत जाता है,
जब जुग-सा पल-छिन है;
जिससे हम जी जायँ, हाय ! वह
मरना महा कठिन है।
नाथ, कंस के हाथ उसी दिन
यदि मैं मारी जाती;
यह मरने से अधिक आपदा
तो तुम पर क्यों आती ?

दासी के पीछे दुख पर दुख
सहना पड़ा तुम्हें है;
पुनरपि रुद्ध गुहा-से गृह में
रहना पड़ा तुम्हें है।
पर क्या ही विश्वासी हो तुम
जो अब भी आनन्दी;
हे मेरे राजा, तथापि तुम
वही अराजक बन्दी।

बन्दी जो जीवित रहकर भी
जीवन से वंचित है;
धन से, जन से और स्वयं जो
निज तन से वंचित है।
प्रखर चेतना, आह ! आग-सी
जिसमें जाग रही है;
फिर भी जड़ीभूत लक्कड़-सा
जकड़ा पड़ा, वही है।

उसका घर, घिर जाय वायु भी
यदि उसमें घुस जावे;
टकराकर, पाषाण-भित्ति से
वही साँस फिर आवे।
तब भी कहाँ कहाँ मन उसका
फिरता मारा - मारा,
किन्तु अन्त में उस तापस की
वही कुटी यह कारा।

सूर्य-चन्द्र की झलक इसी से
उसे दिखाई जाती,
हैं,—पर उसके लिए नहीं वे,
देखे वह अभिघाती।
अभिघाती, सच्चा या झूठा
दोष लगा है उस पर;
इसीलिए भय और साथ ही
रोष जगा है उस पर।

उसे मारना या मर मिटना,
क्षण क्षण सूझ रहा है;
तो भी तिल-तिल मरता है वह,
कण कण जूझ रहा है।
उसके स्वजन बन्धु भी बाहर
बँधे बँधे रह पाते;
सबकी सुनते हैं, पर अपनी
नहीं कहीं कह पाते।

आँखें और कान रहते वह
नहीं देख-सुन सकता;
बोल नहीं सकता मुँह रहते,
मन-मन गुन-बुन सकता।
बिछड़ा ही वह नहीं वर्ग से
मृग-सा जाल-जड़ित है;
नहीं तड़प भी पाता, यद्यपि
भीतर भरी तड़ित है।

कैसे, कहाँ छूट कर जावे,
आया है वह पकड़ा !
श्वास हृदय से, हृदय देह से,
देह निगड़ से जकड़ा।
आगे रुद्ध कक्ष, असिधारा,
प्रहरी, परिखा गहरी;
किन्तु अन्त में निकल जायगा,
वह मौजी, वह लहरी।

जब पुकार होगी अदृश्य से—
अरे निकल आ, आ जा;
जीता उसे मारने को तब
रोक सकेगा राजा ?
राजा ! प्रभो, यही राजा है
तेरा प्रतिनिधि ? धिक्-धिक् !
क्या इस राजा और प्रजा का
वही एक विधि ? धिक्-धिक् !

धिक् तुमको, तेरे राजा को
वह है स्वेच्छाचारी;
अविचारी, अन्यायी, बर्बर,
केवल पशुबल-धारी।
हाहाकार हमारा है सो
उसका बजता बाजा।
आँखें हैं तो देख अरे तू,
यही न तेरा राजा ?

बोल सके तो बता, इसी ने
तेरी सत्ता पाई ?
सुन पावे तो इस नृशंस की
सुन तू दुरित-दुहाई।
धिक् निरीह-निर्गुणता तेरी !
अरे, धधक उठ, भक हो ;
तू समर्थ-साकार देखकर
यह मदान्ध भौंचक हो।

अरी भूमि, तू आज कहाँ है,
नहीं जानती यह मैं;
मूक न रह, ले मेरी वाणी,
बोल उठूँ क्या कह मैं ?
कहाँ गया हे राम, आज वह
तेरा राज्य, अरे रे !
मरे—न, मारे गए अये ! वे
छै - छै बच्चे मेरे !

बच्चे मेरे—मेरे बच्चे,
बोलूँ मैं क्या जै-जै,
मेरा मन तो चिल्लाता है
एक, दो—नहीं, छै-छै !
ओ हो, मृदुल मुकुल-से भी वे
मसल दिए इस खल ने;
मांसपिंड, मक्खन के लौंदे
निगल लिये इस खल ने !

उनमें क्या था ? श्वास मात्र ही
था बस आता-जाता;
ललित तन्त्र-सा, चलित यन्त्र-सा,
फलित मन्त्र-सा भाता।
किन्तु क्या न था उन बच्चों में ?
रूप-रंग थे रूरे;
जीवन अदुरित हृदय विस्फुरित
अंग अंकुरित पूरे।

दृष्टि डाल जननेवालों को
हननेवालों को भी;
देखा नहीं उन्होंने पल-भर
वे हों चाहे जो भी।
दिखा गए वे तो बस अपनी
एक झलक ही हलकी;
प्रेम-वैर दोनों की सीमा
इतने ही में छलकी !

निष्फल मेरा प्रेम हो गया,
वैर फला वैरी का;
मेरा कुछ न चला, क्या चलता
हाथ चला वैरी का।
पर उनके अपराध बता दे
कोई झूठे - सच्चे ?
दोष यही उन निर्दोषों का—
वे थे मेरे बच्चे।

मेरे बच्चे, जैसे आए
चले गए वैसे ही;
क्यों आए, क्यों गए अरे, वे
ऐसे के ऐसे ही ?
न तो यहाँ देखा न सुना कुछ,
न कुछ कहा निज मुख से;
रहे अपरिचित ही अनीह वे
इस भव के सुख-दुख से !

हा भगवन् ! हो गई व्यर्थ वह
प्रसव - वेदना सारी;
लेकर यह अनुभूति - चेतना
कहाँ रहे यह नारी ?
उड़ता है छै टूक कलेजा,
कर हैं मेरे दो ही;
किसे किसे थामूँ, तू ही कह,
हे मेरे निर्मोही !

मेरे बच्चे, भूमि भार थे ?
और कंस गौरव है ?
तब तो इस धरती से अच्छा
लाख गुना रौरव है।
ऐसे मीठे थे मेरे फल,
कंस खा गया कच्चे !
कौन कहे, कैसे क्या होते,
बचकर मेरे बच्चे ?

किन्तु नहीं, वे नहीं गए, ये
अब भी यहीं बने हैं
जाते कैसे कहीं, अन्ततः
मेरे ही न जने हैं।
इस अँधियारे में दीपक-से
ये क्या दमक रहे हैं ?
मुझे निरखते हुए नेत्र ये
कैसे चमक रहे हैं !

अब तो बड़े हो गए आहा !
आओ मेरे हीरे !
किन्तु तुम्हारे तात सो रहे—
उतरो धीरे - धीरे।
मेरे षण्मुख-कार्तिकेय, तुम
मुझे घेरकर घूमो;
आओ, अब तो तुम्हें चूम लूँ
और मुझे तुम चूमो।

पर अब भी बन्धन में हूँ मैं,
विवश, देख लो, बेटा;
और कंस उच्छृंखल अब भी
सुख-शय्या पर लेटा।
जाओ मेरे पूत-प्रेत, तुम
प्रथम उसे लग जाओ;
सुख से सो न सके वह देखो,
'हूँ' कर उसे जगाओ !

अरे, तनिक ठहरो, ठहरो तुम
अब भी छोटे छोटे;
उधर कंस के भाव हुए हैं
पहले से भी खोटे।
लो, मरवाया तुम्हें दुबारा
हा ! माँ होकर मैंने;
फिर भी खोया, पाया था यह
तुमको खोकर मैंने।

यह कारा, यह अन्धकार, यह
बन्धन, सभी सहूँगी;
भूल गई, वह बात भूलकर
अब मैं नहीं कहूँगी।
स्वामी ! स्वामी ! उठो, हाय क्या
मैंने सपना देखा ?
जगी-बुझी अपने प्रकाश की
अभी छै मुखी रेखा !

चौंको मत, पागल हूँ कैसे ?
मुझको सभी स्मरण है;
भूला उनका जन्म मुझे या
भूला मुझे मरण है ?
वे तो चले गए, पर उनका
घातक अब भी बैठा;
चलो, दिखा दूँ, पुण्य गए, पर
पातक अब भी बैठा ?

हाँ, हाँ, धर लो, मुझे अंक में
भर लो मेरे भोगी !
योगी हो तुम, संयोगी भी
और तुम्हीं उद्योगी।
इसी कोख से जनती जाऊँ
उन्हें निरन्तर तब लौं;
ध्वंस न कर दें कंस-राज्य वे
मेरे जाये जब लौं।

अथवा नहीं ठहर सकती मैं,
मास दूर, नौ दिन भी;
पड़े नहीं क्या मेरे मत्थे
कुग्रह कुटिल कठिन भी ?
देखो, वही भाल यह मेरा,
अब यह क्या फूटेगा ?
छोड़ो, छोड़ो द्वार-पटल यह
अभी अभी टूटेगा !

क्या कहते हो, जना जा चुका
कंस-काल वह काला ?
काला, अहा ! वही तो मेरे
अन्तर का उजियाला।
घन-सा काला, जाग रही है
जिसमें विद्युज्ज्वाला;
वह लीलामय मेरा लाला,
हाँ, वह मेरा लाला।

सुदृढ़-भित्ति पर जब गवाक्ष से
आभा आ पड़ती है;
देखा करती हूँ मैं, उसकी
झाँई-सी झड़ती है !
लेखा करती हूँ मैं मन मन,
अब आया, तब आया;
किन्तु कहाँ आया वह मेरा
आशा-धन, कब आया ?

अरे, देख तू यहाँ रही यह,
तेरी दुखिया मैया;
बोल कहाँ तू कुँवर कन्हैया,
मेरे राजा भैया !
सुनूँ तनिक मैं भी वह मुरली,
देखूँ, दोहन तेरा;
रहे न मुझको शंखनाद ही
मेरे मोहन, तेरा।

मेरे तात-चरण की, मेरे
पति-दैवत की, मेरी,
मेरी जाति और ओ मेरी
धरती माता, तेरी—
यह बन्धन-बाधा अब कब तक ?
नहीं अधिक अब देरी;
भाई कंस, चेत जा तू भी,
यह काले की फेरी !

नाथ, उसी की बात करो अब,
सुनूँ तनिक मैं मन से;
वही मुक्ति देगा बस हमको
इस दारुण-बन्धन से।
अब अपमान छूटने में भी
क्रूर कंस के द्वारा;
मेरा लाल छुड़ा न सके तो
भली मुझे चिरकारा !

कुब्जा

कंसराज के लिए ले चली
फूल और चन्दन मैं,
पहुँच पार्श्व से बोला पथ में—
"शुभे, नन्दनन्दन मैं।
किसके लिए लिये जाती हो
तुम पूजा की थाली?"
यह कहकर क्या जाने, कैसे
मुसकाया वनमाली।

रवि-शशि लटके रहें शून्य में,
उसमें सार भरा था;
धन्य, धरा ने ही उस धन का
गौरव-भार धरा था।
अथवा अपने पैरों पर ही
खड़ा आप वह नर-वर;
बची रसातल जाने से यह
धरा वही पद धरकर।

कसी क्षीण कटि, पीन वक्ष था,
कच कन्धरा ढँके थे;
स्वर्ण-वर्ण के उत्तरीय में
चित्रित रत्न टँके थे।
दुगुने-से दो भुज विशाल थे
पार्श्व छीलते-छिलते;
गंड-द्युति-मंडल से मंडित
द्युति-कुंडल थे हिलते।

चिबुक देख फिर चरण चूमने
चला चित्त चिर चेरा;
वे दो ओंठ न थे, राधे, था
एक फटा उर तेरा !
फिर भी उसके दन्त-हास में
मोती खो जावेंगे;
उस नासा को निरख कुटिल भी
सीधे हो जावेंगे।

देख लिया मैंने सहस्रदल
ले उस मुख की झाँकी;
वृद्ध न होकर बाल बनी थी
पलट प्रौढ़ता बाँकी।
उन काली आँखों में कैसी
उजली दृष्टि निहारी;
जान पड़ा व्रज-कुंज-विहारी
मुझको विश्व-विहारी !

श्याम-रूप, हो न हो, राम ही
पुनः आप आया वह;
पर इस कंसपुरी में भी क्यों
नहीं चाप लाया वह ?
हृदय सशंक हुआ पर आहा !
वंक भृकुटियाँ तीखी,
निज विलास में विश्व नचाती,
वंशीधर की दीखी।

मेरे मन की मूर्ति ढली थी
उसके साँचे में वह;
खेल रहा था नारायण ही
नर के ढाँचे में वह !
मोर-पंख भी मुकुट बना था
उसके अपनाने से;
सिंह पुरुष बन जाय हाय ! वह
पीताम्बर पाने से !

पड़ी तरल यमुना तरंगिणी
घनी खड़ी हो जावे;
तो उस अंग-भंगिमा का कुछ
रंग-ढंग वह पावे।
वह सजीव रचना थी युग की
पल में आकर झलकी;
नहीं समाई जड़-जंगम में
छवि उसकी जो छलकी।

काम-रूप-धारी वह जलधर
जगमग ज्योतिर्मय था;
घन होकर भी सहृदय था वह;
निर्भय किन्तु सदय था।
ललित-गभीर तदपि चंचल-सा
वह विस्फूर्ति-भरा था;
मूर्तिमन्त भव-भद्र भाद्र-सा
श्यामल हरा हरा था।

राधा ने पहनाया होगा
वह रण-कंकण उसको;
और मिल चुकी थी जय निश्चय
वहीं उसी क्षण उसको।
व्रजरानी के विजयी वर के
धरे चरण ही चेरी;
पर अपने अतिरिक्त भेंट क्या
हो सकती है मेरी ?

देखा मैंने, देव आज ही
मेरे आगे आया;
अब तक दानव-पूजन में ही
मैंने जन्म गँवाया।
मैं ऊँची न हो सकी, फिर भी
हिलते हाथ बढ़ाए;
माथे पर चन्दन, चरणों पर
मैंने फूल चढ़ाए।

बाएँ कर से सिर सँभालकर
धर दाएँ से ठोड़ी;
किया मुझे उत्कर्षित उसने,
शक्ति लगाकर थोड़ी।
देख पैर उठते, चरणों से
हँसकर उन्हें दबाया;
मैं उठ गई और कूबड़ का
मैंने पता न पाया !

चमक गई बिजली-सी भीतर,
नस-नस चौंक पड़ी थी;
तनी, जन्म की कुब्जा क्षण में
सरला बनी खड़ी थी।
चिबुक हिलाकर छोड़ मुझे फिर
मायावी मुसकाया;
हुआ नया निस्पन्दन उर में,
पलट गई यह काया।

मैं ही नहीं, सृष्टि ही सारी,
पलट गई थी पल में;
उतर इन्द्र का नन्दन वन-सा
छाया था भूतल में।
इस भव में रस और भाग था
मेरा भी उस रस में;
छूटे स्रोत, साथ ही शतदल
फूटे इस मानस में।

सत्य हुआ मैं देख रही थी
अनदेखे सपने को;
आत्म-ग्लानि छोड़कर मैंने
देखा तब अपने को।
''अब फिर कभी मिलूँगा'' कहकर
हँसता चला गया वह;
ज्यों-ज्यों दूर गया, मानस में
धँसता चला गया वह !

धरती ही देखी थी मैंने,
पृष्ठ-भार से झुककर;
अब ऊँची ग्रीवा कर सीधे
देखा नभ रुक-रुककर।
ओ हो ! वही सुनील वर्ण था
उसी मदन-मोहन का;
एक पक्षिणी-तुल्य ठौर ही
बहुत वहाँ इस जन का।

हरा-भरा भूतल भी ऐसा
देखा मैंने कब था;
शस्यश्यामल वर्ण वहाँ भी
उसी श्याम का अब था।
अहा ! उसी में एक कुसुम-सा
यह जन भी खिल जावे;
मुझे और कुछ नहीं चाहिए,
बस इतना मिल जावे।

देखा मैंने, रँगा उसी के
रँग में निर्मल जल है;
अनल उसी की आभा धारे,
अनिल गन्ध-गति-बल है।
एक तरंग, एक चिनगारी,
एक साँस मैं उसकी;
बजे वेणु उस नट नागर की,
एक साँस मैं उसकी !

मेरा तत्त्व-तत्त्व तन्मय था,
किसे कंस का भय था ?
लौट पड़ी मैं घर वैसी ही,
जन जन को विस्मय था।
किन्तु मुझे निर्जन अभीष्ट था
चिन्तनार्थ कुछ मन के;
अपने को भी देख सकी थी
मैं क्या बिम्बित बन के।

लेने नहीं, राज्य देने ही
वह विक्रान्त चला था;
कंस मरा, पर उग्रसेन का
फिर भी भाग्य भला था।
रोता देख वृद्ध नृप को वह
बोला—"नाना ! नाना !"
मिल वसुदेव-देवकी ने भी
भर पाया मनमाना।

आने की न आप कहता तो
कुब्जा क्या राधा थी;
मैं तो चेरी थी, जाने में
मुझे कौन बाधा थी ?
किन्तु आज आकुल है वन में
जैसी वह ब्रजरानी;
दासी ने घर बैठे उसकी
मर्म-वेदना जानी।

अथवा एक परस में ही जब
तरस रही मैं इतनी;
होगी विकल न जाने तब वह
सदा-संगिनी कितनी ?
होती हाय ! आज कुब्जा ही
यदि राधा की दूती;
जाकर शरण इसी मिस तो वे
अरुण चरण तो छूती।

कल्प हुआ यह जिस काया का,
इसे कहाँ ले जाऊँ ?
आवे वही, उसे अर्पण कर
परित्राण मैं पाऊँ।
दे न गया वह यह शरीर ही
हाय ! शील भी ऐसा;
करते बनता नहीं, चाहती,
हूँ मैं करना जैसा।

आया नहीं विसासी अब भी
बस ये आँसू आए;
अहा ! उसी लावण्य-सिन्धु का
रस ये आँसू लाए।
पी पीकर मैं इन्हें, भाग्य को
अब भी कैसे कोसूँ ?
पर अजान इस आतुर उर को
कब तक पालूँ-पोसूँ ?

आई रात, हुआ चन्द्रोदय,
मैंने यही विचारा—
वह शशि है, मैं निशि होऊँ या
वह तमिस्र, मैं तारा !
हुआ प्रभात और अरुणोदय,
गूँजी उर की अलिनी;
उसी पूर्व की फटती पौ मैं,
उसी हंस की नलिनी।

चढ़ी बहुत निज नील गगन में,
मैंने पार न पाया,
ढुलक पड़ी मैं आप ओस-सी
हा ! आधार न पाया।
रह सकता है बस यह पानी
उन्हीं नखों पर चढ़ के;
किन्तु पधारे कहाँ चरण वे,
लूँ मैं जिनको बढ़ के।

वह भीतर ही रहा, व्यर्थ ये
द्वार सजाए मैंने;
श्रुति-अतीत वह, क्यों इस तन के
तार बजाए मैंने ?
क्यों घृत-दीप जलाए मैंने,
माखन-चोर न आया;
फिर भी अन्तर में तो छाया
वह नव - घन - मन - भाया।

स्नेह-हीन दीपक सो जावें,
सजग सजल लोचन तो;
फीके पड़ें सुमन, चिन्ता क्या,
अनुरंजित यह मन तो।
मेरा अतिथि देव आवे तो,
मैं सिर-माथे लूँगी,
उसने मुझको देह दिया, मैं
उसे प्राण भी दूँगी।

धड़कन वक्ष, कक्ष में है वह,
फड़क वाम-भुज मेरे;
मिले मिलनमय अन्त मुझे, तो
सफल सभी रुज मेरे।
रहें भ्रान्तियाँ, रहें श्रान्तियाँ,
रहें क्रान्तियाँ चाहे;
नटवर ! तेरा नाट्य-बन्ध निज
सन्धि-शान्ति निर्वाहे।

क्रान्ति हो चुकी, श्रान्ति मेट अब
आ, मैं व्यजन करूँगी;
मोती न्योछावर करके, वे
श्रम-कण बीन धरूँगी।
मेरा ही अधिकार यहाँ, सुन,
राधा रुष्ट न होगी;
दासी को वंचित कर, तेरी
रानी तुष्ट न होगी।

वह व्रजरानी भी नारी है,
यह सरला भी नारी;
आत्म-समर्पण के दोनों जन
हम समान अधिकारी।
एक पुरुष से योषित्ता ने
सहज किसे न मिलाया;
पर मेरा नारीत्व निहत था,
तूने आप जिलाया।

कूबड़ न था, कुंडली पकड़े—
जकड़े मुझे पड़ा था;
तूने कौन मन्त्र फूँका, वह
उठ हट दूर खड़ा था।
किन्तु विरह-वृश्चिक ने आकर
अब यह मुझको घेरा,
गुणी-गारुड़िक, दूर खड़ा तू
कौतुक देख न मेरा।

तू न आज भी आवेगा तो
मैं ही कल जाऊँगी;
कुछ न सही तो कुटिल भृकुटि तो
तेरी मैं पाऊँगी।
यही कहेगा न तू—"अधीरे,
निकली तू चेरी ही।"
हाँ, हाँ, मैं चेरी, मैं चेरी,
तेरी ही, तेरी ही।

गड़े हुए धन-सा, मन में ही
रक्खूँ क्या मैं तुझको ?
तो यह मेरा तन क्यों तूने
दिया बनाकर, मुझको ?
रोम रोम बस तुझे पुलक-सा
पाकर जड़ रह जावे;
और उन्हीं चरणों में जीवन
स्वेद बना बह जावे।

पत्र पत्र में तेरी आहट
चौंकाती आती है;
किन्तु प्रतीक्षा में ही बेला,
बीत बीत जाती है।
निद्रा तेरा स्वप्न ले गई,
अरे सत्य, अब आ जा;
जाग रही हूँ स्वागतार्थ मैं,
ओ राजों के राजा !

अहोरात्र के पंख लगाकर
सुध-सी उड़ती हूँ मैं;
तुझसे मिलने को अपने से
आप बिछुड़ती हूँ मैं।
और बड़ा कौतुक तो यह, तू
यहीं कहीं बैठा है;
ओ कठोर, कह किस कोठे में
तू घुसकर पैठा है ?

तेरी व्यथा बिना सुन, मेरी
कथा न पूरी होगी;
तू चाहे जिसका योगी हो,
मेरा क्षणिक वियोगी।
तेरे जन अगणित, परन्तु मैं
एक विजनता तेरी;
बस इतनी ही मति है मेरी,
इतनी ही गति मेरी।

कुणाल-गीत

1

आगे यह मुक्त वात स्वागतार्थ आया,
लो, रसाल-गन्ध-जात-पुलक भेंट लाया।

दुग्ध-भार मन्द-मन्द,
लौट पड़ा धेनु-वृन्द,
वेणु-छन्द गूँज उठा, हम्बारव छाया।
आगे यह मुक्त वात स्वागतार्थ आया।

मृग-मयूर, पेड़-पत्र,
नाच रहे यत्र-तत्र;
फैल गया सान्ध्य-राग, गीत गया गाया।
आगे यह मुक्त वात स्वागतार्थ आया।

सिर के घट नीर-भरे,
उनके हैं क्षीर-भरे !
माँ है यह, तब न तुम्हें 'बेटी' कह पाया !
आगे यह मुक्त वात स्वागतार्थ आया।

गोबर से गेह लिपे,
दीपक से दिव्य दिपे।
छींकों पर झूल रही स्नेहमयी माया !
आगे यह मुक्त वात स्वागतार्थ आया।

आँगन में घूम घूम,
बच्चे कर रहे धूम;
माने थक हार कहाँ गोरस की काया ?
आगे यह मुक्त वात स्वागतार्थ आया।

तरल वे कटाक्ष नहीं,
सरल हास्य सभी कहीं;

पति से भी गति विशेष रखती है जाया !
आगे यह मुक्त वात स्वागतार्थ आया।

नन्दीगण नित्य जहाँ,
शिव प्रयाण करें कहाँ ?
सुन्दर शुचि सर्ग स्वतः सत्य में समाया !
आगे यह मुक्त वात स्वागतार्थ आया।

2

पलटी गई प्रकृति-नाटक की नूतन चित्रपटी;
क्या विचित्र लीला-शीला है नीला नियति-नटी।

चुकें मयूर नाच कर जैसे;
आ पहुँची हंसावलि वैसे !
अटी चन्द्रिका निर्मल नभ में, जो घन-घटा हटी।
क्या विचित्र लीला-शीला है नीला नियति-नटी।

देख तिरोहित रोहित-रेखा
उड़ी कलम लेकर शुक-लेखा !
नहीं फेन-बुदबुद तो शतदल, निखरी नीरतटी।
क्या विचित्र लीला-शीला है नीला नियति नटी।

हरी भूमि अब हेममयी है;
अपनी यात्रा क्षेममयी है।
जान न पड़ी प्रेम में, इतनी बेला यहाँ कटी।
क्या विचित्र लीला-शीला है नीला नियति-नटी।

यह परिपाक-समय शुभ फल का,
जन-जन में अनुभव नव-बल का।
गुड़-गोरस, रस-रास-रंग से पूरे लोक-घटी,
क्या विचित्र लीला-शीला है नीला नियति-नटी।

3

निज गौरव-लाघव से तुमने
कितने कितने पद-भार सहे।
तुम घूम यहाँ पहुँचे न कहाँ,
इतने इतने अभिसार अहे !

इस ओर तुम्हीं, उस ओर तुम्हीं,
गतिचोर हमीं मँझधार बहे।
हम पार गए न गए, तुम तो
पथ ! प्रस्तुत ही प्रतिवार रहे।

4

मेरे दुकूल का चुप-छुप छोर खींचती है,
स्मृति, तू बता, मुझे अब किस ओर खींचती है ?

वह स्वप्न निज दिशा में
है खींचता निशा में,
जब तक जगूँ-जगूँ, सुध आ भोर खींचती है !
स्मृति, तू बता, मुझे अब किस ओर खींचती है।

उड़ भृंग जा रहा है,
कुछ और पा रहा है,
कल कुंज की सुरभि, क्या तू डोर खींचती है ?
स्मृति, तू बता, मुझे अब किस ओर खींचती है ?

इन काननों-नगों में,
आकर उलझ पगों में
उद्यान की लता हा ! चितचोर खींचती है।
स्मृति, तू बता, मुझे अब किस ओर खींचती है ?

अब झाड़ मात्र द्रुम है,
सूखा स्वयं कुसुम है;
फिर क्यों बयार इसको झकझोर खींचती है ?
स्मृति, तू बता, मुझे अब किस ओर खींचती है ?

वह प्रात दूर अब भी,
वह रात शेष, तब भी,
आगे खुली खड़ी जो यह खोर खींचती है !
स्मृति, तू बता, मुझे अब किस ओर खींचती है ?

मैं क्यों डरूँ नियति से,
जाऊँ न क्यों स्वगति से ?
जब कर्म की कृपा की यह कोर खींचती है;
स्मृति, तू बता, मुझे अब किस ओर खींचती है ?

5

ज्योति नहीं, पर इन आँखों में
शेष आज भी जल है,
और प्रफुल्ल उल्लसित उसमें
मेरा हृदय-कमल है।

भर ले आकर वह जन, जिसका
सूखा अन्तःस्थल है,
धारा यह प्रस्तुत है, धो ले
मिटा न जिसका मल है।
जगती, तेरे सुप्रभात में
बचा कौन तृण-दल है,
छूट गया फलने से जिसमें
मेरा मुक्ता-फल है ?

मेरा घट भरपूर और यह
मानस आज अतल है,
ज्योति नहीं, पर इन आँखों में
शेष आज भी जल है।

विष्णुप्रिया

सारी वंगभूमि रस-प्लावित-सी हो उठी,
किन्तु वंगभूमि मात्र सीमा न थी उनकी।
घर के ही तुल्य अब बाहर की बारी थी।
माता के पदों में नत होकर वे बोले यों—
"अग्रज का अनुज बनूँ मैं, अम्ब, आज्ञा दो।"
"हम्बा" कर सन्न हुई अम्मा निरवलम्बा-सी।
"ऐसी मर्मभेदी उक्ति कैसी धर्म-युक्ति से
मुझको सुनाकर क्या चाहता है यह तू,
कह न सकूँ मैं कुछ ? किन्तु जननी हूँ मैं।
तेरे अतिरिक्त कह, मेरे और कौन है ?
दो थे तुम, एक पहले ही यति हो गया,
तू भी अब जाना चाहता है मुझे छोड़ क्या ?
मेरे साथ छोड़ उसको भी मँझधार में,
ग्रहण किया है जिसे साक्षी कर धर्म को ?
तेरे योग्य होती नहीं यदि वह विवशा,
तो भी एक बात होती। तूने ही कहा न था
'दादा गए, मैं हूँ अम्ब, तुम न अधीर हो।'
और क्या चुका चुका तू पितरों का ऋण भी ?
देगा अब कौन पिंड-पानी यहाँ उनको ?
अनुचित करे एक तो क्या करे अन्य भी ?
कर्म में भी देश-काल-पात्र देखा जाता है।
अब भी क्या थोड़ा करता है दिन-रात तू ?
तो भी घर में है, यही मेरा बड़ा बल है।

मैं ही भाग्यहीना रही हाय ! इस कुल में,
किन्तु कहा जाता है अभागियों का त्राता तू।
तेरी ओर देखती हूँ, मेरी ओर देख तू,

विश्वम्भर ! विश्वम्भर ! भूल न यों मुझको।''
बेटे को भुजों में भर मूर्च्छित-सी माँ हुई।

''अम्ब अम्ब ! इतनी अधीर न हो, शान्त हो,
आज्ञा जब दोगी तुम, तभी तो जाऊँगा।
शेष है अभी तो दक्षिणायन विशेषतः ।
सोचो जगती की गति, ज्ञानवती तुम हो।
आज जो है कल नहीं, मोह अप्रबोध है।
करनी ही होगी महायात्रा यहाँ सबको,
यात्रा मात्र चाहता हूँ जीवन के अर्थ मैं।
रख न सकूँगा यहाँ रहकर भी उसे।
पितरों के हेतु ही गया था गया धाम मैं,
चिर परितृप्त हो उन्होंने वहाँ मुझको
अर्पित किया था आप प्रभु-पद-पद्मों में।
आश्रम का धर्म मानता हूँ, किन्तु जान लो,
उससे भी ऊँचा कर्म मेरे हाथ आ गया।
वंश की समाप्ति नहीं, व्याप्ति ही है उसमें।
रह गई अब वधू उससे भी पूछूँगा।
इस तनु में ही ममता हो तुम लोगों की,
तो यह रहेगा, रख जो सको तो रखना।
खींच लिया मेरा प्राणवायु उस काल ने !
कृष्ण-कृष्ण ! हाय तुम कितने कठोर हो !
सब कुछ छोड़े बिना पाए नहीं जाते हो।''
लोटकर धूल में अचेत प्रभु हो गए।
बोल उठी आकुल हो अम्बा उन्हें धर के—
''लाल मेरे, मेरे लाल, जी तू,—जहाँ जी सके।
अपना ही काल मैं अभागिनी मनाती हूँ।''
संगी-साथियों के समान शची माता भी
व्यग्र हुई जीवन की शंका जान उनकी।

विष्णुप्रिया स्तब्ध हुई सुनकर पहले।
भ्रान्त-सी उन्हीं की ओर कुछ क्षण देखा की।
काँपी फिर और गिर पैरों पर उनके,

निगड़ लता-सी गतिरोध कर लिपटी।
रोई वह किन्तु बोल पाई नहीं कुछ भी,
आँसू बह निकले, वचन नहीं निकले।
सिर पर हाथ फेर बोले प्रिय प्यार से—
"अहा ! यों न रोओ प्रिय !" देखा उन्हें उसने।
"तो क्या करूँ, कर ही क्या सकती हूँ और मैं।
रो-रोकर मरना ही नारी लिखा लाई है।
तुम-सा अलभ्य धन पाकर धरित्री में
अपना-सा धन्य नहीं जानती थी अन्य मैं।
किन्तु वह क्रूर उपहास ही था भाग्य का।
दैव ने दिखाया सुख, फिर भी दिया नहीं,
देने को बढ़ाया फिर खींच लिया हाथ हा !
किससे करूँ मैं अनुयोग अब इसका ?
सच कहती हूँ कुछ और नहीं चाहती,
देख सकूँ, दूर से ही प्रतिदिन मैं तुम्हें।
तुम मत त्यागो घर, मैं ही इसे त्याग दूँ।
मायके रहूँगी सदा, और कहाँ ठौर है।
गंगास्नान करने को जब तुम जाओगे,
नित्य जाते-आते तुम्हें देख लूँगी दूर से।
मेरे त्याग में ही तो तुम्हारा त्याग पूरा है,
यद्यपि तुम्हारे देव ऐसा नहीं करते।
नारायण लक्ष्मी को, यतीन्द्र हर गौरी को,
इन्द्र इन्द्राणी को, त्यों वरुण वरुणानी को,
संग रखते हैं, वे असंग नहीं तुम-से !
छल सकते हैं क्रूर कृष्ण भोली राधा को,
किन्तु रुक्मिणी को एक बार छल देखें वे।
गाँठ वह खोल नहीं सकता विधाता भी।
वेदी के समक्ष, साक्षी कर सब देवों को,
ग्रहण किया था यह पाणि क्या इसीलिए ?
कौन याग पूर्ण होगा त्याग कर मुझको ?
धर्म के विरुद्ध ही तुम्हारा यह कर्म है।
अबला हूँ, किन्तु क्या अनादृता भी होऊँ मैं ?
आप मायावादी तुम हो गए हो कब से ?
करते विरोध थे तुम्हीं न उस वाद का ?
मानवों की मर्यादा बड़ी है मानवों से भी।

मेरा पितृ-कुल भी तुम्हारे कुल-सा सुधी,
मैंने भी पुराण-इतिहास कुछ हैं सुने,
जानती हूँ मैं भी निज धर्म। किन्तु मुग्धा हूँ,
जानती नहीं हूँ, तुम्हें कैसे असमय में
जाने न दूँ, किन्तु जाने नहीं देना चाहती।
कृपया बता दो तुम्हीं, रोकूँ तुम्हें कैसे मैं ?
मेरी मति और गति केवल तुम्हीं-तुम्हीं।
किसके शरण जाऊँ आज मैं अभागिनी ?
मेरे प्राण माँग लो, प्रयाण ही न माँगो यों।''

खोए-से निताई चौंक चेत में-से आ गए;
मोहन मुकुन्द को भी क्षण-भर भूले-से।
छाती से लगाकर प्रिया को रुक, बोले यों—
''मैं सब बताऊँगा, छिपाऊँगा नहीं तुम्हें,
रोकना न रोकना तुम्हीं पर रहा प्रिये !
जाता नहीं भोग-हेतु त्याग कर मैं तुम्हें।
जैसे एक सैनिक समर-हेतु जाता है,
भेजती सजाकर उसे है उसकी वधू,
वैसे तुम्हीं एक भेज सकती हो मुझको।
नर क्या करेगा त्याग करती है नारी ही।
मैं कुछ करूँगा तो कराओगी तुम्हीं उसे।
जानती हो, मुख्य प्रेम धर्म ही तुम्हारा है,
उसका प्रसार हो, मुझे भी यही इष्ट है।
नियम अवश्य हैं अवश अपवाद मैं।
श्रद्धा-भक्ति लुप्त-सी है नास्तिकता फैली है,
शुष्क तर्क-जड़ता ही पंडितों में शेष है।
देख अकल्याण यह मेरे प्राण रोते हैं।
डूब गए यज्ञ बलि-पशु के रुधिर में !
ब्राह्मण धनार्थ बने धर्म-व्यवसायी हैं,
भूले तुच्छ स्वार्थ में हैं लोग परमार्थ को,
ईश्वर का नाम मिथ्या शपथों में लेते हैं।
निज विषयों में पड़े सड़ते हैं शव-से,
शिव से वे वंचित हैं। उनकी सड़ाँध से
रात-दिन मेरा यह माथा फटा जाता।

कैसे जन दुर्गति सहूँ मैं, स्वयं जन हूँ
जाना ही पड़ेगा मुझे बाहर विवश हो,
उसके बहाने त्राण करने को अपना।
जान पड़ता है, मुझे आर्त्तजन लाखों की
संख्या में बुला रहे हैं चारों ओर कब से—
वर्तमान और भावी में भी आत्म-भाव से।
अस्वीकार कैसे करूँ मौनाह्वान उनका ?
सबके हितार्थ हँस मेरा दान कर दो,
प्राण न दो अर्द्धांगिनि, पक्षाघात करके।
माँ का भार पहले ही ले लिया है तुमने,
जीवन ही झेलता है, जड़ता है मृत्यु में।
चाहोगी मुझे जब समीप तुम पाओगी,
इससे अधिक और तुमसे मैं क्या कहूँ ?
अब भी नहीं क्या सदा मैं तुम्हारे मन में ?
हाय ! लुप्तप्राय उस वृन्दावन को ही मैं
कर सकूँ फिर से प्रतिष्ठित तो थोड़ा क्या ?
पुत्र यदि चाहो तो लजाओ मत, ललने,
अगणित लोग तुम्हें माता निज मानेंगे
और जगद्धात्री के समान मान देंगे वे।'

रोती रही विष्णुप्रिया मौन, फिर बोले वे—
"तुमने वरा था मुझे आज मैं तुम्हें वरूँ।"
प्रभु ने प्रसाद पुष्पहार पहना दिए,
अंक में बिठाया और प्यार किया उसको,
धरकर चिबुक उठाया मुख उसका।
"रो लिया बहुत, अब हँस कुछ बोल दो।"
क्या हुआ न जाने वधू रोती हुई हँस दी,
उसने कहा भी यों अपांग व्यंग्य करके—
"यह बलि-पूर्व बलि-पशु का खिलाना है !
शाक्त तुम मेरे, क्यों न वैष्णव हो औरों के,
पशु नहीं, नर-बलि देते नहीं लेते हो !"
मौन हुई मानिनी उभर फिर डूबी-सी।
"स्वत्व तुम्हें सब कुछ कहने का मुझसे।
प्रभु के पदों में आप अर्पित हुआ हूँ मैं,

मेरे साथ तुम भी समर्पित न होगी क्यों ?''
लम्बी साँस लेकर प्रिया ने कहा अन्त में—
''धृष्टता की मैंने, इसे कृपया क्षमा करो।
मेरे भाग्य मुझमें मुँदे तो खुलें सबमें।''

घेर वाम भुज से उसे वे खींच बोले यों—
''जीती रहो लेटो बड़ी रात अब हो गई।''
किन्तु वह बैठी रही चरण दबाती ही,
सोना उसे पीछे और जागना था पहले।
हाथ फेर प्रभु सहलाने लगे उसको,
छाया एक मद-सा मधुर करस्पर्श से।
इष्ट उसको जो न था, सहसा वही हुआ।
आया जड़ स्तम्भ भाव और निद्रा आ गई,
प्रभु-पद छाती पर रख वह सो गई।
किन्तु कैसा स्वप्न एक देख घड़ी भर में
चौंककर जाग उठी, तब तक धीरे से
चरण उठाकर निमाई थे चले गए।

''हाय ! मैं छली गई हूँ, छिपकर भागे वे,
जागकर आप यहाँ मुझको सुला गए।
जागी फिर क्यों मैं, क्यों न रह गई सोती ही ?
जानती थी, वंचक न होंगे विदा लेंगे, वे;
पूजकर उनको विसर्जित करूँगी मैं।
इतनी भी सान्त्वना दे गए वे मुझको।
चाहते नहीं वे व्यर्थ दुःखी हमें देखना,
आँख मूँद मारते हैं, कुशल कृपालु हैं !''

''अम्ब अम्ब, धन ही लुटेरा बना अपना।
रह गई घर में अलक्ष्मी-मूर्ति मात्र मैं !''
आई घबराई हुई अम्बा उठ वेग से,
पहुँच न पाई किन्तु गिर गई चौक में।
होंठ दाब दावानल भीतर दबाती-सी,

विष्णुप्रिया उनकी सँभाल करने लगी।
चिल्लाने लगीं वे 'गौर-गौर !' चेत पाते ही।

"धैर्य धरो अम्ब, घर बैठते हैं नर क्या ?
मानो, तीर्थ करने गए वे देश-भर के !
लौटने में उनको विलम्ब कुछ होगा ही।"
"बेटी, कुछ तूने तो नहीं कहा था उससे ?"
"अम्ब, हाँ कहा था—'तुम नर-बलि देते हो,
बाहर से वैष्णव हो भीतर से शाक्त हो।'
किन्तु न भी कहती मैं तो भी उन्हें जाना था।"
"रोकती तू क्षोभ कैसे मेरी महा मानिनी !"
"माँ उन्हीं ने आग्रह किया था 'कुछ कह दो'।"
"मुझसे भी कह दे, करूँ क्या मैं अभागिनी ?"
"कुशल मनाओ अम्ब, मेरे साथ उनकी।
राम नाम रटते तुम्हारे शुकदेव थे,
निर्मोही स्वभाव-वश उड़ गए आज वे।
होंगे किस वन में न जाने, किन्तु जान लो,
जाएँगे जहाँ भी हरिनाम ही सुनाएँगे।
अपना भी एक वही नाम अवलम्ब है।
हम भी उसी से काल काट लेंगी, शान्त हो।
एक-दूसरे के लिए जीना है हमें यहाँ।"
"कुछ दिन और रुक जाता वह हाय ! तो
प्रलय न हो जाता।"
"परन्तु उसे होना था,
शेष कुछ दिन तो बहुत दिन पीछे भी।"
"देखती बहू, मैं आज गोद भरी तेरी ही,
तो भी झेल लेती मैं अनन्त शून्य अपना।
किन्तु हतभाग्य क्या अकेला कभी आता है।"

रत्नावली

1

प्रिय भूले, मैं नहीं पपीहे, जा, सुध उन्हें दिला,
मेरा हृदय नहीं, जाकर तू उनका हृदय हिला।
पिघला सकता है तेरा स्वर उनकी मनःशिला,
तेरी घटा घेर रक्खूँगी, ला तू उन्हें मिला।
नहीं नहीं, वे रुकें, अभी क्या पन्था अपंकिला,
ऊपर से पानी का रेला है सब ओर रिला।
मैं फिर भी उनकी छाया में बैठी अनाविला,
किन्तु मुझे शंका होती है, डूबे न यह इला।

2

खिल फूल हँसो चिरकाल,
जगत की हँसने की ही बान है,
हँसूँगी मैं भी, मधु की आन है,
शव जैसे दाँत निकाल !

3

हूक इस उर की-सी अविराम,
कूक तू कोकिल, आठों याम।
देख आ उड़कर इतना ही,
उधर भी बौरे हैं क्या आम ?

4

क्यों नहीं रहते मुँदे ही पलक ?
आँख मुँदने में तुम्हारी दीखती है झलक।
देखते हो तुम मुझे झुक झाँककर लुक ललक,
चौंकती हूँ और आँसू ढलकते हैं छलक।

5

किया करे इस मांस-पिंड पर अब कोई भी काँव-काँव,
रत्नावलि तो जीत गई है निज सब कुछ का एक दाँव।

स्वार्थ भले ही रोया-झींका,
मैंने अपना नहीं, उन्हीं का
देखा शुभ भविष्य, देखेगा इसको घर-घर गाँव-गाँव।
रत्नावलि तो जीत गई है निज सब कुछ का एक दाँव।

अब चाहे प्रत्यक्ष नहीं हैं,
अन्तःस्थित वे सदा यहीं हैं।
सौ-सौ बार क्षमा पाती हूँ पकड़ एक ही बार पाँव।
रत्नावलि तो जीत गई है निज सब कुछ का एक दाँव।

जय भारत

कुरुक्षेत्र

करुणाजनक, ऊजड़, विकृत बल-वीर्य का यह खेत है,
पारस्परिक संग्राम का परिणाम यह समवेत है।
रणभूमि कौरव-पांडवों की ऐतिहासिक है यही,
शोकार्त्त गान्धारी जिसे श्रीकृष्ण को दिखला रहीं।
सौ पुत्र जिसके थे, वही धृतराष्ट्र की अर्द्धांगिनी,
एकाकिनी है आज, सुत-सम्पत्ति उसकी है छिनी।
अन्तस्सलिलघन-तुल्य उसके पास ही हरि हैं खड़े,
दोनों दलों के वीर क्षत-विक्षत-निहत होकर पड़े।
"इस दुर्दशामय दृश्य के ही देखने को लोक में,
जो मृत्यु के उपरान्त भी डाले रहेगा शोक में,
हे देवकीनन्दन, यहाँ क्या दिव्यदृष्टि मुझे मिली ?
हा ! क्या हुई वह आज जो थी भव्य सृष्टि मुझे मिली ?
देखो, दिवाकर-तुल्य जिनका तेज और प्रताप था,
फैला हुआ सर्वत्र ही शशि-सदृश कीर्ति-कलाप था,
इस रक्त-कर्दम-मय मही पर सो रहे हैं आज वे,
हा ! अब न जाने हैं कहाँ सब साज और समाज वे !
उपमा सुरों में भी न जिनकी श्रेष्ठ कवियों को मिली,
निर्दोष निर्मल कीर्तिरूपा कौमुदी जिनकी खिली,
जो थे हमारे ही नहीं, इस विश्व के सबसे बड़े,
कुरु-वृद्ध भीष्म वही शरों की आज शय्या पर पड़े।
भृगुराम सम बलधाम ये गुरुदेव द्रोणाचार्य हैं,
विख्यात जिनके लोक में अद्भुत अलौकिक कार्य हैं,
तनु त्यागकर पाला इन्होंने धन्य पुत्रस्नेह को,
अब जान पड़ता है, कृपी भी तज रही हैं देह को।
पांडव न सुख से सो सके चिरकाल जिसके हेतु से,
संग्राम में जो उदित था दुर्द्धर्ष दुगुना केतु से,

सुत के सहित वह कर्ण भी निश्चल पड़ा है हत हुआ,
वह वीर्य बल, वर्चस्व गौरव, गर्व सारा गत हुआ।
हतभागिनी राधा विषम बाधा व्यथा वह सह रही,
वृद्धा लिपटकर कर्ण-शव से विलख क्या-क्या कह रही—
'हा वत्स ! मेरे दूध का यह मूल्य मुझको दे गया,
मेरे जने थे जो, उन्हें भी संग अपने ले गया।
जब तेज तेरा सह न पाई जन्मदात्री आप ही,
भोगे न क्यों ममतामयी यह दीन धात्री ताप ही।
राधेय, मरणाभाव में दुर्लभ मुझे विश्राम भी,
तूने अमर जो कर दिया निज संग मेरा नाम भी।'
सारे अनर्थों का शकुनि को जानती थी मूल मैं,
पर आज उसकी भी दशा पर पा रही हूँ शूल मैं।
घेरे उसे हैं काक कितने, ध्वस्त पंजर-जाल है,
चलता न कोई छल, न बल आता यहाँ जब काल है।
निज पुत्र-पौत्र-विहीन यह मैं सोच किस किसका करूँ ?
मिलती नहीं है माँगने से मृत्यु भी, जो मैं मरूँ।
देता जिन्हें कर था सतत नृप-गण विनय से नत हुआ,
जीती हुई मैं देखती हूँ निज सुतों को हत हुआ !
उस ठौर दुःशासन-हृदय का भीम ने शोणित पिया,
हा ! द्रौपदी के दुःख का प्रतिशोध दानव-सा लिया।
क्या पांडवों को शाप देकर पिंड भी खोऊँ हरे !
जीते रहें जो रह गए, जो मर चुके हैं सो मरे।
ये पुष्प-शय्या-शायिनी शर-भूमि में सुकुमारियाँ,
निज केश खोले रो रही हैं भरत-कुल की नारियाँ।
सुत-पति-पिता-भ्रातादि-विषयक शोक हैं जो सृष्टि में,
प्रत्यक्ष से वे सब यहाँ पर आ रहे हैं दृष्टि में।
गोविन्द, विधवा देखकर भी पुत्रवधुओं को यहाँ,
इस देह में अटके न जाने प्राण मेरे हैं कहाँ ?
श्रुति, शास्त्र और पुराण-वाणी यदि असत्य नहीं कभी,
तो सत्य ही सुत शूर मेरे स्वर्ग में होंगे सभी।
यह सौ सुतों के मध्य मेरी एकमात्र मनोहरी,
प्यारी सुता थी दुःशला, जीती हुई अब है मरी।
गृध्रादिकों से सिर-रहित पति-देह-रक्षा कर रही,
क्षण-भर व्यथा को भूलकर रक्षार्थ मन में डर रही।

ये कोमलांगी रानियाँ मानी सुयोधन की हरे,
किस भाँति क्रन्दन कर रहीं पति के पदों पर सिर धरे।
पति-शोक-सह सुत-शोक भी ये पा रहीं अति घोर हा,
फटता नहीं अब भी हरे, यह हृदय कुलिश-कठोर हा !
गोविन्द, समझाती रही मैं इस सुयोधन को सदा,
'सुत, सम्पदा के लोभ से तू मत बुला यह आपदा।'
पर निज गदा के गर्व से मेरी गिरा मानी नहीं,
भवितव्यता की गति किसी ने है कभी जानी नहीं।
बेटा सुयोधन, ध्यान रखते जो बड़ों की बात का,
तो देखना पड़ता न यह दुर्दिन हमें अभिघात का।
वह दर्प और प्रभाव सारा अब तुम्हारा है कहाँ,
भस्मावशेष कृशानु-सम तुम दीख पड़ते हो यहाँ।
क्या तुम अकेले ही गए, सब कुछ हमारा ले गए,
माँ-बाप की भी क्यों न तुम निज संग नौका खे गए।
हम दीन अन्धों पर तुम्हें कुछ भी दया आई नहीं,
भावज्ञ थे तुम, क्यों तुम्हें सद्‌भावना भाई नहीं।
गोविन्द, तुम जो कह रहे हो, मैं न यों रोदन करूँ,
पर हाय ! अब क्या सोचकर मैं चित्त में धीरज धरूँ ?
वात्सल्य के वश था जिन्होंने कुछ न पुत्रों से कहा,
है सोच सर्वाधिक मुझे निज वृद्ध पति का ही हहा !
निश्चय युधिष्ठिर पुत्र-सम सेवा करेंगे सर्वदा,
नाना उपायों से हमारा दुख हरेंगे सर्वदा।
पर वासुदेव, कृशानु सम यह शोक हम कैसे सहें ?
सोचो तुम्हीं, किस भाँति हृतसर्वस्व होकर हम रहें ?
पूर्णेन्दु-से जिनके सिरों पर शुभ्र शोभित छत्र थे,
सेवक अपेक्षाधिक जिन्हें करते सुखी सर्वत्र थे।
यह गृध्र-पक्षों की उन्हीं पर आज छाया हो रही,
आता नहीं जो ध्यान में भी काल दिखलाता वही।
केवल इसे कुरुवंश का ही नाश कहना भूल है,
केशव, हुआ इस युद्ध में यह देश नष्ट समूल है।
कुछ कौरवों की ओर से, कुछ पांडवों की ओर से,
हत हो गए हैं वीर सारे क्षात्र-धर्म कठोर से।
क्या देखती है आज मेरी दृष्टि यह पटभेदिनी,
नर-रक्त पीकर राक्षसी-सी सो रही है मेदिनी !

मैं मानती हूँ दुरित-पूरित बन्धु-वैर-विरोध था,
पर हाय ! क्या अन्याय का अन्याय ही प्रतिशोध था ?
मैं जान लेती थी सुतों को स्पर्श करके गात्र से,
देखे बिना पहचान लेती अलग आहट मात्र से।
मेरे तिमिर में किन्तु अब क्या शेष आहट भी बची,
फिर भी प्रलय से भी भयंकर हृदय में हलचल मची।
तुम रोकते तो रोक सकते सहज दुष्कर कांड को,
पर फूटना ही था हमारे भाग्य के इस भांड को।
कुरुकुल सरीखा वृष्णि-कुल भी लड़ परस्पर नष्ट हो,
तो पूछती हूँ, कृष्ण, क्या तुमको न इससे कष्ट हो ?''
सहसा जनार्दन हँस पड़े सुनकर सती की बात को,
''हे देवि, जो तुमने कहा, समझो घटित उस घात को।
मेरे समय के साथ मेरा कार्य पूर्णप्राय है,
पर एक धीरज ही तुम्हारे शोक का सदुपाय है।''
''क्या कह गई मैं हाय ! मेरा दोष देव, क्षमा करो,
मुझ दुःखिनी हतबुद्धि का अपराध मत मन में धरो।''
सिर पीट अपना अस्थिरा प्रभु के पदों में गिर पड़ी,
दी सान्त्वना उसको उन्होंने, की कृपा-करुणा बड़ी।

गुरुकुल

गुरु तेगबहादुर

तेगबहादुर, हाँ, वे ही थे
गुरु-पदवी के पात्र, समर्थ;
तेगबहादुर, हाँ, वे ही थे
गुरु-पदवी थी जिनके अर्थ।

तेगबहादुर, हाँ, वे ही थे
पंचामृत-सर के अरविन्द;
तेगबहादुर, हाँ, वे ही थे
जिनसे जनमे गुरु गोविन्द।

तेगबहादुर, हाँ, वे ही थे
भारत की माई के लाल;
तेगबहादुर, हाँ, वे ही थे
जिनका कुछ कर सका न काल।

तेगबहादुर, हाँ, वे ही थे
मरकर जिला गए जो जाति;
तेगबहादुर, हाँ, वे ही थे
जिनके अमर नाम की ख्याति।

तेगबहादुर, हाँ, वे ही थे
हुए धर्म पर जो बलिदान,
तेगबहादुर, हाँ, वे ही थे
जिन पर है हमको अभिमान।

तेगबहादुर, तेगबहादुर,
है विभिन्न भाषा का नाम,
किन्तु अहा ! उसके भीतर है
बस अपना ही आत्माराम।

रहते थे वे अलग शान्ति से,
न था उन्हें गद्दी का लोभ;
देता है सन्तोष जिन्हें प्रभु
उन्हें नहीं छू सकता क्षोभ।

हरिचिन्तन, हरिजन की संगति,
थे उन अतिथिदेव के काम;
तेगबहादुर ने पाया था
देगबहादुर भी निज नाम।

किन्तु न थे मालाधारी ही
वे आचार-विचारी शुद्ध;
नाम-सत्यता दिखा चुके थे
तात-समय ही कर बहु युद्ध।

गुरु हरिकृष्ण पौत्र थे, तब भी
गुरु के पद पर थे आसीन;
उनकी इच्छा पूर्ण न करते
फिर कैसे वे इच्छा-हीन ?

वरा स्वयं गुरुता ने उनको,
हुए तदपि बाधक कुछ लोग;
पर नक्षत्रधारियों का है
जाता कहाँ छत्र का योग ?

देश-दशा देखी गुरुवर ने
विचरे ज्यों वन-मध्य मिलिन्द,
पुण्य पर्यटन-फल पटने में
पाया प्रकट पुत्र गोविन्द।

इस 'विभूति' का भी भागी था
पाटलिपुत्र,—अलौकिक ओक,
जिसे दे चुके थे चिर गौरव
चन्द्रगुप्त, चाणक्य, अशोक।

शासन था औरंगजेब का,
चारों ओर मचा था त्रास;
किया जा रहा था बलपूर्वक
दिन-दिन हिन्दू कुल का ह्रास।

बूढ़े बाप, बड़े भाई को
भूल गया था जिसका धर्म,
अन्य धर्मियों के प्रति उसने
किया न होगा कौन कुकर्म !

बनी काव्य-संगीत कला की
उसी शुष्क के समय समाधि,
उसने कहा—"गाड़ना ऐसे
उभर न पावे फिर वह व्याधि !"

कोप कृपा करके करता था
कूटनीति वह कुटिल, कठोर;
ऊपर से खिलने देता था
भीतर से उसमें विष घोर !

न्याय माँगने आते उससे
साधु-सन्त जन सहज विनीत,
किन्तु हूल कर हाथी उन पर
जाता वह उद्धत अवगीत।

राक्षस यज्ञनाश करते थे,
उसके मुल्ला भी स्वच्छन्द,
करते फिरते थे दल-बल से
आर्यों के धर्मोत्सव बन्द।

देव यथा दैत्यों के भय से
आए थे दधीचि के द्वार,
कुछ काश्मीरी ब्राह्मण आकर
गुरु से करने लगे गुहार,—

"डूब न जाय हाय ! हे गुरुवर,
निज नन्दनवन-सा काश्मीर,
बरसाते हैं यवन-काल-घन
धेनु-रुधिर-धारा का नीर।

हिन्दू मुसलमान होते हैं,
मन्दिर मस्जिद, यह अन्याय;
निज संस्कृति-साहित्य-सभ्यता
नष्ट हो रही है निरुपाय।

सहज सुन्दरी बहू बेटियाँ
हरी जा रही हैं हा आज !
रख सकते हैं एक आप ही
अपनी आर्य जाति की लाज।

एक सूत्र में बाँध हमें जो
दें आयुर्बल तेज विशेष,
शिखा-सूत्र सब टूट रहे हैं—
छूट रहे हैं भाषा-वेष।

मतविभिन्नता होने पर भी
आते हैं अपने ही काम;
हम दोनों के लिए एक ही
दीख रहा है दुष्परिणाम।

नहीं जाति से ही हिन्दू हैं,
आप धर्म से भी हैं आर्य;
निज विचारधारा स्वतन्त्र है
आदि काल से ही अनिवार्य।

ब्रह्म कर्म के साथ आपमें
क्षात्रधर्म भी है भरपूर;
कर सकता है और कौन फिर
विकट धर्म-संकट यह दूर ?

मर सकते हैं, मरते भी हैं,
मार नहीं सकते हम दीन;
क्षत्रिय, जो थे शूर सिंह, अब
हुए शृगालों से भी हीन।''

गुरु गम्भीर हो गए, बोले—
''सच कहते हो तुम हे विप्र !
अब अन्याय असह्य हुआ है,
छूटे यह अक्षमता क्षिप्र।

होता नहीं बड़ा परिवर्तन
दिए बिना बलिदान विशाल;
करके दग्ध आपको दीपक
हरता है तब तम का जाल।

दान महान हमारा जितना
होगा उतना ही प्रतिदान।''
बोल उठे गोविन्द अचानक
''कौन आप-सा और महान !''

सभी सन्न थे, गुरु प्रसन्न थे,
हँसकर बोले, ''अच्छी बात;
तात, तुम्हीं जैसों से होगा
मेरे ऐसों का प्रतिघात !

जाओ विप्रवरो, निर्भय हो
लिख दो बादशाह को पत्र—
'तेगबहादुर, मुसलमान हो
तो यह मत फैले सर्वत्र।

वही अग्रणी आज हमारा
हम सब हिन्दू उसके संग;'
देखो, क्या उत्तर देता है
इसका अन्यायी औरंग।''

उत्तर तो जाना समझा था,
आते नहीं वृकों को अश्रु,
बोला वह—''हाँ, तेगबहादुर !''
लगा झाड़ने गुम्फश्मश्रु।

रामराय पहले ही उसको
भरता था गुरु के विपरीत,
हुक्म हुआ—''झट हाजिर हो वह
ले आओ जीते जी जीत।''

प्रस्तुत थे गुरुवर पहले ही
अब दिल्ली को दूर न मान,
वीर स्त्रियाँ विदा देती थीं
रो-रोकर गाकर शुभ गान !

बरसे साश्रु-सुमन, जय-जय से
गूँजा उनका उच्च अलिन्द;
''पिता ! पिता !'' सन्नाटा छाया,
गद्गद हुए पुत्र गोविन्द।

कहा पिता ने, ''वत्स ! नहीं है
कातर होने का दिन आज;
व्यर्थ न होगी यह मेरी बलि,
जाग उठेगा सुप्त समाज।

क्षात्रभाव ही आवश्यक है
भारत में सम्प्रति सविशेष;
वही धर्म-धन-जन-जीवन रख
रक्खेगा निज भाषा-वेष।

जब हल, तुला और कुशधारी—
हों कृपाणधारी भी साथ,
तभी हमारे धाम-धरा-धन
जाति-धर्म सब अपने हाथ।

जन्म-मृत्यु, ये दोनों हैं निज—
उठते गिरते पलक-समान,
बस स्वतन्त्रता और मुक्ति ही
यहाँ वहाँ विभु के दो दान।

आत्मज, और कहूँ क्या तुमसे
तुम्हें उचित शिक्षा है प्राप्त,
केवल अपनी मनोवेदना—
कर दो तुम जन जन में व्याप्त।

तुच्छ नीर से नहीं, रक्त से
करता हूँ तुमको अभिषिक्त;
गुरु बनकर तुम मधुर बना दो,—
जनता का जीवन है तिक्त।

स्वयं जनार्दन-हेतु आपको
और तुम्हें जनता के हेतु,
अर्पित करके धन्य हुआ मैं,
धारण करो धर्म का केतु।

कट जावेंगे पुण्यभूमि की
पराधीनता के सब पाश,
पांचाली की लाज रहेगी
होगा दुःशासन का नाश।''

'जय गुरुदेव' गिरा फिर गूँजी
रहा न गौरव का परिमाण;
पाँच शिष्य लेकर ही गुरु ने
दिल्ली को कर दिया प्रयाण।

साथ न छोड़ सका गुरुवर का—
सचिव विप्र बुधवर मतिदास,
उसे प्रेम था उन पर पूरा
और उन्हें उस पर विश्वास।

होते हैं स्वाधीन साधु जन,
लगी उन्हें पथ में कुछ देर;
पर सह सकता कैसे इसको
आलमगीरी का अन्धेर।

एक अकिंचन मुसलमान ने
मिलकर उनको किया प्रणाम,
कहा, ''आपके लिए हाल में
एक लाख का हुआ इनाम।''

गुरु हँस बोले, ''तो आओ, मैं
दिल्ली चलूँ तुम्हारे साथ !''
''मेरी ऐसी ताब कहाँ है !''
जोड़े उसने दोनों हाथ।

''भाई, मैं तो जाता ही हूँ
तुम क्यों होते नहीं निहाल ?
अहोभाग्य है यदि मुझसे हो
मालामाल एक कंगाल !''

रक्खा गया उन्हें दिल्ली में
विद्रोही बन्दी-सा रोक,
जो स्वतन्त्रचेता होते हैं,
पाते हैं शूली तक, शोक !

कैसे गति पावें कारागृह
जो अघ-अर्णव के उपकूल,
जीवनमुक्तों के चरणों की
कभी न पावें यदि वे धूल ?

बादशाह कुछ क्रूर हँसी हँस
बोला गुरु से ताना मार—
''बड़े धर्मगुरु हो, दिखलाओ
कोई करामात इस बार।''

गुरु ने उत्तर दिया, ''हुई है
करामात की ऐसी चाह,
तो गलियों में बहुत मिलेंगे
बाजीगर बुलवा लें शाह।

पल में पेड़ लगा देंगे वे,
लग जावेंगे सब फल-फूल;
पर ये सब्ज बाग होते हैं
सबके सब बेजड़-निर्मूल !

मुझे सत्य का ही आग्रह है
धर्माग्रही शाह भी ऐन
रखते होंगे स्वयं बड़ी कुछ
करामात तब कहते हैं न !''

कहा यवन ने असि चमकाकर,
''मेरी करामात यह साफ !
बँधे पड़े हैं तुम जैसे गुरु,
मारूँ चाहे कर दूँ माफ !''

''शाह बड़े भारी भ्रम में हैं,
बद्ध देह है बन्धन आप;
किन्तु मुक्त है मेरा आत्मा,
वह निर्लेप और निष्पाप।

और यही असि करामात है,
जिस पर बादशाह को गर्व,
तो मुझमें भी चमत्कार यह—
समझूँ उसको तृण-सम खर्व !''

“डरते नहीं कहो क्या तुम कुछ ?
या कि हुए हो नाउम्मेद ?”
गुरु ने उत्तर दिया कि “यह भी
आप नहीं समझे, हा खेद !

नहीं डराते स्वयं किसी को,
डरें किसी से फिर क्यों वीर ?
वे निराश हों जो हों पापी,
पामर, परपीडक, बे-पीर।

आशा क्या, विश्वास हमें है,
और यही है उसका मर्म—
छोड़ दिया फल प्रभु पर हमने,
कर्म किया है समझ स्वधर्म।

हम क्यों डरें, डरे वह जिसको
दीख रहा हो दुष्परिणाम;
जिसने कोई पाप किया हो
लेकर किसी पुण्य का नाम।”

बादशाह बोला, “रहने दो
अब फिजूल है ज्यादा तूल;
जीना हो तो मुसलमान हो—
शाही मजहब करो कुबूल।”

“शाही मजहब के भी ऊपर
मानव-धर्म न भूलें शाह;
मिलते नहीं जलधि में जाकर
एक पन्थ से सभी प्रवाह।

सतत मतस्वातन्त्र्य सभी को
देता है स्वराज्य में राम;
मर्यादा रखकर नास्तिक तक
पाते हैं उसमें धन-धाम।

प्रिय होते न एक उस प्रभु को
भिन्न-भिन्न इस भव के भाव,
तो किस भाँति अनेक मतों के
हम करने पाते प्रस्ताव ?

'जीना हो तो मुसलमान हो,
शाही मजहब करो कुबूल;'
किन्तु मरेंगे स्वयं एक दिन
शाह कृपा कर जायँ न भूल !

आप मरें, मैं मारा जाऊँ,
हो सकता है यही प्रभेद;
देगी किन्तु मुझे गौरव ही—
मेरी मृत्यु, न देगी खेद।''

कहा कुपित औरंगजेब ने
''ठीक न होगे यों तुम ढीठ;
ठहरो !'' गुरु-शिष्यों पर उसने
डाली तब डरावनी डीठ।

''बस जवाब दो एक बात में
तुम सबको है क्या मंजूर ?''
''गुरु की विजय, विजय निज गुरु की''
गरज उठे वे पाँचों शूर।

गुंजारित हो उठा वहाँ पर
'जय गुरुदेव !' नाम का नाद;
दाँत पीसकर बादशाह ने
हाँक लगाई, ''हाँ जल्लाद !''

गिरे हाल, पाँचों सिर कटकर
हुआ धर्मबलि का मुँह लाल;
कहा गर्व-गौरव से गुरु ने
पाँचों बार—'अकाल ! अकाल !'

“देव-दान का दुरुपयोग यह !”
बोला अति निर्भय मतिदास,
“किन्तु अमर हैं, मरे नहीं ये
इसका साक्षी हो इतिहास।

अन्यायी को याद रहे यह
यदि उसके कर में करवाल,
तो उसके ऊपर भी प्रभु का
घूम रहा है चक्र कराल !”

बादशाह गरजा, “ओ काफिर,
सोच समझकर तू मुँह खोल,
मुसलमान हो जा, या अब क्या
तुझको भी मरना है बोल ?”

“करो मुसलमानी उनकी जो
बेचारे बच्चे अनजान,
चाहो मेरा गला काट लो,
मैं सदैव हिन्दू-सन्तान !”

“गला नहीं, सिर पर आरा रख
डालो इसे इसी दम चीर,”
दाँत पीसने लगा क्रोध से
आज्ञा देकर आलमगीर।

चिरता रहा ठूँठ-सा द्विजवर
प्रणव नाद का निश्चल ठाठ !
उसे सुनाते रहे अन्त तक
गद्‌गद गुरु ‘जपुजी’ का पाठ।

बोला फिरकर बादशाह फिर—
“तेगबहादुर, अब भी आव,
नहीं आप तुम बुतपरस्त हो,
पूरे मुसलमान हो जाव।”

"नहीं मूर्ति-पूजक मैं, फिर भी
वे मेरे ही भाईबन्द,
प्रतिमा के मिस जो प्रभु की ही
पूजा करते हैं स्वच्छन्द।

करते हैं तद्रूप कल्पना
जपते हैं वे जिसका नाम,
भूखा है भगवान भाव का
सबमें रमा हुआ है राम।

'आप देव है, आप देहरा
आप लगाता है पूजा,
जल से लहर, लहर से जल है
कहने सुनने को दूजा।'

हिन्दू प्रतिमा-पूजन को ही
नहीं समझते अन्तिम लक्ष,
हरिचरित्र चिन्तन करते हैं
रखकर पहले चित्र समक्ष।

रखते हैं दो बन्धु परस्पर,
बहुधा निज विचार बहु भिन्न,
किन्तु रुधिर-सम्बन्ध कभी क्या
होता है उनका विच्छिन्न ?

तिथि-त्योहार, पर्व-उत्सव युत
एक हमारे हैं व्यवहार;
एक हमारे प्यारे पूर्वज,
एक प्रकृति, संस्कृति, संस्कार।

फिर भी यदि कुछ मुसलमानपन
मानें हममें तो फिर वाह !
अब गोमांस खिलाने का ही
हठ क्यों ठान रहे हैं शाह !

दुग्धपोष्य बच्चों को खा ले,
नाग जाति की है यह ख्याति;
दूध पिलानेवाली माँ तक
नहीं छोड़ती मानव जाति।''

''एक बार, बस एक बार अब,
मौका देता हूँ मैं और,
मुसलमान होकर तुम मेरे
भाई हो, छोड़ो यह तौर !''

''भाई ! अरे दुहाई, रहिए,
कहिए—दारा या कि मुराद ?
भाई से अरि ही अच्छा मैं
आई अब क्यों उनकी याद ?

होता नहीं बादशाहों का
कोई भाईबन्द न बाप !
मैं जो कुछ भी हूँ सो मैं हूँ,
और आप जो हैं सो आप।''

पैर पटककर कहा यवन ने—
''ओ काफिर ! ओ नामाकूल,
मरकर छुट्टी पा जाऊँगा
समझ रहा है तू, यह भूल।''

सचमुच ही उस अन्यायी ने
गुरु को बन्दीगृह में डाल,
उन्हें अनेक कष्ट दिलवाए
मरने से भी कठिन कराल।

जिला-जिलाकर मारा उसने,
मौत मिटा देती है कष्ट;
मिटती नहीं वेदना तब तक
जब तक न हो चेतना नष्ट।

किन्तु चेतना भावुक गुरु की
हुई सच्चिदानन्द-निमग्न,
जड़ शरीर को जो चाहे सो
करे दग्ध, दारित या भग्न।

कुछ दिन पीछे बादशाह ने
फिर बुलवाया उन्हें समक्ष;
पर मानो दृढ़ हुआ और भी,
पीड़ित होकर उनका पक्ष।

"अरे ! व्यर्थ ही बल दिखलाकर
भरम गँवाया तूने वीर !
क्या यह आत्मा मर सकता है ?
जी सकता है कभी शरीर ?

मेरा जीवन-मन्त्र बँधा है
देख, गले में तू यह यन्त्र;
तेरी वह तलवार तुच्छ है,
मैं हूँ अब भी स्वतः स्वतन्त्र।"

"मैं स्वतन्त्र ही कर दूँ तुझको,
हो जा मरने को तैयार;
देखूँ तेरे जन्त्र-मन्त्र सब
हा जल्लाद, तुले तलवार।"

ध्यानमग्न गुरु छोड़ चुके थे
मानो पहले ही निज देह,
सिर कट गया और ऊपर को
बरसा उष्ण रुधिर का मेह।

पढ़ा गया वह यन्त्र खोलकर,
सुनता था सारा दरबार,
बस इतना ही लिखा हुआ था—
"सिर दे डाला, दिया न सार !"

माँगा गुरु-शव कुछ लोगों ने
किया यवन ने अस्वीकार;
रखवा दिया उसे पहरे में
जिसमें हो न सके संस्कार।

अन्त्यज कुल का वृद्ध एक जन,
जो गुरु से था हुआ कृतार्थ,
पुत्र सहित दिल्ली पहुँचा था
इच्छापूर्वक इसी हितार्थ।

अर्द्ध रात्रि, ऊँचे अट्टों की
ओट हो गया चन्द्र समक्ष,
पर चकोर-सम पिता-पुत्र का
अब भी सम्मुख था निज लक्ष।

सुन पड़ती थी कहीं-कहीं से
गीतध्वनि, मृदंग की थाप,
झूम झरोखों पर लटपट-सा
वायु छटपटाता था आप !

प्रहरी नीचे झींम स्वप्न में
देख रहे थे ऊँचे दृश्य;
किन्तु पुनीत पिता-पुत्रों को
वे सब बातें थीं अस्पृश्य।

ऊपर चढ़े चोर-सम दोनों
करने को शुभकार्य नितान्त,
उतरे, जहाँ अस्त अरुणोपम
पड़े हुए थे गुरु चिर शान्त।

"जय गुरुदेव, धन्य तुमने ही
धर्म बचाया अपनी ओट;
अब घर चलो, उठो हे स्वामी !
उबरूँ मैं इस रज में लोट।"

कहा पुत्र से उसने—"जिसमें
जग प्रहरी न करें सन्देह,
गुरु को ले जा और छोड़ जा,
यहाँ काटकर मेरी देह।"

कहा पुत्र ने—"मुझे छोड़कर
गुरु को ले जाओ तुम आप;
बेटा फिर भी हो सकता है,
बने रहो हे मेरे बाप!"

"पागल! मैं मरने को ही हूँ
पर तू है कुछ करने योग्य,
इससे यह मेरा विचार ही
है तेरे आचरने योग्य।

तू भी मुझ-सा मरना पावे
अपना ऐसा बेटा छोड़;
जाग न जायँ जवन, जल्दी कर,
तुच्छ मोह तिनके-सा तोड़।"

बाप हँस रहा था, बेटे को
मानो मार गया था काठ,
स्वयं वृद्ध ने निज सिर काटा
कर जी में 'जपुजी' का पाठ।

बेटा चौंक पड़ा, झट उसने
वहीं बाप को किया प्रणाम;
फिर गुरु-सिर लेकर बच आया
रथ में रख लाया गुरुधाम।

था आनन्द पुरप्रांगण में
हाहाकार कि जयजयकार!
रोते-रोते गाते थे सब—
"सिर दे डाला, दिया न सार!"

काँप उठा आकाश अचानक
प्रान्त प्रान्त कर उठा पुकार—
सुना सभी ने, कहा सभी ने—
"सिर दे डाला, दिया न सार !!"

उबल उठे उत्तप्त पंचनद,
रहा क्षोभ का वार न पार,
हर हर करके हहराए वे—
"सिर दे डाला, दिया न सार !!!"

नाट्य-कविता

पृथिवीपुत्र

माताभूमि

पुत्र-गर्व-गौरव से गरिमामयी हूँ मैं;
मेरा यह इतना विशाल क्रोड़ उसके,
एक क्रीड़ा कूर्दन के योग्य अब है कहाँ ?
जल-थल-व्योम में अबाध गति उसकी !
मंगल-निवासी बन्धुओं से भेंट करके
सारे ग्रह-लोक घूमने को वह व्यग्र है !
बाष्प और विद्युत हैं किंकर-से उसके;
उसके समक्ष खड़ी अचला-सी चंचला !
हाथ में रसायन है और सिद्धि साथ है।
भौतिक विभव ऐसा देखा कब किसने ?
लोहयानारूढ़ यन्त्र माया-तन्त्र उसके;
सच्चा ऐन्द्रजालिक-सा आज वह कौतुकी !
कर रहा नित्य नए आविष्कार अपने;
सिद्ध-सी हुई है महाशक्ति उस शाक्त को !
किन्तु वाममार्गियों का रक्षक है राम ही।
राम, मेरी सन्तति की कोई गति क्यों न हो,
सीता के समान उसे और किसे सौंपूँ मैं ?
आया वह, कैसे कहूँ, आज कहाँ जाने को।

पृथिवीपुत्र

अम्ब, नई यात्रा का मुहूर्त मेरा आ गया।

माताभूमि

बैठ मेरे बच्चे तू, डिठौना तो लगा दूँ मैं,
लेकर प्रदीप्त-स्नेह मैंने जो बनाया है।
अन्य भूत-दृष्टि-बाधा व्यापे नहीं तुझको,
तेरे सिर यों ही एक प्रेत चढ़ा बैठा है।

पृथिवीपुत्र

नाम मिटा डालूँगा स्वयं मैं जरा-मृत्यु का
अपने प्रयोगों से, परन्तु क्या सदैव ही
बच्चा ही रहेगा अम्ब, पुत्र तुझ पृथ्वी का ?

माताभूमि

अर्थ इसका तो यही, मैं मातृत्व छोड़ दूँ;
ठीक ही है, अब तो तू व्योमचारी हो गया !

पृथिवीपुत्र

मेरी बात समझे बिना ही रुष्ट हो गई ?
छूटे नहीं तेरे व्यर्थ वे संस्कार आज भी
आदिमयुगीन ! हाय, भूत-बाधा अब भी ?

माताभूमि

ये संस्कार मेरे भले तेरे युग-भार से,
जब भी न जाऊँ मैं तलातल-वितल में !
और सच कह तू, क्या बच्चा नहीं अब भी
सर्वथा अबोध ! मारा-मारी करता हुआ
डोलता है, खेलता है गोलियों से अभी भी !

पृथिवीपुत्र
(हँसकर)

गोलियाँ कहाँ माँ, देख, अब यह गोला है !

माताभूमि

गोली नहीं गेंद सही।

पृथिवीपुत्र

तेरे स्थूल रूप-सा !
आप भी तो गोल है तू !

माताभूमि

किन्तु क्या है इसमें ?

पृथिवीपुत्र

आप निज गोलक में क्या-क्या धरे बैठी तू,
ज्ञात नहीं; तो भी सुन, मेरे इस गोले में
मेरा नया आविष्कार।

माताभूमि

आवश्यकता तुझे
इसकी हुई क्यों ?

पृथिवीपुत्र

इसे खेल ही समझ तू।
मेरे इस कन्दुक की एक ही उछाल में
विश्व का विजय मुझे प्राप्त हुआ रक्खा है !

माताभूमि

तू क्या बकता है अरे, क्या है कह इसमें ?

पृथिवीपुत्र

कालानल ! विद्रोही-विपक्षी जहाँ मेरे जो;
सर्वनाश उनका ! अधिक और क्या कहूँ,
तेरे उस ज्वालामुखी से भी यह सौ गुना।
किंवा तू करोड़ों वर्ष आप जिस ज्वाला में
जलती रही थी, वही आ समाई इसमें !
सिहर उठी तू यह, क्या उसी की स्मृति से ?

माताभूमि

शान्त पाप, शान्त ताप, शान्त बुद्धि-शाप हो !
मान लिया, सविता-सुता मैं जलती रही;
धो दिया था मेरा दाह मेरी बाष्प-वृष्टि ने।
मेरी अग्नि-शुद्धि में क्या ऐसी द्वेष-बुद्धि थी,
जैसी इसमें है भरी ? मुग्ध, तेरी ईर्ष्या ने
खोजा है कहाँ से यह सर्वनाश सहसा ?
बोल, तेरे कौन बन्धु लक्ष्य होंगे इसके ?

पृथिवीपुत्र

बन्धु नहीं वैरी ! अम्ब, मेरे विश्व-जय के
यज्ञ-पशु-मात्र !

माताभूमि

उन्हें वैरी भले कह तू,
मैं तो उनकी भी प्रसू, तात, जैसी तेरी हूँ।

पृथिवीपुत्र

तू तो उनकी भी प्रसू, हिंसक जो मेरे हैं !
जिस दिन जन्म हुआ मेरा, उसी दिन से
मेरे मारने को मुँह खोले खड़े आज भी।
मेरी बुद्धि ने ही मुझे उनसे बचा लिया;
पत्थर ही मार उन्हें मैंने निज रक्षा की।
अग्नि को सहायक बनाया फिर अपना;
लोहे के कृपाण और बाण तो थे पीछे के।
आज मेरे कुत्ते बने व्याघ्र उस काल के;
मेरे एक अंकुश के वश में द्विरद है।
मैंने ही निकाल विष भीषण भुजंगों का
सिद्धरस-योग बना डाला बहु रोगों का।
और—

माताभूमि

मानती हूँ, बड़ा धूर्त्त था तू सब में।
किन्तु वे सरीसृप वा पशु ही हैं, उनमें
ज्ञान का अभाव है, तू वैज्ञानिक जीव है।
मारता है फिर भी मनुष्य तू मनुष्यों को !

पृथिवीपुत्र

अम्ब, वे मनुष्य हैं वा बर्बर हैं, वन्य हैं ?

माताभूमि

एक दिन तू भी उनसे भी बड़ा वन्य था,
आकृति तो पलटी है, प्रकृति वही रही
तेरी।

पृथिवीपुत्र

अम्ब, मेरी और उनकी क्या तुलना ?
योग्यतम का ही आधिपत्य सदा योग्य है !

माताभूमि

उनमें भी ऐसे योग्य क्या हो नहीं सकते,
तेरा यह आविष्कार अणु-सा उड़ा दे जो ?
दूसरों को बार-बार वन्य कहता है तू,
देखे नहीं आरण्यक तूने, यदि देखता,
भूल जाता दम्भ निज नागरिकता का तू।
किन्तु मैंने देखे हैं, इसी से कहती हूँ मैं,
देखते थे सब में वे अपने ही आपको।
लोभ न था उनको किसी के धन-धाम का,
भोग में नहीं, वे त्याग में ही तुष्टि मानते।
किन्तु दीखती है आज बाहर से अर्थ की,
भीतर से काम की ही मुख्यता मनुज में।
धर्म और मोक्ष दो विनोद उन दोनों के !

पृथिवीपुत्र

तो क्या कहती है फिर पीछे लौटने को तू ?

माताभूमि

ऐसा करना न तेरे हाथ है न मेरे ही;
खेत भला किन्तु बिना नींव के निकेत से।

पृथिवीपुत्र

जैसे सही, मान गई भित्ति से भवन तू;
मेरा इसी भाँति हुआ क्रमिक विकास है।

माताभूमि

विकसित ईशु से भी दो सहस्र वर्ष तू
आगे !

पृथिवीपुत्र

हाँ, जुडास से सहस्रों गुना सभ्य मैं।

माताभूमि

मैं तो देखती हूँ, लाख-लाख गुना तुझमें
विकसित गृध्र वही, साधनों के साथ है !

पृथिवीपुत्र

अम्ब, कुछ कह तू, परन्तु एक सबका
शासक हूँ मैं ही, तुझे शीघ्र दिखा दूँगा मैं।

माताभूमि

पर मैं करूँगी गर्व कैसे उस जय का ?
एक केतु पूँछ फटकार कर नभ में
किसको डराता नहीं अपने उदय से ?

पृथिवीपुत्र

युद्ध से ही युद्ध को समाप्त कर दूँगा मैं।

माताभूमि

एक के अनन्तर अपेक्षा एक युद्ध की,
देखती मैं आ रही हूँ, ज्ञात नहीं कब से।
एक सदुद्‌देश्य कहके ही सब जूझे हैं,
किन्तु एक इति में जुड़ा है अथ दूसरा !
शासक का नाम रख त्रासक ही होगा तू;
भय से जो बाध्य होंगे साध्य होंगे क्या कभी ?
अनुगत होंगे घात करने को पीछे से !
तेरे पहले भी हुए कितने विजेता हैं,
किन्तु जनता ने उन्हें नेता कहाँ माना है ?

पृथिवीपुत्र

छोड़ूँगा नहीं मैं कहीं कुत्सित-कदर्य को।

माताभूमि

कुत्सित-कदर्य किसे कहता है तू भला ?
एक दृष्टिकोण से ही देखा नहीं जाता है।
होता नहीं नष्ट कर देने योग्य मल भी;
उसका भी सार बना लेने में बड़ाई है,
वृद्धि पावे जिससे हमारी शस्य-सम्पदा।
कुत्सित-कदर्य स्वयं तू ही न हो पहले;
इधर उठाता और ढाता है उधर तू।
तो भी कहता है, अब बालक नहीं हूँ मैं !
बालक भला था, आज पागल हुआ है तू।
अथवा मैं पागल भी कैसे कहूँ तुझको,
तेरे सब तन्त्र आज सीधे षड्यन्त्र हैं।
नाम कुछ और, हाय काम कुछ और है !

पृथिवीपुत्र

तो क्या चाहती है तू, बता दे यही मुझको।

माताभूमि

तुझको बड़े से बड़ा देखा चाहती हूँ मैं।
मेरे जात सारे जन्तुओं में मुख्य तू ही है;
किन्तु छोटा होकर ही कोई बड़ा होता है।
मिथ्या दर्प छोड़ने का साहस हो तुझमें,
तो व्यक्तित्व अपना समष्टि में मिला दे तू,
देश, कुल, जाति, किंवा वर्ग-भेद भूल के।
जा तू, विश्व-मानव हो, सेवा कर सबकी।
भीति नहीं, प्रीति यथारीति तेरी नीति हो।
उठ, बढ़, ऊँचा चढ़ संग लिए सबको;
सबके लिए तू और तेरे लिए सब हैं।
नाश में लगी जो बुद्धि, बिलसे विकास में;
गर्व करूँ मैं भी निज पुत्रवती होने का !

निबन्ध-कविता

भारत-भारती

अतीत खंड

उपक्रमणिका

हाँ, लेखनी ! हृत्पत्र पर लिखनी तुझे है यह कथा,
दृक्कालिमा में डूबकर तैयार होकर सर्वथा।
स्वच्छन्दता से कर तुझे करने पड़ें प्रस्ताव जो,
जग जायँ तेरी नोंक से सोए हुए हों भाव जो ॥ 1 ॥

संसार में किसका समय है एक-सा रहता सदा,
हैं निशि-दिवा-सी घूमती सर्वत्र विपदा-सम्पदा।
जो आज एक अनाथ है, नरनाथ कल होता वही;
जो आज उत्सव-मग्न है, कल शोक से रोता वही ! ॥ 2 ॥

चर्चा हमारी भी कभी संसार में सर्वत्र थी,
वह सद्गुणों की कीर्ति मानो एक और कलत्र थी।
इस दुर्दशा का स्वप्न में भी क्या हमें कुछ ध्यान था ?
क्या इस पतन ही को हमारा वह अतुल उत्थान था ! ॥ 3 ॥

उन्नत रहा होगा कभी जो हो रहा अवनत अभी,
जो हो रहा अवनत अभी, उन्नत रहा होगा कभी।
हँसते प्रथम जो पद्म हैं तम-पंक में फँसते वही,
मुरझे पड़े रहते कुमुद जो अन्त में हँसते वही ॥ 4 ॥

उन्नति तथा अवनति प्रकृति का नियम एक अखंड है,
चढ़ता प्रथम जो व्योम में गिरता वही मार्तंड है।
अतएव अवनति ही हमारी कह रही उन्नति-कला,
उत्थान ही जिसका नहीं उसका पतन ही क्या भला ? ॥ 5 ॥

होता समुन्नति के अनन्तर सोच अवनति का नहीं,
हाँ, सोच तो है जो किसी की फिर न हो उन्नति कहीं।
चिन्ता नहीं जो व्योम-विस्तृत चन्द्रिका का ह्रास हो,
चिन्ता तभी है जब न उसका फिर नवीन विकास हो ॥ 6 ॥

है ठीक ऐसी ही दशा हतभाग्य भारतवर्ष की,
कब से इतिश्री हो चुकी इसके अखिल उत्कर्ष की।
पर सोच है केवल यही यह नित्य गिरता ही गया,
जब से फिरा है दैव इससे नित्य फिरता ही गया ॥ 7 ॥

यह नियम है, उद्यान में पककर गिरे पत्ते जहाँ,
प्रकटित हुए पीछे उन्हीं के लहलहे पल्लव वहाँ।
पर हाय ! इस उद्यान का कुछ दूसरा ही हाल है,
पतझड़ कहें या सूखना, कायापलट या काल है ? ॥ 8 ॥

अनुकूल शोभा-मूल सुरभित फूल वे कुम्हला गए,
फलते कहाँ हैं अब यहाँ वे फल रसाल नए नए ?
बस, इस विशालोद्यान में अब झाड़ या झंखाड़ हैं,
तनु सूखकर काँटा हुआ, बस शेष हैं तो हाड़ हैं ॥ 9 ॥

दृढ़ दुःख दावानल इसे सब ओर घेर जला रहा,
तिस पर अदृष्टाकाश उलटा विपद-वज्र चला रहा।
यद्यपि बुझा सकता हमारा नेत्र-जल इस आग को,
पर धिक् ! हमारे स्वार्थमय सूखे हुए अनुराग को ॥ 10 ॥

सहृदय जनों के चित्त निर्मल कुड़क जाकर काँच-से—
होते दया के वश द्रवित हैं तप्त हो इस आँच से।
चिन्ता कभी भावी दशा की वर्तमान व्यथा कभी,
करती तथा चंचल उन्हें है भूतकाल-कथा कभी ॥ 11 ॥

जो इस विषय पर आज कुछ कहने चले हैं हम यहाँ,
क्या कुछ सजग होंगे सखे ! उसको सुनेंगे जो जहाँ ?
कवि के कठिनतर कर्म की करते नहीं हम धृष्टता,
पर क्या न विषयोत्कृष्टता करती विचारोत्कृष्टता ? ॥ 12 ॥

हम कौन थे, क्या हो गए हैं और क्या होंगे अभी,
आओ, विचारें आज मिलकर ये समस्याएँ सभी।
यद्यपि हमें इतिहास अपना प्राप्त पूरा है नहीं,
हम कौन थे, इस ज्ञान को, फिर भी अधूरा है नहीं ॥ 13 ॥

भारतवर्ष की श्रेष्ठता

भू-लोक का गौरव, प्रकृति का पुण्य लीला-स्थल कहाँ ?
फैला मनोहर गिरि हिमालय और गंगाजल जहाँ।
सम्पूर्ण देशों से अधिक किस देश का उत्कर्ष है ?
उसका कि जो ऋषिभूमि है, वह कौन ? भारतवर्ष है ॥ 14 ॥

हाँ, वृद्ध भारतवर्ष ही संसार का सिरमौर है,
ऐसा पुरातन देश कोई विश्व में क्या और है ?
भगवान् की भव-भूतियों का यह प्रथम भांडार है,
विधि ने किया नर-सृष्टि का पहले यहीं विस्तार है[1]। ॥ 15 ॥

यह पुण्यभूमि प्रसिद्ध है इसके निवासी 'आर्य्य' हैं,
विद्या, कला-कौशल्य सबके जो प्रथम आचार्य्य[2] हैं।
सन्तान उनकी आज यद्यपि हम अधोगति में पड़े;
पर चिह्न उनकी उच्चता के आज भी कुछ हैं खड़े ॥ 16 ॥

हमारा उद्भव

शुभ शान्तिमय शोभा जहाँ भव-बन्धनों को खोलती,
हिल मिल मृगों से खेल करती सिंहनी थी डोलती।
स्वर्गीय भावों से भरे ऋषि होम करते थे जहाँ,
उन ऋषि गणों से ही हमारा था हुआ उद्भव यहाँ ॥ 17 ॥

---

1. (क) पुराणों से सिद्ध है कि भारतवर्ष के ब्रह्मावर्त प्रदेश में ही ब्रह्माजी ने सृष्टि-रचना का आरम्भ किया था।
(ख) टॉड ने राजस्थान में एक स्थान पर लिखा है कि आर्यावर्त के अतिरिक्त और किसी देश में सृष्टि के आरम्भ का हिसाब नहीं पाया जाता। इससे आदि सृष्टि यहीं हुई इसमें सन्देह नहीं।
(ग) इंजील और कुरान से भी आदम और हौआ का अदन की वाटिका से निकलकर भारतवर्ष में आना प्रकट है।
(घ) सर वाल्टर रेले ने अपने जगत् के इतिहास (Histroy of the world) में लिखा है कि जल-प्रलय के अनन्तर भारतवर्ष में ही वृक्ष-लता आदि की उत्पत्ति और मनुष्यों की बस्ती हुई थी।
2. एतद्देशप्रसूतस्य सकाशादग्रजन्मनः।
स्वं स्वं चरित्रं शिक्षेरन्पृथिव्यां सर्वमानवाः ॥
—मनुस्मृति

हमारे पूर्वज

उन पूर्वजों की कीर्ति का वर्णन अतीव अपार है,
गाते नहीं उनके हमीं गुण गा रहा संसार है।
वे धर्म पर करते निछावर तृण-समान शरीर थे,
उनसे वही गम्भीर थे, वर वीर थे, ध्रुव धीर थे ॥ 18 ॥

उनके अलौकिक दर्शनों से दूर होता पाप था,
अति पुण्य मिलता था तथा मिटता हृदय का ताप था।
उपदेश उनके शान्तिकारक थे निवारक शोक के,
सब लोक उनका भक्त था, वे थे हितैषी लोक के ॥ 19 ॥

लखते न अघ की ओर थे वे, अघ न लखता था उन्हें,
वे धर्म्म को रखते सदा थे, धर्म्म रखता था उन्हें !
वे कर्म्म से ही कर्म्म का थे नाश करना जानते,
करते वही थे वे जिसे कर्त्तव्य थे वे मानते ॥ 20 ॥

वे सजग रहते थे सदा दुख-पूर्ण तृष्णा-भ्रान्ति से,
जीवन बिताते थे सदा सन्तोष-पूर्वक शान्ति से।
इस लोक में उस लोक से वे अल्प सुख पाते न थे,
हँसते हुए आते न थे, रोते हुए जाते न थे ॥ 21 ॥

जिनकी अपूर्व सुगन्धि से इन्द्रिय-मधुपगण थे हिले,
सद्भाव-सरसिज वर जहाँ पर नित्य रहते थे खिले।
लहरें उठाने में जहाँ व्यवहार-मारुत लग्न था,
उन्मत्त आत्मा-हंस उनके मानसों में मग्न था ॥ 22 ॥

वे ईश-नियमों की कभी अवहेलना करते न थे,
सन्मार्ग में चलते हुए वे विघ्न से डरते न थे।
अपने लिए वे दूसरों का हित कभी हरते न थे,
चिन्ता-प्रपूर्ण अशान्तिपूर्वक वे कभी मरते न थे ॥ 23 ॥

वे मोह-बन्धन-मुक्त थे, स्वच्छन्द थे, स्वाधीन थे;
सम्पूर्ण सुख-संयुक्त थे, वे शान्ति-शिखरासीन थे।

मन से, वचन से, कर्म्म से वे प्रभु-भजन में लीन थे,
विख्यात ब्रह्मानन्द-नद के वे मनोहर मीन थे ॥ 24 ॥

उनके चतुर्दिक्-कीर्त्ति-पट को है असम्भव नापना,
की दूर देशों में उन्होंने उपनिवेश-स्थापना।
पहुँचे जहाँ वे अज्ञता का द्वार जानो रुक गया,
वे झुक गए जिस ओर को संसार मानो झुक गया ॥ 25 ॥

वर्णन उन्होंने जिस विषय का है किया, पूरा किया;
मानो प्रकृति ने ही स्वयं साहित्य उनका रच दिया।
चाहे समय की गति कभी अनुकूल उनके हो नहीं,
हैं किन्तु निश्चल एक-से सिद्धान्त उनके सब कहीं ॥ 26 ॥

वे मेदिनी-तल में सुकृत के बीज बोते थे सदा,
पर-दुःख देख दयालुता से द्रवित होते थे सदा।
वे सत्त्वगुण-शुभ्रांशु से तम-ताप खोते थे सदा,
निश्चिन्त विघ्न-विहीन सुख की नींद सोते थे सदा ॥ 27 ॥

वे आर्य्य ही थे जो कभी अपने लिए जीते न थे;
वे स्वार्थ-रत हो मोह की मदिरा कभी पीते न थे।
संसार के उपकार-हित जब जन्म लेते थे सभी,
निश्चेष्ट होकर किस तरह वे बैठ सकते थे कभी ? ॥ 28 ॥

आदर्श

आदर्श-जन संसार में इतने कहाँ पर हैं हुए ?
सत्कार्य्य-भूषण आर्य्य-गण जितने यहाँ पर हैं हुए।
हैं रह गए यद्यपि हमारे गीत आज रहे सहे,
पर दूसरों के भी वचन साक्षी हमारे हो रहे ॥ 29 ॥

गौतम-वशिष्ठ-समान मुनिवर ज्ञान-दायक थे यहाँ,
मनु-याज्ञवल्क्य-समान सत्तम विधि-विधायक थे यहाँ,
वाल्मीकि-वेदव्यास-से गुण-गान-गायक थे यहाँ,
पृथु, पुरु, भरत, रघु-से अलौकिक लोक-नायक थे यहाँ ॥ 30 ॥

लक्ष्मी नहीं, सर्वस्व जावे, सत्य छोड़ेंगे नहीं;
अन्धे बनें पर सत्य से सम्बन्ध तोड़ेंगे नहीं।

निज सुत-मरण स्वीकार है पर वचन की रक्षा[1] रहे,
है कौन जो उन पूर्वजों के शील की सीमा कहे ? ॥ 31 ॥

सर्वस्व करके दान जो चालीस दिन भूखे रहे,
अपने अतिथि-सत्कार में फिर भी न जो रूखे रहे !
पर-तृप्ति कर निज तृप्ति मानी रन्तिदेव नरेश ने,
ऐसे अतिथि-सन्तोष-कर पैदा किए किस देश ने ? ॥ 32 ॥

आमिष दिया अपना जिन्होंने श्येन-भक्षण के लिए,
जो बिक गए चांडाल के घर सत्य-रक्षण के लिए !
दे दीं जिन्होंने अस्थियाँ परमार्थ-हित जानी जहाँ,
शिवि, हरिश्चन्द, दधीचि-से होते रहे दानी यहाँ ॥ 33 ॥

सत्पुत्र पुरु-से थे जिन्होंने तात-हित सब कुछ सहा,
भाई भरत-से थे जिन्होंने राज्य भी त्यागा अहा !
जो धीरता के, वीरता के प्रौढ़तम पालक हुए,
प्रह्लाद, ध्रुव, कुश, लव तथा अभिमन्यु-सम बालक हुए ॥ 34 ॥

वह भीष्म का इन्द्रिय-दमन, उनकी धरा-सी धीरता,
वह शील उनका और उनकी वीरता, गम्भीरता,
उनकी सरलता और उनकी वह विशाल विवेकता,
है एक जन के अनुकरण में सब गुणों की एकता ॥ 35 ॥

---

1. यह पद्य सत्यव्रत, अलर्क, मयूरध्वज और रुक्मांगद आदि सत्यप्रतिज्ञ राजाओं को लक्ष्य करके लिखा गया है। मयूरध्वज आदि की कथाएँ तो प्रसिद्ध ही हैं, सत्यव्रत की कथा इस प्रकार है :

राजा सत्यव्रत का नियम था कि उसके बाजार में जो चीजें बिकने के लिए आवें वे यदि दिन-भर में न बिक सकें तो शाम को स्वयं राजा उन्हें खरीद लेगा। राजा सर्वदा इस नियम का पालन करता था। एक दिन एक लुहार लोहे की बनी हुई शनिश्चर की मूर्ति लाया और कहने लगा कि इसका मूल्य एक लाख रुपया है। पर जो कोई इसे खरीदेगा उसे लक्ष्मी, धर्म, कर्म और यश आदि सब छोड़ जाएँगे। उसकी ऐसी बातें सुनकर उस मूर्ति को किसी ने न खरीदा। नियमानुसार शाम को वह मूर्ति राजा के सामने लाई गई। राजा ने सब कुछ समझकर भी उसको खरीद लिया। अपने नियम को नहीं तोड़ा। आधी रात के वक्त एक सुन्दर स्त्री ने आकर राजा से कहा कि मैं तुम्हारी राज-लक्ष्मी हूँ, तुम्हारे यहाँ शनिश्चर आ गया, अब मैं नहीं रह सकती। मुझको विदा कीजिए। राजा ने कहा—जाओ। इसी तरह धर्म्म, कर्म्म और यश भी विदा हुए। अन्त में सत्यदेव आए और बोले कि हे राजा ! मैं सत्य हूँ, शनिश्चर के कारण मैं अब नहीं रह सकता, जाता हूँ। राजा ने उठकर हाथ पकड़ लिया और कहा कि लक्ष्मी, धर्म्म और यश जाएँ तो भले ही चले जाएँ, पर आप कहाँ जाते हैं ? आपको रखने के लिए ही तो मैंने शनिश्चर की मूर्ति ली है ! सत्य से उत्तर देते न बना। जब सत्य न गया तब लक्ष्मी, धर्म्म और यश आदि सब लौट आए।

वर वीरता में भी सरसता वास करती थी यहाँ,
पर साथ ही वह आत्म-संयम था यहाँ का-सा कहाँ ?
आकर करे रति-याचना जो उर्वशी-सी भामिनी[1],
फिर कौन ऐसा है, कहे जो, ''मत कहो यों कामिनी'' ॥ 36 ॥

यदि भूलकर अनुचित किसी ने काम कर डाला कभी,
तो वह स्वयं नृप के निकट दंडार्थ जाता था तभी।
अब भी 'लिखित मुनि' का चरित वह लिखित है इतिहास में,
अनुपम सुजनता सिद्ध है जिसके अमल आभास में ॥ 37 ॥

हमारी सभ्यता

शैशव-दशा में देश प्रायः जिस समय सब व्याप्त थे,
निःशेष विषयों में तभी हम प्रौढ़ता को प्राप्त थे।
संसार को पहले हमीं ने ज्ञान-भिक्षा दान की,
आचार की, व्यापार की, व्यवहार की, विज्ञान[2] की ॥ 38 ॥

'हाँ' और 'ना' भी अन्य जन करना न जब थे जानते,
थे ईश के आदेश तब हम वेदमन्त्र बखानते।
जब थे दिगम्बर रूप में वे जंगलों में घूमते,
प्रासाद-केतन-पट हमारे चन्द्र को थे चूमते ॥ 39 ॥

जब मांस-भक्षण पर वनों में अन्य जन थे जी रहे,
कृषि-कार्य्य करके आर्य्य तब शुचि सोमरस थे पी रहे।
मिलता न यह सात्त्विक सु-भोजन यदि शुभाविष्कार का,
तो पार क्या रहता जगत् में उस विकृत व्यापार का ! ॥ 40 ॥

---

1. अर्जुन जब दिव्यास्त्र प्राप्त करने के लिए इन्द्रलोक को गए तब वहाँ उर्वशी नाम की अप्सरा उनके रूप-गुण पर मोहित होकर एक दिन उनके पास आई और अनेक हाव-भाव दिखलाती हुई अपने ऊपर अनुरक्त होने के लिए उनसे प्रार्थना करने लगी। उसकी बातें सुनकर अर्जुन ने कहा कि तुम देवराज की सेवा में रहनेवाली हो, अतएव मेरे लिए तुम शची के समान ही पूज्य हो। तुमको मुझसे ऐसी अनुचित बातें कदापि न कहनी चाहिए।
2. 20 फरवरी, 1884 के 'डेली ट्रिब्यून' नामक पत्र में ब्राउन (D.O. Brown) साहब ने स्वीकार किया है कि ''यदि हम पक्षपात-रहित होकर भलीभाँति परीक्षा करें तो हमको स्वीकार करना पड़ेगा कि हिन्दू ही सारे संसार के साहित्य, धर्म्म और सभ्यता के जन्मदाता हैं।''

था गर्व नित्य निजत्व का पर दम्भ से हम दूर थे,
थे धर्म्म-भीरु परन्तु हम सब काल सच्चे शूर थे।
सब लोक-सुख हम भोगते थे बान्धवों के साथ में,
पर पारलौकिक सिद्धि भी रखते सदा थे हाथ में ॥ 41 ॥

थे ज्यों समुन्नति के सुखद उत्तुंग शृंगों पर चढ़े,
त्यों ही विशुद्ध विनीतता में हम सभी से थे बढ़े,
भव-सिन्धु तरने के लिए आत्मावलम्बी धीर ज्यों,
परमार्थ-साधन-हेतु थे आतुर परन्तु गभीर त्यों ॥ 42 ॥

यद्यपि सदा परमार्थ ही में स्वार्थ थे हम मानते,
पर कर्म्म से फल-कामना करना न हम थे जानते।
विख्यात जीवन-व्रत हमारा लोक-हित एकान्त था,
'आत्मा अमर है, देह नश्वर' यह अटल सिद्धान्त था ॥ 43 ॥

हम दूसरों के दुःख को थे दुःख अपना मानते,
हम मानते कैसे नहीं, जब थे सदा यह जानते—
'जो ईश कर्ता है हमारा दूसरों का भी वही,
हैं कर्म्म भिन्न परन्तु सबमें तत्त्व-समता हो रही' ॥ 44 ॥

बिकते गुलाम न थे यहाँ, हममें न ऐसी रीति थी;
सेवक-जनों पर भी हमारी नित्य रहती प्रीति थी।
वह नीति ऐसी थी कि चाहे हम कभी भूखे रहें,
पर बात क्या जीते हमारे जो कभी वे दुख सहें[1] ॥ 45 ॥

अपने लिए भी आज हम क्यों जी न सकते हों यहाँ,
पर दूसरों के ही लिए जीते जहाँ थे हम जहाँ,
यद्यपि जगत् में हम स्वयं विख्यात जीवन-मुक्त थे,
करते तदपि जीवन्मृतों को दिव्य जीवन-युक्त थे ॥ 46 ॥

---

1. (क) हिन्दू लोग विदेशियों को भी गुलाम नहीं बनाते, स्वदेशियों को तो भला वे क्यों बनाने लगे।—मेगास्थनीज।
(ख) गृहपति चाहे अपने आप भूखा रह जाए, अपनी स्त्री और बच्चों को भूखा रख ले, परन्तु उस दास (शूद्र) को कभी भूखा न रक्खे, जो उसका दैनिक कार्य करता है।—आपस्तम्ब।

थी दूसरों की आपदा हरणार्थ अपनी सम्पदा,
कहते नहीं थे किन्तु हम करके दिखाते थे सदा।
नीचे गिरे को प्रेम से ऊँचा चढ़ाते थे हमीं,
पीछे रहे को घूमकर आगे बढ़ाते थे हमीं ॥ 47 ॥

संयम-नियम-पूर्वक प्रथम बल और विद्या प्राप्त की,
होकर गृही फिर लोक की कर्तव्य-रीति समाप्त की।
हम अन्त में भव-बन्धनों को थे सदा को तोड़ते,
आदर्श भावी सृष्टिहित थे मुक्ति-पथ में छोड़ते ॥ 48 ॥

हमको विदित थे तत्त्व सारे नाश और विकास के,
कोई रहस्य छिपे न थे पृथ्वी तथा आकाश के।
थे जो हजारों वर्ष पहले जिस तरह हमने कहे,
विज्ञान-वेत्ता अब वही सिद्धान्त निश्चित कर रहे ॥ 49 ॥

"है हानिकारक नीति निश्चय निकट कुल में ब्याह की,
है लाभकारक रीति शव के गाड़ने से दाह की।"
यूरोप के विद्वान भी अब इस तरह कहने लगे[1],
देखो कि उलटे स्रोत सीधे किस तरह बहने लगे ! ॥ 50 ॥

निज कार्य्य प्रभु की प्रेरणा ही थे नहीं हम जानते,
प्रत्युत उसे प्रभु का किया ही थे सदा हम मानते।
भय था हमें तो बस उसी का और हम किससे डरे ?
हाँ, जब मरे हम तब उसी के प्रेम से विह्वल मरे ॥ 51 ॥

था कौन ईश्वर के सिवा जिसको हमारा सिर झुके ?
हाँ, कौन ऐसा स्थान था जिसमें हमारी गति रुके ?

---

1. यूरोप के अनेक डॉक्टरों की राय है कि निकट कुल में विवाह होने की रीति हानिकारक है। यदि यह रीति प्रचलित रही तो विद्वान और तेजस्वी बालक उत्पन्न न होंगे। इसी तरह मुरदे को गाड़ने की अपेक्षा जलाने की रीति वे लाभदायक समझने लगे हैं। प्रसिद्ध यूरोपीय तत्त्ववेत्ता हर्बर्ट स्पेंसर पहले ही लिख गया था कि उसका मृत शरीर गाड़ा न जाए, जलाया जाए। ऐसा ही किया भी गया।

सारी धरा तो थी धरा ही, सिन्धु भी बँधवा दिया;
आकाश में भी आत्म-बल से सहज ही विचरण किया[1] ॥ 52 ॥

हम बाह्य उन्नति पर कभी मरते न थे संसार में,
बस मग्न थे अन्तर्जगत् के अमृत-पारावार में।
जड़ से हमें क्या, जबकि हम थे नित्य चेतन से मिले,
हैं दीप उनके निकट क्या जो पद्म दिनकर से खिले ? ॥ 53 ॥

रौंदी हुई है सब हमारी भूमि इस संसार की,
फैला दिया व्यापार, कर दी धूम धर्म्म-प्रचार की।
कप्तान 'कोलम्बस' कहाँ था उस समय कोई कहे ?
जब के सुचिह्न अमेरिका में हैं हमारे मिल रहे[2] ॥ 54 ॥

हम देखते फिरता हुआ जोड़ा न जो दिन-रात का—
करते कहो वर्णन भला फिर किस तरह इस बात का ?
हम वर-वधू की भाँवरों से साम्य उसका कर चुके[3];
अब खोजने जाकर जिसे कितने विदेशी मर चुके ! ॥ 55 ॥

---

1. (क) ''ततः प्रतस्थे भगवान् प्रयागात्तं मण्डनं पण्डितमाशु जेतुम्।
गच्छन खसृत्या पुरमालुलोके माहिष्मतीं मण्डनमण्डितांसः ॥'' —शङ्करदिग्विजय

अर्थात् मंडन पंडित को जीतने के लिए भगवान् शंकराचार्य ने प्रयाग से प्रस्थान किया और आकाश-मार्ग से गमन करके मंडन-मंडित माहिष्मती नगरी को देखा।

(ख) ''गालव, इदानीमेव विहायसा गत्वा मम वचनात्तत्र भवते कण्वाय प्रियमावेदय यथा पुत्रवती शकुन्तला तच्छापनिवृत्तौ स्मृतिमता दुष्यन्तेन प्रतिगृहीतेति'' (अभिज्ञान शाकुन्तल)

अर्थात्, हे गालव ! इसी समय आकाश-मार्ग से कण्व के पास जाकर मेरी ओर से यह प्रिय समाचार सुना दे कि दुर्वासा का शाप मिट जाने पर आज दुष्यन्त ने पुत्रवती शकुन्तला को स्वीकार कर लिया।

2. सारे सभ्य संसार का यह विश्वास है कि 1498 ई. में कोलम्बस ने अमेरिका का आविष्कार किया। पर यह मत भ्रमात्मक है। वहाँ हिन्दू और बौद्धों के बहुत पुराने चिह्न मिले हैं। दक्षिणी अमेरिका के पेरू नामक राज्य में एक सूर्य्य मन्दिर है। इसकी मूर्ति का आकार उनाव (दतिया) के सूर्य्य-मन्दिर की मूर्ति से मिलता है। और भी कई ऐसे चिह्न मिलते हैं जिनसे बहुत पुराने जमाने में हिन्दुओं का वहाँ जाना साबित होता है। प्रोफेसर जान फ्रायर अमेरिका के 'हारपर्स' नामक मासिक पत्र में एक लेख लिखकर यह बात साबित कर चुके हैं कि कोलम्बस के सैकड़ों वर्ष पहले बौद्ध-धर्म प्रचारकगण वहाँ गए थे और उन्होंने बौद्ध-धर्म और एशियाई सभ्यता का प्रचार किया था।

3. प्रदक्षिणप्रक्रमणात्कृशानोरुदर्चिषस्तन्मिथुनं चकासे।
मेरोरुपान्तेष्विव वर्तमानमन्योन्यसंसक्तमहस्त्रियामम् ॥ —रघुवंश

अर्थात् परस्पर मिला हुआ दिन-रात का जोड़ा मेरुपर्वत के चारों ओर घूमता हुआ जिस भाँति शोभित होता है उसी भाँति वह अज और इन्दुमती का जोड़ा बढ़ी हुई लपटोंवाली अग्नि की प्रदक्षिणा करता हुआ शोभित हुआ।

आरम्भ जब जो कुछ किया, हमने उसे पूरा किया,
था जो असम्भव भी उसे सम्भव हुआ दिखला दिया।
कहना हमारा बस यही था विघ्न और विराम से—
करके हटेंगे हम कि अब मरके हटेंगे काम से ॥ 56 ॥

यह ठीक है, पश्चिम बहुत ही कर रहा उत्कर्ष है,
पर पूर्व-गुरु उसका यही पुरु वृद्ध भारतवर्ष है।
जाकर विवेकानन्द-सम कुछ साधु जन इस देश से—
करते उसे कृतकृत्य हैं अब भी अतुल उपदेश से ॥ 57 ॥

वे जातियाँ जो आज उन्नति-मार्ग में हैं बढ़ रहीं,
सांसारिकी स्वाधीनता की सीढ़ियों पर चढ़ रहीं।
यह तो कहें, यह शक्ति उनको प्राप्त कब, कैसे हुई ?
यह भी कहें वे, दार्शनिक चर्चा वहाँ ऐसे हुई ॥ 58 ॥

यूनान ही कह दे कि वह ज्ञानी-गुणी कब था हुआ ?
कहना न होगा, हिन्दुओं का शिष्य वह जब था हुआ।
हमसे अलौकिक ज्ञान का आलोक यदि पाता नहीं,
तो वह अरब यूरोप का शिक्षक[1] कहा जाता नहीं ॥ 59 ॥

---

1. (क) प्रायः सब नए और पुराने इतिहासवेत्ता इस बात को स्वीकार करते हैं कि दर्शन, विज्ञान और सभ्यता-सम्बन्धिनी सारी बातें यूनान ने भारतवर्ष ही से सीखी हैं और वहाँ से अथवा इसी प्रकार परस्पर सारे संसार ने प्राप्त कीं। यूरोप और अरब में यहीं से जाकर प्रकाश फैला। वर्तमान भूगोल, इतिहास और पुराने चिह्नों की खोज स्पष्टता से प्रकट करती है कि हिन्दू अपने देश हिन्दुस्तान में विद्या और कला-कौशल में प्रवीण होकर अन्य देशों में उसका प्रचार करने गए।
(ख) यूनान के प्राचीन इतिहास से पता लगता है कि अपरिचित लोग पूर्व की ओर से आकर वहाँ बसे। वे बहुत बड़े बुद्धिमान्, विद्वान् और कला-कुशल थे। उन्होंने वहाँ पर विद्या और वैद्यक का प्रचार किया, वहाँ के निवासियों को सभ्य और अपना विश्वासपात्र बनाया।
(ग) ग्रन्थकार एरियन और यूनान का इतिहास बतलाता है कि वे लोग जो पूर्व से आकर यूनान में बसे थे और जिन्होंने वहाँ के असभ्य निवासियों को अधीन किया था, कैसे थे ? वे देवताओं के वंशज थे। उनके पास अपना निज का सोना था, और अधिकता से था। वे रेशम के कामदार ऊनी दुशाले ओढ़ते थे, हाथीदाँत की वस्तुएँ व्यवहार में लाते थे और बहुमूल्य रत्नों के हार पहनते थे। इत्यादि। इसके सिवा नदियों, पहाड़ों और झीलों के ऐसे बहुत से नाम यूनान के भूगोल में मिलते हैं जिनका अर्थ यूनानी भाषा में कुछ नहीं होता, परन्तु संस्कृत में पूर्णतया होता है। बात यह है कि हिन्दुओं ने अपने प्यारे देश की याद में उन नदियों, पहाड़ों, झीलों और शहरों के भी नाम अपने देश के ढंग पर ही रक्खे थे।
(घ) महाभारत से भी यह प्रकट है कि कुरुक्षेत्र के युद्ध के अनन्तर हिन्दुओं के कितने ही घराने पश्चिम की ओर गए और यूनान, फीनीसिया, फिलस्तीन, कार्थेज, रूम और मिस्र आदि देशों में जाकर बसे।

संसार भर में आज जिसका छा रहा आतंक है,
नीचा दिखाकर रूस को भी जो हुआ निःशंक है,
जयपाणि जो वर्द्धक हुआ है एशिया के हर्ष का,
है शिष्य वह जापान भी इस वृद्ध भारतवर्ष का ॥ 60 ॥

यूरोप भी जो बन रहा है आज कल मार्मिकमना,
यह तो कहे उसके खुदा का पुत्र कब धार्मिक बना ?
था हिन्दुओं का शिष्य ईसा, यह पता भी है चला,
ईसाइयों का धर्म्म भी है बौद्ध साँचे में ढला[1] ॥ 61 ॥

संसार में जो कुछ जहाँ फैला प्रकाश-विकास है,
इस जाति की ही ज्योति का उसमें प्रधानाभास[2] है।
करते न उन्नति-पथ परिष्कृत आर्य्य जो पहले कहीं,
सन्देह है, तो विश्व में विज्ञान बढ़ता या नहीं ॥ 62 ॥

अनमोल आविष्कार यद्यपि हैं अनेकों कर चुके,
निज नीति, शिक्षा, सभ्यता की सिद्धि का दम भर चुके,
पर पीटते हैं सिर विदेशी आज भी जिस शान्ति को,
थे हम कभी फैला चुके उसकी अलौकिक कान्ति को ॥ 63 ॥

---

1. (क) हाल में रूस के नोटविच नामक यात्री को तिब्बत के हीमिस नामक मठ में ईसा का एक प्राचीन हस्तलिखित जीवन-चरित मिला है। वह पाली भाषा में है और बड़ी-बड़ी दो जिल्दों में समाप्त हुआ है। ईसाइयों का कथन है कि ईसा ईश्वर का पुत्र था और वह मरियम नाम की एक कुँवारी लड़की से पैदा हुआ था, परन्तु इस जीवनी से मालूम हुआ है कि वह इसराइल में पैदा हुआ था और उसके माँ-बाप गरीब थे। 13-14 वर्ष की उम्र में वह अपने माँ-बाप से रूठकर घर से भाग निकला और हिन्दुस्तान में आया। यहाँ वह राजगृह, काशी और जगन्नाथपुरी आदि स्थानों में घूमता रहा और आर्य्यों से वेदाध्ययन करता रहा। इसके बाद उसने पाली भाषा सीखी और वह शुद्ध बौद्ध हो गया। पर अपने देश को लौटकर उसने अपना नया ही धर्म्म चलाना चाहा। इस बखेड़े में उसे फाँसी की सजा हो गई। इससे मालूम होता है कि अन्यान्य मतों के समान ईसाई धर्म्म भी भारतवर्ष की ही सामग्री से तैयार हुआ है।
   (ख) दत्त साहब ने अपने इतिहास में बौद्ध और ईसाई धर्म्म की अद्‌भुत समानता के अनेक उदाहरण दिए हैं। इससे भी यही बात सिद्ध होती है।
2. 'हिन्दुओं के देवताओं की वंशावली' (Theogony of the Hindus) नामक पुस्तक के रचयिता कौंट जार्न्स जेर्ना (Count Jerna) लिखते हैं :
   "आर्य्यावर्त्त केवल हिन्दू धर्म्म का ही घर नहीं है, वरन् वह संसार की सभ्यता का आदि भांडार है। हिन्दुओं की सभ्यता क्रमशः पश्चिम की ओर इथोपिया, ईजिप्त और फीनीशिया तक; पूर्व दिशा में श्याम, चीन और जापान तक; दक्षिण में लंका, जावा, सुमात्रा तक; और उत्तर की ओर परशिया, चाल्डिया और कोल्चिस और वहाँ से यूनान और रोम हियर वोरियंस के रहने के स्थान तक पहुँची।"

है आज पश्चिम में प्रभा जो पूर्व से ही है गई,
हरते अँधेरा यदि न हम, होती न खोज नई नई[1]।
इस बात की साक्षी प्रकृति भी है अभी तक सब कहीं,
होता प्रभाकर पूर्व से ही उदित, पश्चिम से नहीं ॥ 64 ॥

अन्तिम प्रभा का है हमारा विक्रमी संवत् यहाँ,
है किन्तु औरों का उदय इतना पुराना[2] भी कहाँ ?
ईसा, मुहम्मद आदि का जग में न था तब भी पता,
कब की हमारी सभ्यता है, कौन सकता है बता ॥ 65 ॥

सर्वत्र अनुपम एकता का इस प्रकार प्रभाव था,
थी एक भाषा, एक मन था, एक सबका भाव था।
सम्पूर्ण भारतवर्ष मानो एक नगरी थी बड़ी,
पुर और ग्राम-समूह-संस्था थी मुहल्लों की लड़ी ॥ 66 ॥

हैं वायुमंडल में हमारे गीत अब भी गूँजते,
निर्झर, नदी, सागर, नगर, गिरि, वन सभी हैं कूजते।
देखो, हमारा विश्व में कोई नहीं उपमान था,
नर-देव थे हम, और भारत ? देव-लोक समान था ॥ 67 ॥

---

1. धीरे-धीरे पश्चिमी विद्वान् इस बात को मानने लगे हैं कि प्राचीन भारतवर्ष खूब उन्नत अवस्था में था और इसी ने यूरोप में तरह-तरह की विद्या, कला और अन्य बहुत सी वस्तुओं का प्रचार किया था। कुछ दिन हुए न्यूयार्कवासी डेलमार साहब का एक लेख 'इंडियन रिव्यू' में निकला था। उसमें आपने सिद्ध किया है कि पश्चिमी संसार को जिन बातों पर अभिमान है, वे असल में भारतवर्ष से ही वहाँ गई थीं। आप लिखते हैं कि तरह-तरह के फल-फूल, पेड़ और पौधे जो इस समय यूरोप में पैदा होते हैं, हिन्दुस्तान ही से लाकर वहाँ लगाए गए थे। इसके सिवा मलमल, रेशम, घोड़े, टिन, लोहे और सीसे का प्रचार भी यूरोप में हिन्दुस्तान ही के द्वारा हुआ था। केवल यही नहीं, किन्तु ज्योतिष, वैद्यक, चित्रकारी और कानून भी भारतवासियों ने ही यूरोपवालों को सिखाया था। पर अब समय के फेर को देखिए कि स्वयं भारतवासी इन विद्याओं को सीखने के लिए यूरोप जाते हैं।
2. डॉक्टर कीलहार्न आदि पश्चिमी विद्वानों का सिद्धान्त है कि विक्रमादित्य ईसा की छठी शताब्दी में हुए, ईसा से 57 वर्ष पहले नहीं। अतएव विक्रम संवत् ईसा के छठे शतक का है। परन्तु रावबहादुर सी.वी. वैद्य, एम.ए., एल-एल.बी. महाशय ने उक्त डॉक्टर साहब एवं अन्यान्य यूरोपीय विद्वानों के उपर्युक्त सिद्धान्त का अच्छी तरह से खंडन करके यह सिद्ध कर दिया है कि शकारि विक्रमादित्य ने ईसा से 57 वर्ष पहले, शकों को परास्त करके भारतवर्ष से निकाल दिया और अपनी उस बड़ी भारी विजय की स्मृति के लिए विक्रम संवत् चलाया।

वर्तमान खंड

प्रवेश

जिस लेखनी ने है लिखा उत्कर्ष भारतवर्ष का,
लिखने चली अब हाल वह उसके अमित अपकर्ष का।
जो कोकिला नन्दन-विपिन में प्रेम से गाती रही,
दावाग्नि-दग्धारण्य में रोने चली है अब वही ! ॥ 1 ॥

वर्तमान भारत

यद्यपि हताहत गात में कुछ साँस अब भी आ रही,
पर सोच पूर्वापर दशा मुँह से निकलता है यही—
जिसकी अलौकिक कीर्ति से उज्ज्वल हुई सारी मही,
था जो जगत् का मुकुट, है क्या हाय ! यह भारत वही ? ॥ 2 ॥

भारत, कहो तो आज तुम क्या हो वही भारत अहो !
हे पुण्यभूमि ! कहाँ गई है वह तुम्हारी श्री कहो ?
अब कमल क्या, जल तक नहीं, सर मध्य केवल पंक है;
वह राज राज कुबेर अब हा ! रंक का भी रंक है ! ॥ 3 ॥

प्राचीन चिह्न

प्राचीनता के चिह्न भी क्या अब तुम्हारे रह गए ?
खंडहर खड़े हैं कुछ सही, पर आज वे भी हैं नए।
सुनते यही हैं हाय ! हम जा पहुँचते हैं जब वहाँ—
"कोई हमें वे मत कहो, देखो न, अब हम वे कहाँ !" ॥ 4 ॥

उन मन्दिरों के ढेर ऊँचे, अद्रि-रूप, उजाड़ हैं;
हा पूर्वजों की बैठकों पर दीखते अब झाड़ हैं !
वे झाड़ मर्मर-मिस पवन में भर रहे ये शब्द हैं—
"जो थे यहाँ उनको हुए बीते अनेकों अब्द[1] हैं !" ॥ 5 ॥

---

1. वर्ष।

जिन श्रेष्ठ सौधों में सुगायक श्रुति-सुधा थे घोलते,
निशि-मध्य, टीलों पर उन्हीं के आज उल्लू बोलते !
''सोते रहो हे हिन्दुओ ! हम मौज करते हैं यहाँ,''
प्राचीन चिह्न विनष्ट यों किस जाति के होंगे कहाँ ? ॥ 6 ॥

श्रुति, शास्त्र और पुराण का होता जहाँ प्रिय-पाठ था,
सुन्दर, सुखद, शुचि सत्त्व गुण का एक अद्‌भुत ठाठ था।
जम्बुक अचानक अब वहाँ की शान्ति करते भंग हैं,
आकाश के बहु रंग जैसे भूमि के भी ढंग हैं ॥ 7 ॥

आमोद बरसाती जहाँ थी यज्ञ-धूममयी घटा,
यश-तुल्य जिस आमोद की थी स्वर्ग में छाई छटा।
अब प्लेग जैसी व्याधियों की है वहाँ फैली हवा,
चलती नहीं जिस पर धुरन्धर डाक्टरों की भी दवा ! ॥ 8 ॥

दारिद्र्य

रहता प्रयोजन से प्रचुर पूरित जहाँ धन-धान्य था,
जो 'स्वर्ण-भारत' नाम से संसार में सम्मान्य था;
दारिद्र्य दुर्धर अब वहाँ करता निरन्तर नृत्य है;
आजीविका-अवलम्ब बहुधा भृत्य का ही कृत्य है !! ॥ 9 ॥

देखो जिधर अब बस उधर ही है उदासी छा रही,
काली निराशा की निशा सब ओर से है आ रही।
चिन्ता-तरंगें चित्त को बेचैन रखती हैं सदा,
अब नित्य ही आती यहाँ पर एक नूतन आपदा ॥ 10 ॥

दुर्भिक्ष

दुर्भिक्ष मानो देह धर के घूमता सब ओर है,
हा ! अन्न ! हा ! हा ! अन्न का रव गूँजता घनघोर है !
सब विश्व में सौ वर्ष में, रण में मरे जितने हरे,
जन चौगुने उनसे यहाँ दस वर्ष में भूखों मरे[1] !! ॥ 11 ॥

---

1. कुल दुनिया की लड़ाइयों में सौ वर्ष के अन्दर (1713 से 1900 तक) सिर्फ पचास लाख आदमी मारे गए हैं, पर हमारे हिन्दुस्तान में केवल दस वर्ष में (1891 से 1901 तक) अकाल और भूख के मारे एक करोड़ नब्बे लाख मनुष्यों ने प्राण त्याग किए।

—हिन्दी ग्रन्थमाला, मई सन् 1908, पृ. 9

उड़ते प्रभंजन से यथा तप-मध्य सूखे पत्र हैं,
लाखों यहाँ भूखे भिखारी घूमते सर्वत्र हैं।
है एक चिथड़ा ही कमर में और खप्पर हाथ में,
नंगे तथा रोते हुए बालक विकल हैं साथ में ॥ 12 ॥

आवास या विश्राम उनका एक तरुतल मात्र है,
बहु कष्ट सहने से सदा काला तथा कृश गात्र है !
हेमन्त उनको है कँपाता, तप तपाता है तथा—
है झेलनी पड़ती उन्हें सिर पर विषम वर्षा-व्यथा ॥ 13 ॥

वह पेट उनका पीठ से मिलकर हुआ क्या एक है ?
मानो निकलने को परस्पर हड्डियों में टेक है।
निकले हुए हैं दाँत बाहर, नेत्र भीतर हैं धँसे;
किन शुष्क आँतों में न जाने प्राण उनके हैं फँसे ! ॥ 14 ॥

अविराम आँखों में बरसता आँसुओं का मेह है,
है लटपटाती चाल उनकी, छटपटाती देह है।
गिरकर कभी उठते यहाँ, उठकर कभी गिरते वहाँ;
घायल हुए-से घूमते हैं वे अनाथ जहाँ तहाँ ॥ 15 ॥

हैं एक मुट्ठी अन्न को वे द्वार द्वार पुकारते,
कहते हुए कातर वचन सब ओर हाथ पसारते—
"दाता, तुम्हारी जय रहे, हमको दया कर दीजियो,—
माता ! मरे हा ! हा ! हमारी शीघ्र ही सुध लीजियो" ॥ 16 ॥

कृमि, कीट, खग, मृग आदि भी भूखे नहीं सोते कभी,
पर वे भिखारी स्वप्न में भी भूख से रोते सभी।
वे सुप्त हैं या मृत कि मूर्च्छित, कुछ समझ पड़ता नहीं;
मूर्च्छा कि मृत्यु अवश्य है, यह नींद की जड़ता नहीं ॥ 17 ॥

है काँखता कोई कहीं, कोई कहीं रोता पड़ा;
कोई विलाप-प्रलाप करता—ताप है कैसा कड़ा ?
हैं मृत्यु-रमणी पर प्रणयि-सम वे अभागे मर रहे,
जब से बुभुक्षा कुट्टनी ने उस प्रिया के गुण कहे ! ॥ 18 ॥

नारी-जनों की दुर्दशा हमसे कही जाती नहीं,
लज्जा बचाने को अहो ! जो वस्त्र भी पाती नहीं।
जननी पड़ी है और शिशु उसके हृदय पर मुख धरे,
देखा गया है, किन्तु वे माँ-पुत्र दोनों हैं मरे ! ॥ 19 ॥

जो कुलवती हैं भीख भी वे माँग सकती हैं नहीं,
मर जायँ चाहे किन्तु झोली टाँग सकती हैं नहीं !
सन्तान ने आकर कहा—'माँ ! रात तो होने लगी,
भूखे रहा जाता नहीं माँ !' सुन जननि रोने लगी ॥ 20 ॥

है खोलती सरकार यद्यपि काम शीघ्र अकाल के,
होतीं सभाएँ और खुलते सत्र आटे-दाल के।
पूरा नहीं पड़ता तदपि, वह त्राहि कम होती नहीं;
कैसी विषमता है कि कुछ भी हाय ! सम होती नहीं ॥ 21 ॥

प्रायः सदा दुर्भिक्ष ऐसा है बना रहता जहाँ,
आश्चर्य क्या यदि फिर निरन्तर नीचता फैले वहाँ।
करता नहीं क्या पाप भूखा ? पेट ! हो तेरा बुरा,
हा ! छोड़ती सुत तक नहीं उरगी क्षुधा से आतुरा ! ॥ 22 ॥

शासक जहाँ जो दोषियों को साँकलों से कस रहे,
जो अंडमान समान टापू हैं यहाँ से बस रहे।
फिर भी दिनोंदिन बढ़ रहा जो घोर घटना-जाल है,
है हेतु इसका और क्या, दुर्भिक्ष या दुष्काल है ॥ 23 ॥

"कुल जाति-पाँति न चाहिए, यह सब रहे या जाय रे,
बस एक मुट्ठी अन्न हमको चाहिए अब हाय रे !
इस पेट पापी के लिए ही हम विधर्मी बन रहे,
निज धर्म्म-मानस से निकल अघ पंक में हैं सन रहे ! ॥ 24 ॥

जिन दूर देशों में[1] हमारे धर्म्म के झंडे उड़ें—
आकर स्वयं जिनके तले दिन दिन वहाँ के जन जुड़ें,
तजना पड़े हमको वहीं के धर्म्म पर निज धर्म्म को !
हा ! हा ! बुभुक्षा राक्षसी क्या देखती दुष्कर्म को ! ॥ 25 ॥

---

1. जैसे अमेरिका में।

हे धर्म्म और स्वदेश ! तुमको बार-बार प्रणाम है !
हा ! हम अभागों का हुआ क्या आज यह परिणाम है !
हमको क्षमा करियो, क्षुधा-वश हम तुम्हें हैं खो रहे,
होकर विधर्म्मी हाय ! अब हम हैं विदेशी हो रहें" ॥ 26 ॥

आनन्द-नद में मग्न थे जिस देश के वासी सभी
सुर भी तरसते थे जहाँ पर जन्म लेने को कभी[1]।
हा ! आज उसकी यह दशा, सन्ताप छाया सब कहीं,
सुर क्या, असुर भी अब यहाँ का जन्म चाहेंगे नहीं ॥ 27 ॥

कृषि और कृषक

अब पूर्व की-सी अन्न की होती नहीं उत्पत्ति है,
पर क्या इसी से अब हमारी घट रही सम्पत्ति है ?
यदि अन्य देशों को यहाँ से अन्न जाना बन्द हो—
तो देश फिर सम्पन्न हो, क्रन्दन रुके, आनन्द हो ॥ 28 ॥

वह उर्वरापन भूमि का कम हो गया है, क्यों न हो ?
होता नहीं कुछ यत्न उसका, यत्न कैसे हो, कहो ?
करते नहीं कर्षक परिश्रम, और वे कैसे करें ?
कर-वृद्धि है जब साथ तब क्यों वे वृथा श्रम कर मरें ? ॥ 29 ॥

सौ में पचासी जन यहाँ निर्वाह कृषि पर कर रहे,
पाकर करोड़ों अर्द्ध भोजन सर्द आहें भर रहे।
जब पेट की ही पड़ रही फिर और की क्या बात है,
'होती नहीं है भक्ति भूखे' उक्ति यह विख्यात है ॥ 30 ॥

कृषि-कर्म की उत्कर्षता सर्वत्र विश्रुत है सही,
पर देख अपने कर्षकों को चित्त में आता यही—
हा दैव ! क्या जीते हुए आजन्म मरना था उन्हें ?
भिक्षुक बनाते, पर विधे ! कर्षक न करना था उन्हें ॥ 31 ॥

---

1. एतदेवहि देवा गायन्ति :
अहो अमीषां किमकारि शोभनं प्रसन्न एषां स्विदुत स्वयं हरिः।
यैर्जन्म लब्धं नृषु भारताजिरे मुकुन्दसेवौपयिकं स्पृहा हि नः ॥
—श्रीमद्भागवत

कृषि में अपेक्षा वृष्टि की रहती हमें अब है सदा,
होता जहाँ वैषम्य उसमें क्या कहें फिर आपदा।
रहता अवर्षण से अहो ! अब जो हमारा हाल है,
दृष्टान्त उसका इन दिनों[1] गुजरात का दुष्काल है ॥ 32 ॥

था एक ऐसा भी समय पड़ता अकाल न था यहाँ,[2]
हो या न हो वर्षा, जलाशय थे यथेष्ट जहाँ तहाँ।
भारत पढ़ो[3], देवर्षि ने है क्या युधिष्ठिर से कहा—
"कृषि-कार्य्य वर्षा की अपेक्षा के बिना तो हो रहा ?" ॥ 33 ॥

केवल अवर्षण ही नहीं, अतिवृष्टि का भी कष्ट है;
बढ़कर प्रलय-सम प्रबल जल सर्वस्व करता नष्ट है !
'दैवोऽपि दुर्बलघातकः' अथवा अभाग्य कहें इसे ?
किंवा कहो, निज कर्म्म का मिलता नहीं है फल किसे ? ॥ 34 ॥

अब ऋतु-विपर्यय तो यहाँ आवास ही-सा है किए,
होती प्रकृति में भी विकृति हा ! भाग्यहीनों के लिए।
हेमन्त में बहुधा घनों से पूर्ण रहता व्योम है,
पावस-निशाओं में तथा हँसता शरद का सोम है ! ॥ 35 ॥

हो जाय अच्छी भी फसल पर लाभ कृषकों को कहाँ ?
खाते[4] खवाई, बीज-ऋण से हैं रँगे रक्खे यहाँ।
आता महाजन के यहाँ वह अन्न सारा अन्त में,
अध-पेट रहकर फिर उन्हें है काँपना हेमन्त में ! ॥ 36 ॥

---

1. 1912 ई.।
2. एक यूनानी राजदूत ने जो कि चन्द्रगुप्त के दरबार में रहा था, आश्चर्य और प्रशंसा के साथ लिखा है कि देश के अधिक भाग में सिंचाई का प्रबन्ध होने के कारण इस देश में अकाल पड़ता ही न था और बोई हुई भूमि के पास ही युद्ध और लड़ाइयाँ होती थीं परन्तु युद्ध करनेवालों में से कोई किसान व उसकी खेती को कुछ हानि नहीं पहुँचाता था। चन्द्रगुप्त के हिन्दू राज्य का बल और विस्तार, उसके राज्य में जान और माल की रक्षा और उस प्राचीन समय में खेती और सिंचाई के प्रबन्ध की उत्तम दशाओं का वर्णन ऐसा है जिसे आजकल का प्रत्येक हिन्दू उचित अभिमान के साथ स्मरण करेगा।

—आर.सी. दत्त

3. सभापर्व।
4. बहीखाते।

पानी बनाकर रक्त का, कृषि कृषक करते हैं यहाँ,
फिर भी अभागे भूख से दिन रात मरते हैं यहाँ।
सब बेचना पड़ता उन्हें निज अन्न वह निरुपाय है,
बस चार पैसे से अधिक पड़ती न दैनिक आय[1] है॥ 37 ॥

जब अन्य देशों के कृषक सम्पत्ति में भरपूर हैं—
लाते कि जिनसे आठ रुपया रोज के मजदूर हैं,
तब चार पैसे रोज ही पाते यहाँ कर्षक अहो !
कैसे चले संसार उनका किस तरह निर्वाह हो ? ॥ 38 ॥

बीता नहीं बहु काल उस औरंगजेबी को अभी—
करके स्मरण जिसका कि हिन्दू काँप उठते हैं सभी,
उस दुःसमय का चावलों का आठ मन का भाव[2] है,
पर आठ सेर नहीं रहा अब, क्या अपूर्व अभाव है ! ॥ 39 ॥

होती नहीं है कृषि यहाँ पूरी तरह से अब कभी,
यद्यपि शुभाशा चित्त में होती हमें है जब कभी।
पाला कहीं, ओले कहीं, लगता कहीं कुछ रोग है,
पहले शुभाशा, फिर निराशा, दैव ! कैसा योग है ? ॥ 40 ॥

बरसा रहा है रवि अनल, भूतल तवा-सा जल रहा,
है चल रहा सन सन पवन, तन से पसीना ढल रहा।
देखो, कृषक शोणित सुखाकर हल तथापि चला रहे,
किस लोभ से इस आँच में वे निज शरीर जला रहे ॥ 41 ॥

मध्याह्न है, उनकी स्त्रियाँ ले रोटियाँ पहुँचीं वहीं,
हैं रोटियाँ रूखी, खबर है शाक की हमको नहीं !
सन्तोष से खाकर उन्हें वे, काम में फिर लग गए,
भर-पेट भोजन पा गए तो भाग्य मानो जग गए ॥ 42 ॥

---

1. सरकारी रिपोर्टों से मालूम होता है कि प्रत्येक किसान की दैनिक आय तीन पैसे से कुछ ही अधिक होती है। परन्तु यदि प्रत्येक किसान की दैनिक आय चार पैसे भी मान ली जाए तो क्या होता है ?
2. औरंगजेब के जमाने में बंगाल में, जब कि उसका सूबेदार शाइस्ताखाँ था, एक रुपये के आठ मन चावल बिकते थे।

उन कृषक-वधुओं की दशा पर नित्य रोती है दया,
हिम-ताप-वृष्टि-सहिष्णु जिनका रंग काला पड़ गया।
नारी-सुलभ सुकुमारता उनमें नहीं है नाम को,
वे कर्कशांगी क्यों न हों, देखो न उनके काम को !! ॥ 43 ॥

गोबर उठाती, थापती हैं, भोगतीं आयास वे,
कृषि काटतीं, लेतीं परोहे, खोदती हैं घास वे।
गृह-कार्य्य जितने और हैं करती वही सम्पन्न हैं,
तो भी कदाचित् ही कभी भर पेट पाती अन्न हैं ॥ 44 ॥

कुछ रात रहते जागकर चक्की चलाने बैठतीं,
हम सच कहेंगे, उस समय वे गीत गाने बैठतीं।
पर क्या कहें, उस गीत से क्या लाभ पाने बैठतीं,
वे सुख बुलाने बैठतीं, या दुख भुलाने बैठतीं ! ॥ 45 ॥

घनघोर वर्षा हो रही है, गगन गर्जन कर रहा।
घर से निकलने को कड़ककर वज्र वर्जन कर रहा।
तो भी कृषक मैदान में करते निरन्तर काम हैं,
किस लोभ से वे आज भी लेते नहीं विश्राम हैं ? ॥ 46 ॥

बाहर निकलना मौत है, आधी अँधेरी रात है,
आः शीत कैसा पड़ रहा है, थरथराता गात है।
तो भी कृषक इन्धन जलाकर खेत पर हैं जागते,
वह लाभ कैसा है न जिसका लोभ अब भी त्यागते! ॥ 47 ॥

यह अन्न तो लेंगे विदेशी, लाभ क्या उनको कहो ?
मिलता उन्हें जो अर्द्ध भोजन विघ्न उसमें भी न हो !
कहते इसी से हैं कि क्या आजन्म मरना था उन्हें,
भिक्षुक बनाते पर विधे ! कर्षक न करना था उन्हें ! ॥ 48 ॥

हैं वे असभ्य तथा अशिक्षित, भाव उनके भ्रष्ट हैं;
दुख-भार से सुविचार मानो हो गए सब नष्ट हैं !
अपनी समुन्नति के उन्हें कोई उपाय न सूझते,
अपना हिताहित भी न कुछ वे हैं समझते बूझते ॥ 49 ॥

सज्ञान कैसे हों, उन्हें संयोग ही मिलता नहीं,
विख्यात कमलालय कमल भी दिन बिना खिलता नहीं !
है पेट से ही पेट की पड़ती उन्हें, वे क्या करें !
वे ग्वाल हो जीते रहें, या छात्र बन भूखों मरें ? ॥ 50 ॥

सम्प्रति कहाँ क्या हो रहा है, कुछ न उनको ज्ञान है,
है वायु कैसा चल रहा, इसका न कुछ भी ध्यान है !
मानो भुवन से भिन्न उनका दूसरा ही लोक है,
शशि-सूर्य्य हैं, फिर भी कहीं उसमें नहीं आलोक है ! ॥ 51 ॥

भरपेट भोजन ही चरम सुख वे अकिंचन मानते,
पर, साथ ही दुर्भाग्य-वश दुर्लभ उसे हैं जानते !
दिन दुःख के हैं भर रहे करते हुए सन्तोष वे,
लाचार हैं, निज भाग्य को ही दे रहे हैं दोष वे ! ॥ 52 ॥

उनको निरन्तर दुःख ने अब कर दिया यों दीन है—
सुख-कल्पना तक से हुआ उनका हृदय अब हीन है।
आलोक का अनुभव कभी जन्मान्ध कर सकते नहीं,
मरु-जन्तु सहसा सुरसरी का ध्यान धर सकते नहीं ॥ 53 ॥

ग्रामीण गीत यदा कदा वे गान करते हैं सही,
है फाग उनका राग बहुधा और उत्सव भी वही।
पर चित्त को वे दीन जन किस भाँति बहलाया करें ?
क्या आँसुओं से ही उसे वे नित्य नहलाया करें ? ॥ 54 ॥

तुम सभ्य हो, 'मार्केट' जिनका सात सागर पार है,
पर ग्राम की वह हाट ही उनका 'बड़ा बाजार' है।
तुम हो विदेशों से मँगाते माल लाखों का यहाँ,
पर वे अकिंचन नमक-गुड़ ही मोल लेते हैं वहाँ ॥ 55 ॥

करते सहर्ष प्रदर्शिनी की सैर तुम कौतुक भरी,
(क्या लाभ उससे हो उठाते, बात है यह दूसरी।)
वे हो सका तो ग्राम्य मेले देखकर ही धन्य हैं,
मनिहार की दूकान से जिनमें सुदृश्य न अन्य हैं ॥ 56 ॥

तुम दार्शनिक हो, ईश का अस्तित्व सत्य न मानते,
हैं भूत-प्रेतों से अधिक वे भी न उसको जानते।
हा दैव ! इस ऋषि-भूमि का यह आज कैसा हाल है !
तू काल ! सचमुच काल ही है, क्रूर और कराल है ॥ 57 ॥

पाठक ! न यह कह बैठना—छेड़ा कहाँ का राग है,
यह फूल कैसा है कि इसमें गन्ध है न पराग है ?
है यह कथा नीरस तदपि इसमें हमारा भाग है,
निकले बिना बाहर नहीं रहती हृदय की आग है ॥ 58 ॥

भविष्यत् खंड

उद्बोधन

हतभाग्य हिन्दू-जाति ! तेरा पूर्व-दर्शन है कहाँ ?
वह शील, शुद्धाचार, वैभव देख, अब क्या है यहाँ ?
क्या जान पड़ती वह कथा अब स्वप्न की-सी है नहीं ?
हम हों वहीं, पर पूर्व-दर्शन दृष्टि आते हैं कहीं ? ॥ 1 ॥

बीती अनेक शताब्दियाँ पर हाय ! तू जागी नहीं;
यह कुम्भकर्णी नींद तूने तनिक भी त्यागी नहीं !
देखें कहीं पूर्वज हमारे स्वर्ग से आकर हमें—
आँसू बहावें शोक से, इस वेश में पाकर हमें !! ॥ 2 ॥

अब भी समय है जागने का देख आँखें खोल के,
सब जग जगाता है तुझे, जगकर स्वयं जय बोल के।
निःशक्त यद्यपि हो चुकी है किन्तु तू न मरी अभी,
अब भी पुनर्जीवन-प्रदायक साज हैं सम्मुख सभी ॥ 3 ॥

हम कौन थे, क्या हो गए हैं, जान लो इसका पता,
जो थे कभी गुरु, है न उनमें शिष्य की भी योग्यता !
जो थे सभी से अग्रगामी, आज पीछे भी नहीं,
है दीखती संसार में विपरीतता ऐसी कहीं ? ॥ 4 ॥

दुर्दैव-पीड़ित जो पुराने चिह्न कुछ कुछ रह गए,
देखो, न जाने भाव कितने व्यक्त करते हैं नए।
हा ! क्या कहें आरम्भ ही में रुँध रहा है जब गला,
भगवान् ! क्या से क्या हुए हम, कुछ ठिकाना है भला ! ॥ 5 ॥

कुछ काल में ये जीर्ण पहले चिह्न भी मिट जायँगे,
फिर खोजने से भी न हम सब मार्ग अपना पायँगे।
जातीय जीवन-दीप अब भी स्नेह पायगा नहीं,
तो फिर अँधेरे में हमें कुछ हाथ आवेगा नहीं ॥ 6 ॥

अब भी सुधारेंगे न हम दुर्दैव-वश अपनी दशा,
तो नाम-शेष हमें करेगा काल ले कर्कश कशा !
बस टिमटिमाता दीख पड़ता आज जीवन-दीप है,
हा दैव ! क्या रक्षा न होगी, सर्वनाश समीप है ? ॥ 7 ॥

निज पूर्वजों का वह अलौकिक सत्य, शील निहार लो,
फिर ध्यान से अपनी दशा भी एक बार विचार लो।
जो आज अपने आपको यों भूल हम जाते नहीं,
तो यों कभी सन्ताप-मूलक शूल हम पाते नहीं ॥ 8 ॥

निज पूर्वजों के सद्‌गुणों को यत्न से मन में धरो,
सब आत्म-परिभव-भाव तज निज रूप का चिन्तन करो।
निज पूर्वजों के सद्‌गुणों का गर्व जो रखती नहीं,
वह जाति जीवित जातियों में रह नहीं सकती कहीं ॥ 9 ॥

किस भाँति जीना चाहिए, किस भाँति मरना चाहिए;
सो सब हमें निज पूर्वजों से याद करना चाहिए।
पद-चिह्न उनके यत्न-पूर्वक खोज लेना चाहिए,
निज पूर्व-गौरव-दीप को बुझने न देना चाहिए ॥ 10 ॥

हम हिन्दुओं के सामने आदर्श जैसे प्राप्त हैं—
संसार में किस जाति को, किस ठौर वैसे प्राप्त हैं ?
भव-सिन्धु में निज पूर्वजों की रीति से ही हम तरें,
यदि हो सकें वैसे न हम तो अनुकरण तो भी करें ॥ 11 ॥

क्या कार्य्य दुष्कर है भला यदि इष्ट हो हमको कहीं,
उस सृष्टिकर्ता ईश का ईशत्व क्या हममें नहीं ?
यदि हम किसी भी कार्य्य को करते हुए असमर्थ हैं—
तो उस अखिल-कर्ता पिता के पुत्र ही हम व्यर्थ हैं ॥ 12 ॥

अपनी प्रयोजन-पूर्ति क्या हम आप कर सकते नहीं ?
क्या तीस कोटि मनुष्य अपना ताप हर सकते नहीं ?
क्या हम सभी मानव नहीं किंवा हमारे कर नहीं ?
रो भी उठें हम तो बने क्या अन्य रत्नाकर नहीं ? ॥ 13 ॥

हे भाइयो ! सोए बहुत, अब तो उठो, जागो अहो !
देखो जरा अपनी दशा, आलस्य को त्यागो अहो !
कुछ पार है, क्या-क्या समय के उलट-फेर न हो चुके !
अब भी सजग होगे न क्या ? सर्वस्व तो हो खो चुके ॥ 14 ॥

विष-पूर्ण ईर्ष्या-द्वेष पहले शीघ्रता से छोड़ दो,
घर फूँकनेवाली फुटैली फूट का सिर फोड़ दो।
मालिन्य से मुँह मोड़कर मद-मोह के पद तोड़ दो,
टूटे हुए वे प्रेम-बन्धन फिर परस्पर जोड़ दो ॥ 15 ॥

भागो अलग अविचार से, त्यागो कुसंग कुरीति का;
आगे बढ़ो निर्भीकता से, काम है क्या भीति का—
चिन्ता न विघ्नों की करो, पाणिग्रहण कर नीति का।
सुर-तुल्य अजरामर बनो, पीयूष पीकर प्रीति का ॥ 16 ॥

संसार की समरस्थली में धीरता धारण करो,
चलते हुए निज इष्ट पथ में संकटों से मत डरो।
जीते हुए भी मृतक-सम रहकर न केवल दिन भरो,
वर वीर बनकर आप अपनी विघ्न-बाधाएँ हरो ॥ 17 ॥

है ज्ञात क्या तुमको नहीं, तुम लोग तीस करोड़ हो,
यदि ऐक्य हो तो फिर तुम्हारा कौन जग में जोड़ हो ?
उत्साह-जल से सींचकर हित का अखाड़ा गोड़ दो,
गर्दन अमित्र अधःपतन की ताल ठोंक मरोड़ दो ॥ 18 ॥

बैठे हुए हो व्यर्थ क्यों ? आगे बढ़ो, ऊँचे चढ़ो;
है भाग्य की क्या भावना ? अब पाठ पौरुष का पढ़ो।
है सामने का ग्रास भी मुख में स्वयं जाता नहीं !
हा ! ध्यान उद्यम का तुम्हें तो भी कभी आता नहीं! ॥ 19 ॥

जो लोग पीछे थे तुम्हारे, बढ़ गए, हैं बढ़ रहे,
पीछे पड़े तुम दैव के सिर दोष अपना मढ़ रहे !
पर कर्म्म-तैल बिना कभी विधि-दीप जल सकता नहीं,
है दैव क्या ? साँचे बिना कुछ आप ढल सकता नहीं ॥ 20 ॥

आओ, मिलें सब देश-बान्धव हार बनकर देश के,
साधक बनें सब प्रेम से सुख-शान्तिमय उद्देश के।
क्या साम्प्रदायिक भेद से है ऐक्य मिट सकता अहो !
बनती नहीं क्या एक माला विविध सुमनों की कहो ? ॥ 21 ॥

रक्खो परस्पर मेल मन से छोड़कर अविवेकता,
मन का मिलन ही मिलन है, होती उसी से एकता।
तन मात्र के ही मेल से है मन भला मिलता कहीं,
है बाह्य बातों से कभी अन्तःकरण खिलता नहीं ॥ 22 ॥

सब वैर और विरोध का बल-बोध से वारण करो,
है भिन्नता में खिन्नता ही, एकता धारण करो।
है एकता ही मुक्ति ईश्वर-जीव के सम्बन्ध में,
वर्णैकता ही अर्थ देती इस निकृष्ट निबन्ध में ॥ 23 ॥

है कार्य्य ऐसा कौन-सा साधे न जिसको एकता ?
देती नहीं अद्भुत अलौकिक शक्ति किसको एकता ?
दो-एक एकादश हुए, किसने नहीं देखे सुने ?
हाँ, शून्य के भी योग से हैं अंक होते दस गुने ॥ 24 ॥

प्रत्येक जन प्रत्येक जन को बन्धु अपना जान लो,
सुख-दुःख अपने बन्धुओं का आप अपना मान लो।
सब दुःख यों बँटकर घटेगा सौख्य पावेंगे सभी,
हाँ, शोक में भी सान्त्वना के गीत गावेंगे सभी ॥ 25 ॥

साहाय्य दे सकते मनुज को मनुज ही, खग-मृग नहीं,
वे भी न दें तो सब मनुजता व्यर्थ है उनकी वहीं।
निज बन्धुओं की ही न हम यदि पा सके प्रियता यहाँ ?
तो उस परम प्रभु की कृपा-प्रियता हमें रक्खी कहाँ ॥ 26 ॥

अपने सहायक आप हो, होगा सहायक प्रभु तभी,
बस चाहने से ही किसी को सुख नहीं मिलता कभी।
कर, पद, हृदय, दृग, कर्ण तुमको ईश ने सब कुछ दिया,
है कौन ऐसा काम जो तुमसे न जा सकता किया ? ॥ 27 ॥

आने न दो अपने निकट औदास्यमय उत्ताप को,
आत्मावलम्बी हो, न समझो तुच्छ अपने आपको।
है भिन्न परमात्मा तुम्हारे अमर आत्मा से नहीं,
एकत्व वारि-तरंग का भी भंग हो सकता कहीं ? ॥ 28 ॥

अति धीरता के साथ अपने कार्य्य में तत्पर रहो,
आपत्तियों के वार सारे वीरवर बनकर सहो।
सब विघ्न-भय मिट जायँगे, होगी सफलता अन्त में,
फिर कीर्ति फैलेगी हमारी एक बार दिगन्त में ॥ 29 ॥

बढ़कर लता, द्रुम, गुल्म भी हैं फूलते फलते यहाँ,
तो भी समुन्नति-मार्ग में हमलोग चलते हैं कहाँ ?
घन घूमकर ही गरजते हैं, बरसते हैं सब कहीं,
हम किन्तु निष्क्रिय हैं तभी तो तरसते हैं सब कहीं ॥ 30 ॥

जड़ दीप तो देकर हमें आलोक जलता आप है,
पर एक हममें दूसरे को दे रहा सन्ताप है।
क्या हम जड़ों से भी जगत् में हैं गए बीते नहीं ?
हे भाइयो ! इस भाँति तो तुम थे कभी जीते नहीं ॥ 31 ॥

सोचो कि जीने से हमारे लाभ होता है किसे,
है कौन, मरने से हमारे हानि पहुँचेगी जिसे ?
होकर न होने के बराबर हो रहे हैं हम यहाँ,
दुर्लभ मनुज-जीवन वृथा ही खो रहे हैं हम यहाँ ! ॥ 32 ॥

हो आप, और सभी जनों को नित्य उत्साहित करो,
उत्पन्न तुम जिसमें हुए, निज देश का कुछ हित करो।
नर-जन्म पाकर लोक में कुछ काम करना चाहिए,
अपना नहीं तो पूर्वजों का नाम करना चाहिए ॥ 33 ॥

अनुदारता-दर्शक हमारे दूर सब अविवेक हों;
जितने अधिक हो तन भले हैं, मन हमारे एक हों।
आचार में कुछ भेद हों, पर प्रेम हो व्यवहार में,
देखें, हमें फिर कौन सुख मिलता नहीं संसार में ? ॥ 34 ॥

हमको समय को देखकर ही नित्य चलना चाहिए,
बदले हवा जब जिस तरह हमको बदलना चाहिए।
विपरीत विश्व-प्रवाह के निज नाव जा सकती नहीं;
अब पूर्व की बातें सभी प्रस्ताव पा सकतीं नहीं ॥ 35 ॥

व्यवसाय अपने व्यर्थ हैं अब नव्य यन्त्रों के बिना,
परतन्त्र हैं हम सब कहीं अब भव्य यन्त्रों के बिना।
कल के हलों के सामने अब पूर्व का हल व्यर्थ है,
उस बाष्प-विद्युद्वेग-सम्मुख देह का बल व्यर्थ है ॥ 36 ॥

है बदलता रहता समय, उसकी सभी घातें नई,
कल काम में आती नहीं हैं आज की बातें कई !
है सिद्धि-मूल यही कि जब जैसा प्रकृति का रंग हो—
तब ठीक वैसा ही हमारी कार्य्य-कृति का ढंग हो ॥ 37 ॥

प्राचीन हों कि नवीन छोड़ो रूढ़ियाँ जो हों बुरी,
बनकर विवेकी तुम दिखाओ हंस जैसी चातुरी।
प्राचीन बातें ही भली हैं, यह विचार अलीक है,
जैसी अवस्था हो जहाँ वैसी व्यवस्था ठीक है ॥ 38 ॥

सर्वत्र एक अपूर्व युग का हो रहा संचार है,
देखो, दिनोंदिन बढ़ रहा विज्ञान का विस्तार है;
अब तो उठो, क्या पड़ रहे हो व्यर्थ सोच-विचार में ?
सुख दूर, जीना भी कठिन है श्रम बिना संसार में ॥ 39 ॥

पृथ्वी, पवन, नभ, जल, अनल सब लग रहे हैं काम में,
फिर क्यों तुम्हीं खोते समय हो व्यर्थ के विश्राम में ?
बीते हजारों वर्ष तुमको नींद में सोते हुए,
बैठे रहोगे और कब तक भाग्य को रोते हुए ? ॥ 40 ॥

इस नींद में क्या-क्या हुआ, यह भी तुम्हें कुछ ज्ञात है ?
कितनी यहाँ लूटें हुईं, कितना हुआ अपघात है !
होकर न टस से मस रहे तुम एक ही करवट लिए,
निज दुर्दशा के दृश्य सारे स्वप्न-सम देखा किए ! ॥ 41 ॥

इस नींद में ही तो यवन आकर यहाँ आदृत हुए,
जागे न हा ! स्वातन्त्र्य खोकर अन्त में तुम धृत हुए।
इस नींद में ही सब तुम्हारे पूर्व-गौरव हृत हुए,
अब और कब तक इस तरह सोते रहोगे मृत हुए ? ॥ 42 ॥

उत्तप्त ऊष्मा के अनन्तर दीख पड़ती वृष्टि है,
बदली न किन्तु दशा तुम्हारी, नित्य शनि की दृष्टि है !
है घूमता फिरता समय तुम किन्तु ज्यों के त्यों पड़े,
फिर भी अभी तक जी रहे हो, वीर हो निश्चय बड़े ! ॥ 43 ॥

पशु और पक्षी आदि भी अपना हिताहित जानते,
पर हाय ! क्या तुम अब उसे भी हो नहीं पहचानते ?
निश्चेष्टता मानो हमारी नष्टता की दृष्टि है,
होती प्रलय के पूर्व जैसे स्तब्ध सारी सृष्टि है ॥ 44 ॥

सोचो विचारो, तुम कहाँ हो, समय की गति है कहाँ,
वे दिन तुम्हारे आप ही क्या लौट आवेंगे यहाँ ?
ज्यों-ज्यों करेंगे देर हम वे और बढ़ते जायँगे,
यदि बढ़ गए वे और तो फिर हम न उनको पायँगे ॥ 45 ॥

करके उपेक्षा निज समय को छोड़ बैठे हो तुम्हीं,
दुष्कर्म करके भाग्य को भी फोड़ बैठे हो तुम्हीं।
बैठे रहोगे हाय ! कब तक और यों ही तुम कहो ?
अपनी नहीं तो पूर्वजों की लाज तो रक्खो अहो ! ॥ 46 ॥

लो भाग अपना शीघ्र ही कर्तव्य के मैदान में,
हो बद्ध परिकर दो सहारा देश के उत्थान में।
डूबे न देखो नाव अपनी है पड़ी मँझधार में
होगा सहायक कर्म्म का पतवार ही उद्धार में ॥ 47 ॥

भूलो न ऋषि-सन्तान हो, अब भी तुम्हें यदि ध्यान हो—
तो विश्व को फिर भी तुम्हारी शक्ति का कुछ ज्ञान हो।
बनकर अहो ! फिर कर्म्मयोगी वीर बड़भागी बनो,
परमार्थ के पीछे जगत् में स्वार्थ के त्यागी बनो ॥ 48 ॥

होकर निराश कभी न बैठो, नित्य उद्योगी रहो,
सब देश-हितकर कार्य्य में अन्योन्य सहयोगी रहो।
धम्मार्थि के भोगी रहो बस कर्म्म के योगी रहो,
रोगी रहो तो प्रेम-रूपी रोग के रोगी रहो ! ॥ 49 ॥

पुरुषत्व दिखलाओ पुरुष हो, बुद्धि-बल से काम लो,
तब तक न थककर तुम कभी अवकाश या विश्राम लो—
जब तक कि भारत पूर्व के पद पर न पुनरासीन हो,
फिर ज्ञान में, विज्ञान में, जब तक न वह स्वाधीन हो ॥ 50 ॥

निज धर्म्म का पालन करो, चारों फलों की प्राप्ति हो,
दुख-दाह, आधि-व्याधि सबकी एक साथ समाप्ति हो।
ऊपर कि नीचे एक भी सुर है नहीं ऐसा कहीं—
सत्कर्म्म में रत देख तुमको जो सहायक हो नहीं ॥ 51 ॥

देखो, तुम्हें पूर्वज तुम्हारे देखते हैं स्वर्ग से,
करते रहे जो लोक का हित उच्च आत्मोत्सर्ग से।
है दुख उन्हें अब स्वर्ग में भी पतित देख तुम्हें अरे !
सन्तान हो क्या तुम उन्हीं की, राम ! राम ! हरे हरे ! ॥ 52 ॥

अब तो विदा कर दुर्गुणों को सद्गुणों को स्थान दो,
खोया समय यों ही बहुत अब तो उसे सम्मान दो।
चिरकाल तिमिरावृत रहे, आलोक का भी स्वाद लो,
हो योग्य सन्तति, पूर्वजों से दिव्य आशीर्वाद लो ॥ 53 ॥

जग को दिखा दो यह कि अब भी हम सजीव, सशक्त हैं,
रखते अभी तक नाड़ियों में पूर्वजों का रक्त हैं।
ऐसा नहीं कि मनुष्यरूपी और कोई जन्तु हैं,
अब भी हमारे मस्तकों में ज्ञान के कुछ तन्तु हैं ॥ 54 ॥

अब भी सँभल जावें कहीं हम, सुलभ हैं सब साज भी,
बनना, बिगड़ना है हमारे हाथ अपना आज भी।
यूनान, मिस्रादिक मिटे हैं किन्तु हम अब भी बने,
यद्यपि हमारे मेटने को ठाठ कितने ही ठने ॥ 55 ॥

हे आर्य्य सन्तानो ! उठो, अवसर निकल जावे नहीं
देखो, बड़ों की बात जग में बिगड़ने पावे नहीं।
जग जान ले कि न आर्य्य केवल नाम के ही आर्य्य हैं,
वे नाम के अनुरूप ही करते सदा शुभ कार्य्य हैं ॥ 56 ॥

ऐसा करो जिसमें तुम्हारे देश का उद्धार हो,
जर्जर तुम्हारी जाति का बेड़ा विपद से पार हो।
ऐसा न हो जो अन्त में, चर्चा करें ऐसी सभी—
थी एक हिन्दू नाम की भी निन्द्य जाति यहाँ कभी ॥ 57 ॥

समझो न भारत-भक्ति केवल भूमि के ही प्रेम को,
चाहो सदा निज देशवासी बन्धुओं के क्षेम को।
यों तो सभी जड़ जन्तु भी स्वस्थान के अति भक्त हैं;
कृमि, कीट, खग, मृग, मीन भी हमसे अधिक अनुरक्त हैं ॥ 58 ॥

लाखों हमारे दीन-दुःखी बन्धु भूखों मर रहे,
पर हम व्यसन में डूबकर कितना अपव्यय कर रहे !
क्या देश वत्सलता यही है ? क्या यही सत्कार्य्य है ?
क्या लक्ष्य जीवन का यही है ? क्या यही औदार्य्य है ? ॥ 59 ॥

मुख से न होकर चित्त से देशानुरागी हो सदा,
हैं सब स्वदेशी बन्धु, उनके दुःखभागी हो सदा।
देकर उन्हें साहाय्य भरसक सब विपत्ति-व्यथा हरो,
निज दुःख से ही दूसरों के दुःख का अनुभव करो ॥ 60 ॥

अन्तःकरण उज्ज्वल करो औदार्य्य के आलोक से,
निर्म्मल बनो सन्तप्त होकर दूसरों के शोक से।
आत्मा तुम्हारा और सबका एक निरवच्छेद है,
कुछ भेद बाहर क्यों न हो भीतर भला क्या भेद है ? ॥ 61 ॥

सबसे बड़ा गौरव यही तो है हमारे ज्ञान का,
जानें चराचर विश्व को हम रूप उस भगवान् का।
ईशस्थ सारी सृष्टि हममें और हम सब सृष्टि में,
है दर्शनों में दृष्टि जैसे और दर्शन दृष्टि में ॥ 62 ॥

सबसे हमारे धर्म्म का ऊँचा यही तो लक्ष है,
होती असीम अनेकता में एकता प्रत्यक्ष है।
मति की चरमता या परमता है वही अविभिन्नता,
बस छा रही सर्वत्र प्रभु की एक निरवच्छिन्नता ॥ 63 ॥

भगवान् कहते हैं स्वयं ही, भेद-भावों को तजे,
है रूप मेरा ही, मुझे जो सर्व भूतों में भजे।
जो जानता सबमें मुझे, सबको मुझी में जानता;
है मानता मुझको वही, मैं भी उसी को मानता[1] ॥ 64 ॥

हे भाइयो ! भगवान् के आदेश का पालन करो,
अनुदार भाव-कलंक-रूपी पंक प्रक्षालन करो।
नवनीत-तुल्य दयार्द्र हो सब भाइयों के ताप में,
सबमें समझकर आपको, सबको समझ लो आपमें ॥ 65 ॥

बस मर्म्म स्वार्थ-त्याग ही तो है हमारे धर्म्म का,
है ईश्वरार्पण सर्वदा सब फल हमारे कर्म्म का।
निष्काम होना ही हमारा निरुपमेय महत्त्व है,
प्रभु का स्वयं श्रीमुख कथित गीता-ग्रथित यह तत्त्व है ॥ 66 ॥

इतिहास है, हम पूर्व में स्वार्थी कभी होते न थे;
सुख-बीज हम अपने लिए ही विश्व में बोते न थे।
तब तो हमारे अर्थ यह संसार ही सुख-स्वर्ग था;
मानो हमारे हाथ पर रक्खा हुआ अपवर्ग था ॥ 67 ॥

---

1. इस पद्य की रचना श्रीमद्‌भगवद्‌गीता के निम्नलिखित श्लोक के आधार पर की गई है :
यो मां पश्यति सर्वत्र सर्व च मयि पश्यति।
तस्याहं न प्रणश्यामि स च मे न प्रणश्यति ॥
सर्व भूतस्थितं यो मां भजत्येकत्वमास्थितः।
सर्वथा वर्तमानोऽपि स योगी मयि वर्तते ॥

हम पर-हितार्थ सहर्ष अपने प्राण भी देते रहे,
हाँ, लोक के उपकार-हित ही जन्म हम लेते रहे।
सुर भी परीक्षक हैं हमारे धर्म्म के अनुराग के,
इतिहास और पुराण हैं साथी हमारे त्याग के ॥ 68 ॥

हैं जानते यह तत्त्व जो जन आज भी वे मान्य हैं,
चाहे बिना ही पा रहे वे सब कहीं प्राधान्य हैं।
जग में न उनको प्राप्त हो जो कौन ऐसी सिद्धि है ?
उनके पदों पर लोटती सब ऋद्धियों की वृद्धि है ॥ 69 ॥

करते उपेक्षा यदि न हम उस उच्चतम उद्देश की,
तो आज यह अवनति नहीं होती हमारे देश की।
यदि इस समय भी सजग हों तो भी हमारा भाग्य है,
पर कर्म्म के तो नाम से ही अब हमें वैराग्य है ॥ 70 ॥

सच्चे प्रयत्न कभी हमारे व्यर्थ हो सकते नहीं,
संसार भर के विघ्न भी उनको डुबो सकते नहीं !
वे तत्त्वदर्शी ऋषि हमारे कह रहे हैं यह कथा—
''सत्यप्रतिष्ठायां क्रिया (सु.) फलाश्रयत्वं सर्वथा'' ॥ 71 ॥

आओ बनें शुभ साधना के आज से साधक सभी,
निज धर्म्म की रक्षा करें, जीवन सफल होगा तभी।
संसार अब देखे कि यदि हम आज हैं पिछड़े पड़े—
तो कल बराबर और परसों विश्व के आगे खड़े ॥ 72 ॥

ब्राह्मण बढ़ावें बोध को, क्षत्रिय बढ़ावें शक्ति को;
सब वैश्य निज वाणिज्य को त्यों शूद्र भी अनुरक्ति को।
यों एक मन होकर सभी कर्तव्य के पालक बनें—
तो क्या न कीर्ति-वितान चारों ओर भारत के तनें ? ॥ 73 ॥

मुक्तक-कविता

स्वदेश-संगीत

बैठे हैं

मत पूछो, कैसे बैठे हो ? खाली यहाँ खड़े बैठे हैं;
कोरी कुल की ऐंठ दिखाकर, घर में बने बड़े बैठे हैं।
बन्धु-बान्धवों से टुकड़ों पर श्वान-समान लड़े बैठे हैं;
घर-घर भीख माँगने को हम पत्थर हुए अड़े बैठे हैं !
पके बेर के पेड़ों जैसे वारंवार झड़े बैठे हैं;
बनकर बिगड़ चुके हैं फिर भी सोते सदा पड़े बैठे हैं।
परवश विषयों के जालों में जड़ बनकर जकड़े बैठे हैं;
अपने भूतपूर्व गौरव पर फिर भी हम अकड़े बैठे हैं !
बने कूप मंडूक, निरुद्यम, चौड़े में सकड़े बैठे हैं !
दो हाथों से एक दैव का पिंड मात्र पकड़े बैठे हैं !!

भारत-सन्तान

जय भारत, जिसकी कीर्ति
सुरों ने गाई।
हम हैं भारत-सन्तान—
करोड़ों भाई ॥

हाँ, गूँज उठे आकाश अनिल के द्वारा;
अगणित कंठों से बहे एक स्वर-धारा।
कह दो, पुकार कर, सुने चराचर सारा;
है अब तक भी अस्तित्व अखंड हमारा ॥
अब तक भी है कुल-कीर्ति
हमारी छाई।
हम हैं भारत-सन्तान—
करोड़ों भाई ॥

घन घोषित कर दे, उक्तिभूमि भारत है;
कह दे समीर यह युक्तिभूमि भारत है।

ध्वनि उठे धरा से, भुक्तिभूमि भारत है;
गूँजे अनन्त नभ, मुक्तिभूमि भारत है ॥
देवों को भी यह दिव्य
देश मुददायी।
हम हैं भारत-सन्तान—
करोड़ों भाई ॥

अच्युत ने हमको आत्म भाव दिखलाया;
श्री राम-कृष्ण ने धर्म्म-कर्म्म सिखलाया।
जिन और बुद्ध ने दया-प्रेम दरसाया;
क्यों न हो हमें इस मातृभूमि की माया ?
भगवत् को भी यह पुण्य—
भूमि मन भाई।
हम हैं भारत-सन्तान—
करोड़ों भाई ॥

बस, इसी दिशा से प्रथम प्रकाश हुआ था;
शुभ साम-गान से मोह-विनाश हुआ था।
पृथ्वी तल का पशुभाव हताश हुआ था;
मानव-कुल में मनुजत्व-विकास हुआ था ॥
हमसे जीवन की ज्योति
जगत ने पाई।
हम हैं भारत-सन्तान—
करोड़ों भाई ॥

उत्पन्न मुक्ति भी हुई अहा ! भारत में;
मनु ने स्वतन्त्र को सुखी कहा भारत में।
अधिकार-गर्व यों अटल रहा भारत में;
भाई-भाई तक लड़े महाभारत में ॥
शर-शय्या पर भी राज-
नीति समझाई।
हम हैं भारत-सन्तान—
करोड़ों भाई ॥

सब बातों में हम रहे सदा आगे हैं;
विघ्नों के भय से कहीं नहीं भागे हैं।
सदियों तक सोए, किन्तु पुनः जागे हैं;
अब भी हमने निज भाव नहीं त्यागे हैं ॥
फिर बारी हे संसार !
हमारी आई।
हम हैं भारत-सन्तान—
करोड़ों भाई ॥

काले बादल

क्या कहा ?—काले ?—हाँ, हम श्वेत नहीं,
किन्तु क्या निर्मल-नीर-निकेत नहीं ?
बरसते हैं क्या साम्य समेत नहीं ?
हरे रखते हैं क्या सब खेत नहीं ?

हमें तुम भूल न जाओ, पहचानो;
आँख रखते हो तो अंजन जानो ॥

सफल करते हैं पद-विन्यास हमीं,
बुझाते हैं पृथ्वी की प्यास हमीं।
उगाते हैं हे पशुओ ! घास हमीं,
दूर रहकर भी रहते पास हमीं।

श्वेत बक-वृन्द हमीं में उड़ता है,
जगत् का जलता जी भी जुड़ता है ॥

सरस हैं, पर हम शक्ति विहीन नहीं,
आर्द्र होकर भी क्या घन पीन नहीं ?
देख लो, दाता हैं हम, दीन नहीं;
समय के साथी किन्तु अधीन नहीं।

भरी है हम में, नस नस में बिजली,
किन्तु हम रखते हैं बस में बिजली ॥

फुहारें फूलों सी बरसा दें हम,
और सूखे को भी सरसा दें हम।

खिंचे यदि तो दुकाल दरसा दें हम,
बूँद के लिए तुम्हें तरसा दें हम।

बनें जल भी थल जो हम तन जावें,
बना दें तो थल भी जल बन जावें ॥

विपुल ब्रह्मांड हमीं तो सेते हैं,
विश्व का विस्तृत बेड़ा खेते हैं।
हृदय में रवि-शशि को रख लेते हैं,
जुगुनुओं तक को अवसर देते हैं।

वायु-वाहन पर व्योम-विहारी हैं,
धनुष-मिष सब रंगों के धारी हैं ॥

घेर सकता है कौन, स्वयं घिरते;
फिरा सकता है कौन, स्वयं फिरते।
झिरा सकता है कौन, स्वयं झिरते,
गरज सुनकर क्या गर्भ नहीं गिरते ?

प्रलय कर दें, यदि भृकुटि फिरा दें हम;
उपल बरसा दें, गाज गिरा दें हम ॥

समझते हैं हम रोग श्वेतपन को,
रिक्त ही पाओगे तुम सितघन को।
क्या करें लेकर उस उज्ज्वल तन को—
न पावें जिसमें हम शुचि जीवन को ?

गर्व है काले होने का हमको,
मिला घनश्याम नाम पुरुषोत्तम को ॥

न होती छटा हमारी जो काली,
कहाँ से आती तो यह हरियाली ?
न सजती सौ-सौ अन्नों से थाली,
न रहता कोई राग रंगशाली।

करें यदि हम करुणा कर वृष्टि नहीं,
जान रक्खो, तो तुम क्या, सृष्टि नहीं ॥

तुम्हें जब मृगतृष्णा तल छलते हैं,
जलाशय मानो आप उबलते हैं।
शिलाएँ फटती हैं, वन जलते हैं;
हमीं तब रक्षा करने चलते हैं।

किसी का नीर नहीं जो पीते हैं,
हमीं से वे चातक भी जीते हैं ॥

हमीं तो घर की याद दिलाते हैं,
और बिछुड़ों को हमीं मिलाते हैं,
महा मुरझे भी सुमन खिलाते हैं,
स्वजीवन देकर तुम्हें जिलाते हैं।

बरसते हैं अपने को आप हमीं,
शान्त करते हैं भव-सन्ताप हमीं ॥

चलें तो अन्ध आँधियाँ चला करें,
जलें तो आक, जबासे जला करें,
सु-फल पुण्य-क्षेत्रों में फला करें,
हमारी बूँदें सबका भला करें।

व्यर्थ के झगड़ों की मत सृष्टि करो,
इधर देखो, कुछ ऊँची दृष्टि करो ॥

जय बोल

खुली है कूट-नीति की पोल;
महात्मा गाँधी की जय बोल।

नया पन्ना पलटे इतिहास,
हुआ है नूतन वीर्य विकास।
विश्व, तू ले सुख से निःश्वास,
तुझे हम देते हैं विश्वास।

आत्म-बल धारण कर अनमोल;
महात्मा गाँधी की जय बोल !

देखकर वैर, विरोध, विनाश,
पड़ गया है नीला आकाश !
किन्तु अब पशु-बल हुआ हताश,
कटेगा पराधीनता-पाश।
उठा ईश्वर का आसन डोल;
महात्मा गाँधी की जय बोल !

विचित्र संग्राम

अस्थिर किया टोपवालों को
गाँधी-टोपी वालों ने।
शस्त्र बिना संग्राम किया है
इन माई के लालों ने।
अपने निश्चय पर ये दृढ़ हैं,
मारो, पीटो, बन्द करो !
अजब बाँकपन दिखलाया है
इनकी सीधी चालों ने।
यहाँ जमाई है अपनी जड़,
पश्चिम के जिन पौधों ने,
असहयोग के फल उपजाए,
उनकी ऊँची डालों ने।
मैंचेस्टर में बनी कभी की,
सोने की दीवारें हैं।
हम नंगों की लज्जा रक्खी,
है मकड़ी के जालों ने।
गाढ़ा आड़े हुआ, नहीं तो,
हमें फँसाए रखने को।
रंग-रंग के जाल बुने हैं
मेशीनों की मालों ने।
अपने को भी भूल गए हम,
स्वप्न देखकर औरों के।
ऐसा रंग जमाया हम पर,
उनके मद के प्यालों ने।

जीते रहे पूर्वजों के ही,
पुण्यों से ज्यों त्यों करके।
दास्य, दैन्य, दुर्भिक्ष दिए हैं,
हमें अनेकों सालों ने।
देना पड़े रक्त भी चाहे,
पर अपना पानी रखना।
मर कर भी पानी भर रक्खा,
पशुओं तक की खालों ने !
वीर धीरता से करते हैं,
सदा सामना विघ्नों का।
जकड़ा सभी जातियों को है,
जीवन के जंजालों ने।
टाला किए बराबर ही वे,
कोरी बातें कह कह कर।
बातें समझी हैं अब उनकी।
भूले भोले-भालों ने।
कच्चा हमें समझते हैं वे,
अब भी अपने शासन में।
पका कलेजा यहाँ, पकाया,
अपने को इन बालों ने।
उनसे अल्प योग्यता हमने,
नहीं दिखाई अवसर पर।
फिर भी वंचित किया हमें है,
केवल काले भालों ने।
भय में सच्चा प्रेम कहाँ है ?
प्रेम नहीं तो क्षेम कहाँ ?
वश कर पाया कहाँ प्रजा को,
पशु-बल से भूपालों ने ?
धारण किया स्वयं सेवा व्रत,
भारत के हित आज अहा !
सब ने, वृद्धों ने, युवकों ने,
वनिताओं ने, बालों ने।
कहीं आज तक स्वतन्त्रता का,
रंग उड़ाए उड़ा नहीं।

धुआँ उड़ाया है अपना हो,
बन्दूक़ों की नालों ने।
कभी बन्द कर पाया है क्या
मधुर मुक्ति के भावों को,
जेलों की उन दीवारों ने—
जंजीरों ने, तालों ने ?
करता है जो काल स्वयं ही,
उससे अधिक किसी जन का,
क्या कर लिया मशीनगनों ने,
संगीनों ने, भालों ने ?
बनी रही जो कहीं स्वदेशी
तो दर्शक ही देखेंगे।
गोलों को भी उड़ा दिया है
यहाँ रुई के गालों ने ॥
कैसा भी दृढ़ रहे गर्व-गढ़,
स्वयं शीघ्र ढा जाता है।
किसके गौरव की रक्षा की,
कहो, ढोंग की ढालों ने ?
उदय-दिशा के रहनेवाले
कब तक रहें अँधेरे में ?
जग को जगमग जगा दिया है,
अपने ही उजियालों ने।
गए दिनों में भी भारत ने,
निज गौरव दिखलाया है।
अब भी 'सत्याग्रह' सिखलाया—
है, गोरों को कालों ने ॥

मंगल-घट

मातृभूमि

नीलाम्बर परिधान हरित पट पर सुन्दर है,
सूर्य्य-चन्द्र युग मुकुट, मेखला रत्नाकर है;
नदियाँ प्रेम-प्रवाह, फूल तारे मंडन हैं;
बन्दीजन खग-वृन्द, शेष-फन सिंहासन हैं;

करते अभिषेक पयोद हैं,
बलिहारी इस वेष की !
हे मातृभूमि, तू सत्य ही
सगुण मूर्ति सर्वेश की ॥

मृतक समान अशक्त, अवश, आँखों को मीचे
गिरता हुआ विलोक गर्भ से हमको नीचे;
करके जिसने कृपा हमें अवलम्ब दिया था,
लेकर अपने अतुल अंक में त्राण किया था,

जो जननी का भी सर्वदा,
थी पालन करती रही।
तू क्यों न हमारी पूज्य हो ?
मातृभूमि मातामही !

जिसकी रज में लोट लोट कर बड़े हुए हैं,
घुटनों के बल सरक-सरक कर खड़े हुए हैं;
परमहंस-सम बाल्य काल में सब सुख पाए,
जिसके कारण 'धूलि-भरे हीरे' कहलाए;

हम खेले-कूदे हर्ष युत
जिसकी प्यारी गोद में।
हे मातृभूमि, तुझको निरख
मग्न क्यों न हों मोद में ?

पालन पोषण और जन्म का कारण तू ही,
वक्षस्थल पर हमें कर रही धारण तू ही;
अभ्रंकष प्रासाद और ये महल हमारे,
बने हुए हैं अहो ! तुझी से तुझ पर सारे;

हे मातृभूमि, हम जब कभी
तेरी शरण न पायँगे।
बस, तभी प्रलय के पेट में
सभी लीन हो जायँगे ॥

हमें जीवनाधार अन्न तू ही देती है,
बदले में कुछ नहीं किसी से तू लेती है;
श्रेष्ठ एक से एक विविध द्रव्यों के द्वारा,
पोषण करती प्रेम-भाव से सदा हमारा;

हे मातृभूमि, उपजें न जो
तुझसे कृषि-अंकुर कभी।
तो तड़प तड़प कर जल भरें
जठरानल में हम सभी ॥

पाकर तुझसे सभी सुखों को हमने भोगा,
तेरा प्रत्युपकार कभी क्या हमसे होगा ?
तेरी ही यह देह, तुझी से बनी हुई है,
बस, तेरे ही सुरस-सार से सनी हुई है;

फिर अन्त समय तू ही इसे
अचल देख अपनायगी।
हे मातृभूमि, यह अन्त में
तुझमें ही मिल जायगी ॥

जिन मित्रों का मिलन मलिनता को है खोता,
जिस प्रेमी का प्रेम हमें मुददायक होता;
जिन स्वजनों को देख हृदय हर्षित हो जाता,
नहीं टूटता कभी जन्म भर जिनसे नाता;

उन सब में तेरा सर्वदा,
व्याप्त हो रहा तत्त्व है !
हे मातृभूमि, तेरे सदृश,
किसका महा महत्त्व है ?

निर्मल तेरा नीर अमृत के सम उत्तम है,
शीतल-मन्द-सुगन्ध पवन हर लेता श्रम है;
षड्ऋतुओं का विविध दृश्य युत अद्भुत क्रम है,
हरियाली का फर्श नहीं मखमल से कम है;

शुचि सुधा सींचता रात में
तुझ पर चन्द्र प्रकाश है।
हे मातृभूमि, दिन में तरणि
करता तम का नाश है॥

सुरभित, सुन्दर, सुखद सुमन तुझ पर खिलते हैं,
भाँति भाँति के सरस, सुधोपम फल मिलते हैं;
ओषधियाँ हैं प्राप्त एक-से-एक निराली,
खानें शोभित कहीं धातु-वर रत्नोंवाली;

जो आवश्यक होते हमें,
मिलते सभी पदार्थ हैं।
हे मातृभूमि, वसुधा-धरा
तेरे नाम यथार्थ हैं ॥

दीख रही है कहीं दूर तक शैल-श्रेणी,
कहीं घनावलि बनी हुई है तेरी वेणी;
नदियाँ पैर पखार रहीं हैं बन कर चेरी,
पुष्पों से तरु-राजि कर रही पूजा तेरी;

मृदु मलय-वायु मानो तुझे
चन्दन चारु चढ़ा रही !
हे मातृभूमि, किसका न तू
सात्त्विक भाव बढ़ा रही ?

क्षमामयी, तू दयामयी है, क्षेममयी है,
सुधामयी, वात्सल्यमयी, तू प्रेममयी है;
विभवशालिनी, विश्वपालिनी, दुखहर्त्री है,
भयनिवारिणी, शान्तिकारिणी, सुखकर्त्री है;

हे शरणदायिनी देवि, तू,
करती सब का त्राण है।
हे मातृभूमि, सन्तान हम,
तू जननी, तू प्राण है ॥

आते ही उपकार याद हे माता ! तेरा,
हो जाता मन मुग्ध भक्ति-भावों का प्रेरा;
तू पूजा के योग्य, कीर्ति तेरी हम गावें,
मन होता है—तुझे उठाकर शीश चढ़ावें;

वह शक्ति कहाँ, हा ! क्या करें,
क्यों हमको लज्जा न हो ?
हम मातृभूमि, केवल तुझे,
शीश झुका सकते अहो !

कारणवश जब शोक-दाह से हम दहते हैं,
तब तुझ पर ही लोट लोट कर दुख सहते हैं।
पाखंडी भी धूल चढ़ा कर तन में तेरी,
कहलाते हैं साधु, नहीं लगती है देरी,

इस तेरी ही शुचि धूलि में
मातृभूमि, वह शक्ति है—
जो क्रूरों के भी चित्त में
उपजा सकती भक्ति है !

कोई व्यक्ति विशेष नहीं तेरा अपना है,
जो यह समझे हाय ! देखता वह सपना है;
तुझको सारे जीव एक से ही प्यारे हैं,
कर्म्मों के फल मात्र यहाँ न्यारे न्यारे हैं;

हे मातृभूमि, तेरे निकट
सबका सम सम्बन्ध है।
जो भेद मानता वह अहो !
लोचन-युत भी अन्ध है ॥

जिस पृथिवी में मिले हमारे पूर्वज प्यारे,
उससे हे भगवान् ! कभी हम रहें न न्यारे;
लोट लोट कर वहीं हृदय को शान्त करेंगे,
उसमें मिलते समय मृत्यु से नहीं डरेंगे;

उस मातृभूमि की धूलि में
जब पूरे सन जायँगे,
होकर भव-बन्धन-मुक्त हम
आत्मरूप बन जायँगे ॥

स्वर्ग-सहोदर

जितने गुण सागर नागर हैं,
कहते यह बात उजागर हैं।
अब यद्यपि दुर्बल, आरत है,
पर भारत के सम भारत है ॥

बसते वसुधा पर देश कई,
जिनकी सुषमा सविशेष नई।
पर है किसमें गुरुता इतनी,
भरपूर भरी इसमें जितनी ॥

गुण-गुम्फित हैं इसमें इतने,
पृथिवी पर हैं न कहीं जितने।
किसकी इतनी महिमा वर है ?
इस पै सब विश्व निछावर है ॥

जन तीस करोड़ यहाँ गिनके—
कर साठ करोड़ हुए जिनके।
जग में वह कार्य मिला किसको,
यह देश न साध सके जिसको ?

उपजें सब अन्न सदा जिसमें,
अचला अति विस्तृत है इसमें।
जग में जितने प्रिय द्रव्य जहाँ,
समझो सबकी भवभूमि यहाँ॥

प्रिय दृश्य अपार निहार नए,
छवि वर्णन में कवि हार गए।
उपमा इसकी न कहीं पर है
धरणी-धर ईश धरोहर है॥

जलवायु महा हितकारक है
रुज-हारक स्वास्थ्य-प्रसारक है।
द्युतिमन्त दिगन्त मनोरम है,
क्रम-षड्ऋतु का अति उत्तम है॥

सुखकारक ऊपर श्याम घटा,
दुखहारक भूपर शस्य-छटा।
दिन में रवि लोक-प्रकाशक है,
निशि में शशि ताप-विनाशक है॥

छविमान कहीं पर खेत हरे,
वन बाग कहीं फल-फूल भरे।
गिरि तुंग कहीं मन मोह रहे,
सब ओर जलाशय सोह रहे॥

रतनाकर की रसना पहने,
बहु पुष्प-समूह बने गहने।
परिधान किए तृण-चीर हरा,
अति सुन्दर है यह दिव्य धरा॥

बहु चम्पक, कुन्द, कदम्ब बड़े,
बकुलादि अनन्त अशोक खड़े।
कितने न इसे वर वृक्ष मिले,
अति चित्र-विचित्र प्रसून खिले॥

मृदु[1], बेर, मुखप्रिय[2], जम्बु फले,
कदली, शहतूत, अनार भले।
फलराज रसाल समान कहीं,
फल और मनोहर एक नहीं॥

कृषि केसर की भरपूर यहाँ,
मृग-गन्ध, कुसुम्भ, कपूर यहाँ।
समझो मधु का बस कोष इसे,
रस हैं इतने उपलब्ध किसे ?

अमृतोपम अद्‌भुत शक्तिमयी,
जिनकी सुगुण-श्रुति नित्य नई।
इसमें बहु ओषधियाँ खिलतीं,
जल में, थल में, तल में मिलतीं॥

कृषि में इसने जग जीत लिया,
किसने इस-सा व्यवसाय किया ?
सन, रेशम, ऊन, कपास अहो !
उपजा इतना किस ठौर कहो ?

अवनी-उर में बहु रत्न भरे,
कनकादिक धातु-समूह धरे।
वह कौन पदार्थ मनोरम है,
जिसका न यहाँ पर उद्‌गम है ?

कवि, पंडित, वीर उदार महा,
प्रकटे मुनि धीर अपार यहाँ।
लख के जिनकी गति के मग को,
गुरुज्ञान सदा मिलता जग को॥

---

1. मृदु—अमरूद।
2. मुखप्रिय—नारंगी।

बहु भाँति बसे पुर-ग्राम घने,
अब भी नभ-चुम्बक धाम बने।
सब यद्यपि जीर्ण-विशीर्ण पड़े,
पर पूर्व-दशास्मृति-चिह्न खड़े॥

अब भी वन में मिलके चरते,
बहु गो-गण हैं मन को हरते।
इन-सा उपकारक जीव नहीं,
पय-तुल्य न पेय पदार्थ कहीं॥

मद-मत्त कहीं गज झूम रहे,
मुद मान कहीं मृग घूम रहे।
शुक, चातक, कोकिल बोल रहे,
कर नृत्य शिखी-गण डोल रहे॥

शत पत्र कहीं पर फूल रहे,
मधु-मुग्ध मधुव्रत भूल रहे।
कल हंस कहीं रव हैं करते,
जल-जीव प्रमोद भरे तरते॥

शुचि शीतल-मन्द सुगन्ध सनी,
अनुकूल बयार सुदार बनी।
हरती सब का श्रम सेवन में,
भरती सुख है तन में, मन में॥

जगती तल में वह देश कहाँ,
निकले गिरि-गन्ध विशेष जहाँ ?
इसमें मलयाचल शोभन है,
जिसमें घन चन्दन का वन है॥

शिर है गिरिराज अहो ! इसका,
इस भाँति महत्त्व कहो किसका ?
तुहिनालय यद्यपि नाम पड़ा,
विभवालय है वह किन्तु बड़ा॥

वर विष्णुपदी बहती इसमें,
रवि की तनया रहती इसमें।
अघ-नाशक तीर्थ अनेक यहाँ,
मिलती मन को चिर-शान्ति जहाँ॥

क्षिति-मंडल था जब अज्ञ सभी,
यह था अति उन्नत, सभ्य तभी।
बहु देश समुन्नत जो अब हैं,
शिशु शिष्य इसी गुरु के सब हैं॥

शुचि शौर्य्य-कथा इतनी किसकी,
जग-विश्रुत है जितनी इसकी ?
अमरों तक का यह मित्र रहा,
अति दिव्य चरित्र पवित्र रहा॥

ध्रुव धर्ममयी इसकी क्षमता,
रखती न कहीं अपनी समता।
गरिमा इसकी न कहाँ पर है,
किससे न लिया इसने कर है ?

श्रुति, शास्त्र, पुराण तथा स्मृतियाँ,
बहु अन्य सुधी-गण की कृतियाँ।
नय-नीति-निमन्त्रित तन्त्र बने;
सब ही विषयों पर ग्रन्थ घने॥

कविता, कल नाट्य सुशिल्पकला,
इस भाँति बढ़ी किस ठौर भला ?
किस पै न रहा इसका कर है,
किस सद्गुण का न यहाँ घर है ?

सुख मूल सनातन धर्म्म रहा,
अनुकूल अलौकिक कर्म रहा।
वर वृत्त बढ़े इतने किसके ?
नर क्या, सुर भी वश थे इसके॥

सुख का सब साधन है इसमें,
भरपूर भरा धन है, इसमें।
पर हा ! अब योग्य रहे न हमीं,
इससे दुख की जड़ आन जमी॥

सुन के इसकी सब पूर्व कथा,
उठती उर में अब घोर व्यथा।
इसमें इतना घृत-क्षीर बहा,
जितना न कहीं पर नीर रहा॥

अब दीन दयालु दया करिए,
सब भाँति दरिद्र-दशा हरिए।
भरिए फिर वैभव नित्य नया,
चिरकाल हुआ सुख छूट गया॥

अवलम्ब न और कहीं इसको,
तजिए हरि हाय ! नहीं इसको।
खलता दुख दैत्य महोदर है,
यह भारत स्वर्ग-सहोदर है॥

मेरा देश

बलिहारी तेरा वरवेश,
मेरे भारत ! मेरे देश !

बाहर मुकुट विभूषित भाल,
भीतर जटा-जूट का जाल।
ऊपर नभ, नीचे पाताल,
और बीच में तू प्रणपाल।
बन्धन में भी मुक्ति निवेश,
मेरे भारत ! मेरे देश !

कभी मुरज-मय वीणावाद,
कभी स्वरों से साम-निनाद।
कभी गगनचुम्बी प्रासाद,
कभी कुटी में ही आह्लाद।

नहीं कहीं भी भय का लेश,
मेरे भारत ! मेरे देश !

है तेरी कृति में विक्रान्ति,
भरी प्रकृति में निश्चल शान्ति।
फटक नहीं सकती है भ्रान्ति,
आँखों में है अक्षय क्रान्ति,
आत्मा में है अज अखिलेश,
मेरे भारत ! मेरे देश !

सरस्वती का तुझमें वास,
लक्ष्मी का भी विपुल-विलास।
प्रिया प्रकृति का पूर्ण विकास,
फिर भी है तू आप उदास।
हे गिरीश, हे अम्बरकेश !
मेरे भारत ! मेरे देश !

मस्तक में रखता है ज्ञान,
भक्ति-पूर्ण मानस में ध्यान।
करके तू प्रभु-कर्म-विधान,
है सत् चित् आनन्द निधान।
मेटे तूने तीनों क्लेश,
मेरे भारत ! मेरे देश !

इधर विविध लीला विस्तार,
उधर गुणों का भी परिहार।
जिधर देखिए पूर्णाकार,
किधर कहें हम तेरा द्वार ?
हृदय कहीं से करे प्रवेश,
मेरे भारत ! मेरे देश !

तन से सब भोगों का भोग,
मन से महा अलौकिक योग।
पहले संग्रह का संयोग,
स्वयं त्याग का फिर उद्योग।

अद्‌भुत है तेरा उद्‌देश,
मेरे भारत ! मेरे देश !

बनकर तू चिर साधन धाम,
हुआ स्वयं ही आत्माराम,
लिया नहीं तब तक विश्राम—
जब तक पूरा किया न काम।
दिए तुझी ने सब उपदेश,
मेरे भारत ! मेरे देश !

मातृ-मूर्ति

जय जय भारत-भूमि-भवानी !
अमरों ने भी तेरी महिमा
वारंवार बखानी।

तेरा चन्द्र-वदन वर विकसित
शान्ति-सुधा बरसाता है;
मलयानिल-निश्वास निराला
नवजीवन सरसाता है।

हृदय हरा कर देता है यह
अंचल तेरा धानी;
जय जय भारत-भूमि-भवानी !

उच्च-हृदय-हिमगिरि से तेरी
गौरव-गंगा बहती है;
और करुण-कालिन्दी हमको
प्लावित करती रहती है।

मौन मग्न हो रही देखकर
सरस्वती-विधि वाणी;
जय जय भारत-भूमि-भवानी !

तेरे चित्र विचित्र विभूषण
हैं फूलों के हारों के;

उन्नत-अम्बर-आतपत्र में
रत्न जड़े हैं तारों के।

केशों से मोती झरते हैं
या मेघों से पानी ?
जय जय भारत-भूमि-भवानी !

वरद-हस्त हरता है तेरे,
शक्ति-शूल की सब शंका;
रत्नाकर-रसने, चरणों में
अब भी पड़ी कनक लंका।

सत्य-सिंह-वाहिनी बनी तू
विश्व-पालिनी रानी;
जय जय भारत-भूमि-भवानी !

करके माँ, दिग्विजय जिन्होंने
विदित विश्वजित याग किया,
फिर तेरा मृत्पात्र मात्र रख
सारे धन का त्याग किया।

तेरे तनय हुए हैं ऐसे
मानी, दानी, ज्ञानी—
जय जय भारत-भूमि-भवानी !

तेरा अतुल अतीत काल है
आराधन के योग्य समर्थ;
वर्तमान साधन के हित है
और भविष्य सिद्धि के अर्थ।

भुक्ति मुक्ति की युक्ति, हमें तू
रख अपना अभिमानी;
जय जय भारत-भूमि-भवानी !

अंजलि और अर्घ्य

बापू का महाप्रयाण

अरे राम ! कैसे हम झेलें
अपनी लज्जा उसका शोक ?
गया हमारे ही पापों से
अपना राष्ट्रपिता परलोक।
हे भगवान, उदित होते हैं
क्या अब भी तेरे रवि-सोम ?
आँखें रहते देख रहे हैं
हम क्यों केवल तम का तोम।
स्वयं मनुज ने मनुज जाति का
किया उजागर कैसा नाम,
लिया अपूर्व काम जिस जन से
दिया उसे ऐसा विश्राम !
उसका क्या, हम कोटि कोटि का
घात किया है घातक ने,
अथवा प्रकट रूप रक्खा यह
छिपे हमारे पातक ने।
म्लेच्छ भंग कर गया मूर्त्ति युग—
पुरुषोत्तम की मर्म मयी,
जानी जाती नहीं रूप से
जाति प्रकृति-गुण-कर्म मयी।
अट्टहास कर वधिक, बुझाकर
हम असंख्यकों का दिग्-दीप;
पर क्या अगत जनों का रोदन
जा न सकेगा राम-समीप ?
हत्यारों के हाथों होगा

अब हिन्दू-संस्कृति का त्राण,
धरा रहेगा उसका शव ही
किन्तु कहाँ उसका वह प्राण ?
दिया जाय दैत्यों को भी जल
कह कर 'तृप्यन्ताम' जहाँ,
भूल गया हिन्दुत्व हमारा
हिन्दू बनकर कौन वहाँ ?
खोया है अपने ही हाथों
हमने अपना हिन्दू-राज्य,
सबका राज्य चाहता था वह,
रहे एक-सा जो अविभाज्य।
स्वार्थ-सिद्धि के लिए वेद का
लेते हैं नास्तिक भी नाम,
'मित्रचक्षु' ले यहाँ उसी ने
साधा है श्रुतियों का काम।
उससे बड़ा कौन हिन्दू, जो
गो-द्विज को इस भाँति भजे,
तजे स्वयं गो-दुग्ध दया-वश,
कोढ़ देख द्विज को न तजे।
ब्राह्मण और अन्त्यजों में जो
रहा आत्मवत् समदर्शी,
हुआ कौन यह हिंस्र अचानक
उस जन का जन्मस्पर्शी ?
शतियों सही प्रसव की पीड़ा,
जब तूने अयि मातृमही,
तब यह एक लाल पाया था,
हाँ, अपना-सा आप यही।
किन पुण्यों से हमें मिला था
अन्धकार में यह आलोक ?
हरे ! बुझाकर आप हमीं ने
किया अँधेरा अपना ओक।
चला गया लो, चला गया हो,
चला गया सो पुण्यश्लोक,
ओ विक्षिप्त मनुज, अब तुम सब

हर्ष मनाओ चाहे शोक।
अन्तरिक्ष आहें भरता है,
धरती आज कराह रही,
हा ! मनुष्य से ही मनुष्यता
हटकर बचना चाह रही !

मंगल-घट

दस्ताने

कहते उस्ताद थे महीप आप जिनसे
भूपति भवानीसिंह दतिया नरेश के
आश्रित पठान एक निज के सिपाही थे।
होकर प्रसन्न एक बार उन्हें राजा ने
बख्श दिए अपने पहनने के सोने के
दस्ताने, सहर्ष चले वे उन्हें पहन के।
किन्तु ज्यों ही निकले वे ड्योढ़ी से कि सामने
मिल गया एक उन्हें ठाकुर दरिद्र-सा,
कुरता फटा-सा एक पहने हुए था जो,
मैली किन्तु टेढ़ी बँधी सिर पर बत्ती थी,
नंगे पैर, किन्तु तलवार लिये हाथ में,
उसने उस्ताद को विलोक कर यों कहा—
''दस्ताने कहाँ से मिले तुमको ये राजों के ?''
बोले वे कि ''ठाकुर, ये बख्शे हैं हुजूर ने।''
''पर यह बख्शने की चीज नहीं, राजा भी,
बख्श नहीं सकते हैं शोभा यह राज्य की।
पीढ़ी दर पीढ़ी इन्हें पहनें सवारी में
इतना ही हक रखते हैं इन पर वे।
इससे उतार दो इन्हें, इसी में है भला !''
ठाकुर की बात सुन बोले वे कि ''तुम क्या
कहते हो ? ये तो दिए हमको हैं राजा ने।''
''राजा के भतीजे !''—कहा ठाकुर ने गर्ज के—
''कहता हूँ उतार दे, उतारता है या नहीं ?''
ठाकुर ने त्योरियों के साथ तलवार भी
खींच ली तुरन्त और क्रोध कर यों कहा—

"पार कर दूँगा अभी, आँतें गिर जाएँगी;
कहता हूँ फिर भी उतार दे, उतार दे !"
ठाकुर ने तोली तलवार तब अपनी।
भौंचक से होकर उस्तादजी ने देख के
दस्ताने उतार चुपचाप उन्हें दे दिए।
ठाकुर ने लेकर तुरन्त उन्हें राजा के
सामने जा रक्खा, उन्हें देखकर राजा ने
पूछा यों—"सोपतसिंह, पाए कहाँ तुमने ?
हमने उस्ताद को दिए थे यह दस्ताने।"
उत्तर दिया यों तब ठाकुर ने उनको—
"पृथ्वीनाथ, पात्र भी थे वे या नहीं इनके ?
शूरवीर राजों के भूषण ये, हैं नहीं—
योग्य ऐसे वैसों के कि पहनें वे इनको।
इनका महत्त्व वे क्या जानें भला, देखिए,
ज्यों ही धमकाया जरा मैंने तलवार से
तत्क्षण उतार दिया भौंचक के भाव से
इनको उन्होंने, जब बख्शे थे हुजूर ने
फिर क्या उतारना था ? मैं ही नहीं वे भी तो
बाँधे तलवार थे, उतारने के पहले
मारना था और मर जाना था उन्हें वहीं।
भीतर खजाने में इनको भिजवाइए
और देना है तो इतना ही या इनसे
दुगुना या चौगुना भी सोना उन्हें दीजिए।"
ठाकुर की बातें सुन राजा चुप हो रहे
फिर मुसकाए और बोले प्रेम से कि "तू
पागल है !" इतने में आके चोबदार ने
सूचना दी उनको उस्ताद खड़े द्वारे हैं।
"भेंट नहीं होगी आज", आज्ञा हुई भूप की।

काट-छाँट

"कोकिल ! क्यों तू 'कु-ऊ कु-ऊ' कहता रहता है,
करके उसमें सन्धि क्यों न कू-कू कहता है ?"
"आलोचकजी, रीति मुझे भी यह जँचती है,

बात वही है और एक मात्रा बचती है।
सुनिए, वह उल्लू व्याकरण
कैसा अच्छा जानता।
है 'घु-ऊ घु-ऊ' कहकर न जो,
'घू-घू' मात्र बखानता॥"

अन्वेषण

"कठिन धूप में दौड़ रहा है हरिण ! कहाँ तू ?
हाय! हाय ! मर रहा व्यर्थ क्यों आज यहाँ तू ?"
"जीवन-धन के लिए सभी यह श्रम है मेरा,"
"पर जीवन-धन कहाँ, अरे वह भ्रम है तेरा।"
"क्या कहा कि जीवन-धन नहीं,
दौड़ा जाता हूँ जहाँ ?
वह न हो, किन्तु आभास तो
मिलता है उसका वहाँ॥"

प्रणाम

बहु कलकंठ खगों के आश्रय,
पोषक या प्रतिपाल प्रणाम।
भव-भूतल को भेद गगन में
उठने वाले शाल, प्रणाम॥

हरे-भरे, आँखों को शीतल
करने वाले, तुम्हें प्रणाम,
छाया देकर पथिकों का श्रम
हरने वाले, तुम्हें प्रणाम।
अटल अचल, न किसी बाधा से
डरने वाले तुम्हें प्रणाम,
शुद्ध सुमन-सौरभ समीर में
भरने वाले, तुम्हें प्रणाम।
देने वाले औरों को ही
सारे स्वफल रसाल, प्रणाम,
भव-भूतल को भेद गगन में

उठने वाले शाल, प्रणाम॥
व्रत में रत, आतप, वर्षा, हिम
सहने वाले, तुम्हें प्रणाम,
स्वावलम्ब युत, उन्नत भी नत
रहने वाले, तुम्हें प्रणाम।
खींच रसातल से भी रस को
गहने वाले, तुम्हें प्रणाम,
सब कुछ करके भी न कभी कुछ
कहने वाले तुम्हें प्रणाम।
जन्मभूमि के छत्र, पत्रमय,
अहो समुन्नत भाल, प्रणाम,
भव-भूतल को भेद गगन में
उठने वाले शाल, प्रणाम॥

विस्तृत शत भुज-शाखाओं से
देने वाले वीर, प्रणाम,
हिमकण से प्रभुदत्त वज्र तक
लेने वाले धीर, प्रणाम।
विविध-कालदर्शी साक्षी-सम,
बद्ध-मूल, गम्भीर, प्रणाम,
सभी दशाओं में सदैव ही
परहित-हेतु-शरीर, प्रणाम।
क्रम क्रम से स्र्वस्व त्याग कर
स्थाणुमूर्ति चिरकाल प्रणाम,
भव-भूतल को भेद गगन में
उठने वाले शाल, प्रणाम॥

स्वस्ति और संकेत

मेघदूत

आदि कवि, व्यास और भासादिक हेतु बहु
करके प्रयास, थकी प्यारी प्रतिभा प्रभूत
आकर तुम्हारे मनोमन्दिर में कालिदास,
पाकर विराम वह सोई प्रेम पुण्याहूत
उसको भी तब एक स्वप्न दिखलाई पड़ा
छोटा सा परन्तु बड़ा सुन्दर सरस पूत
चित्र-सा विचित्र तड़ित्-तूलिका से चित्रित था
वह था अकृत्रिम तुम्हारा यही मेघदूत !

शुद्धि

सरिता तट पर था छोटा सा हरियाली का पुंज,
वृक्ष लता गुल्मों ने मिलकर बना लिया था कुंज।

करके स्नान वहाँ कोई द्विज हुआ ध्यान में मग्न
पर दुर्भाग्य, निकट ही धोबी था स्वकार्य-संलग्न।

चींटों से छींटों ने आकर भंग कर दिया ध्यान
निकला कोप-कृपाण विप्र का छोड़ क्षमा का म्यान।

''अरे नीच, क्या फूट गए थे तेरे दोनों नेत्र ?''
विप्र रोष-वश रजकदोष-वश कम्पित थे बन वेत्र !

अपराधी पर रौद्र रूप ने डाली दृष्टि कराल
किन्तु जलाया किया उसी को उसका ज्वाला जाल।

हाथ जोड़ नतमस्तक धोबी खड़ा रहा चुपचाप,
बकझक करके फिर ब्राह्मण ने कहा आप ही आप—

"करना होगा मुझे शीत में पुनः सचैल स्नान।"
"सो तो मुझको भी !" वह बोला, "क्षमा करें भगवान।"

"तुझको भी ?" फिर उग्र हो उठा द्विज, "तुझको भी स्नान ?"
"हाँ, मुझको भी देव, आपके अशुचि शरीर समान।

हुआ आपकी शुचिता का है इन छींटों से लोप
किन्तु छू गया है मुझको भी अशुचि आपका कोप !"

यह सुनकर द्विज सन्न हो गया, नत था उसका भाल
नहीं रोष से, अब लज्जा से था उसका मुँह लाल।

देख रजक की ओर अन्त में उसने कहा सखेद—
"तात, क्षम्य तुम नहीं, स्वयं मैं, मिटा किन्तु भ्रम-भेद,

धुलकर नहीं वसन ही तुम से रहे सुयश-से फैल
धो डाले तुमने इस जन के मन के भी सब मैल।"

लत्ते उड़ जायँगे

तड़क भड़क और कड़क मिटेगी सब
गर्व और गौरव सभी ये गुड़ जायँगे
गाज न गिराओ ओ घमंडी घनो, मानो कहा
काले मुँह आप ही तुम्हारे मुड़ जायँगे
मातृमूर्ति मेदिनी को सीधे जलदान करो
झोंके झूम झंझा के जहाँ वे जुड़ जायँगे
पत्ते उड़ जायँगे तुम्हारे घटाडम्बर के
याद रक्खो अम्बर के लत्ते उड़ जायँगे !

आपमें समाया मैं

मिट्टी में मिला हूँ या उठा हूँ उच्च अम्बर में
हो गया विशाल, लघु होकर था आया मैं
मेरे लाख पत्तों में लिखा है इतिहास मेरा
धन्य मातृमन्दिर के आँगन में छाया मैं
फूला फला और फैला प्रभु की कृपा से आज
तो भी त्यागता हूँ सब लोभ मोह माया मैं
फूलें फलें फैलें मुझ बीज के समान सब
आपमें समावें आप, आपमें समाया मैं।

ब्रजभाषा और खड़ीबोली

ब्रजभाषे, हौं भूल सकत कबहूँ नहिं तोकों
तेरी महिमा और मधुरिमा मोहत मोकों
वह विन्द्रावन नन्द गाँव गोकुल बरसानों
जहाँ स्वर्ग को सार अवनि तल पै सरसानों
वे कालिन्दी-कूल, कलित कलरव वा जल को
झलकत जामें श्याम बरन अज हूँ स्यामल को
वे करीर के कुंज चीर उरझावन हारे
रहे आप बलवीर जहाँ सुरझावन हारे
वह केकी पिक कूक हूक चातक की रटना
साँझ सबेरे नित्य नई पनघट की घटना
धेनु धूरि में मोर मुकुटवारी वह झाँकी
घूँघट पट की ओट चोट ही चितवन बाँकी
वह कदम्ब की छाँह मेंह झर थोरी थोरी
दिए जहाँ गर बाँह साँवरी गोरी गोरी
वह वसन्त की ब्यार सरद की सुन्दर पूनौं
नट नागर को रास रहस जहँ दिन-दिन दूनौं
आँस-गाँस सौं भरी साँस सी फूँकन वारी
हरे बाँस की पोर हाय ! हरि की वह प्यारी
वह गोपिन को प्रेम नेम निरवाहन वारो
ऊधौ को सब ज्ञान गरव गढ़ ढाहन हारो
ब्रजभाषे, ये सबै नाम में निवसें तेरे
भव में आए भाव विभव सब दिवसें तेरे

रस-गोरस की धार बही है जाके ऊपर
जनमी है तू सुकृत सालिनी ऐसी भूपर
माखन-मिसरी पाय पली है बड़भागिन तू
राज भरी है सहज सुरीली सुर रागिन तू
तब तो तोकों सकल प्रदेशन ने अपनायो
को है ऐसो जाहि गान तेरो नहिं भायो
तेरो पद-विन्यास विदित जनु रतन जड़तु है
"गली साँकरी माँय काँकरी पाँय गड़तु है !"
तैंने केते मधुर-सलौने ग्रन्थ लिखाए
प्रेम भक्ति के हावभाव सब हमें दिखाए
पै अब हा ! वह समय कबहुँ कौ बीत गयो है
गोरस को भंडार हमारो रीत गयो है
बजत नाहिं अब और चैन की बंसी घर घर
भय विषाद सौं भरौ हियौ काँपतु है थर थर
वह पराग को पुंज मदन धुजपट न उड़तु है
धुआँधार यह देखि कौन को जीव जुड़तु है
तन सौं मन सौं हाय ! सबै परतन्त्र बने हैं
जन्त्र मनुज बनि गए, मनुज जड़ यन्त्र बने हैं।
ताहू पै निरवाह नाहिं दीसतु है अब तो
नित्त निरासा हाय ! हियो पीसतु है अब तो
तेरो कोमल कंठ सहैगो यह सब कैसे
कोइल को कलकंठ झार-झंझा को जैसे
रूखी-सूखी तोहि रुचेंगी का ये बातें
या अशान्ति या क्रान्ति काल की घन सी घातें
या युग के प्रति मौन मात्र है उत्तर तेरो
स्रान्त न हो अब, बैठ, बिछौविन या सन मेरो
जो तेरी या बहिन खरी है तेरे आगें
दे याको आसीस, और का अब हम माँगें
याको पालन भयो याहि युग में है तातें
यातें याकी छिपी न रैहैं बातें-घातें
तैं सिंगारी गई सुकवियन तें है जैसें
याहू कौ अब भाग भावती जागे तैसें
देव-बिहारी सरिस सुकवि सरसें याहू में
पदमाकर के सबद चित्र दरसे याहू में

केसव-दास समान यहू आचारज पावै
आरज कुल को भाव भली विध या मैं आवै
कबहूँ रस निधि नाहिं नैंक हू खूटै याकौ
मो ऐसिन सौं पिंड अन्त में छूटे याकौ
तो अब आ जा अरी खड़ीबोली तू आ जा
खड़ी क्यों न हो नहीं पड़ी बोली तू आ जा
कठिन काल में हमें कठिन ही होना होगा
रगड़ रगड़ कर मैल मोह का धोना होगा
यह सोने का जन्म न सोकर खोना होगा
इस मिट्टी का पुनः देखना सोना होगा
फिर अपना संसार सुदीर्घ सलोना होगा
जिसका वह सुरलोक एक लघु कोना होगा
कान खोलकर सुनें खड़ीबोली सब तुझको
निखिल निसर्ग निदेश सुनाना है अब तुझको
है सचमुच तू खड़ी आप तो हमें खड़ा कर
व्यापक है तो हमें बढ़ा तू और बड़ा कर
जीवन जड़ जंजाल न जन का रहने पावे
अपने मन की बात मनुज कुल कहने पावे
ऐसा कोई सुमन न हो जो खिले न तुझमें
कोई अर्थाभाव किसी को मिले न तुझमें
तेरा संचित कोष निरन्तर बढ़ता जावे
कभी दीनता और हीनता फटक न पावे
ईश्वर का आदेश सुना तू हमको सुख से
और हमारी विनय सुने वह तेरे मुख से
कहना सब सुस्निग्ध सरल शब्दों में खुलकर
बनकर रहें सुवर्ण वर्ण काँटे पर तुलकर
और भाव ? भगवान उन्हें देने वाला है
'कविर्मनीषी' स्वयं जन्म लेने वाला है
बन उसकी सन्देशदायिनी बन तू दूती
गद्य-पद्य में बोल उठे तेरी ही तूती
है तेरा कर्तव्य कठिन यह भूल न जाना
करना तोड़ मरोड़ न तू निज नियम निभाना
तुझे पत्र रचना न कपोलों पर करनी है
जीवन रण में आज यहाँ तेरी बरनी है
मधुर अधर रस भूल आप आँसू पीना है

लौटाकर वह विगत ज्ञान गौरव जीना है
तुझे कर्म के लिए कर्म में रत रहना है
सत्य धर्म का मर्म निडर होकर कहना है
तेरे चित्रित चारु चित्र में चरित्रता हो
नायक हो मनुजत्व नायिका पवित्रता हो
समझ झोंपड़ी को न कभी कम राजभवन से
कृषकों का हित सिद्ध किया कर तन से मन से
सदाचार के गीत गान कर प्रेम पठन कर
होती रहें पुनीत पीढ़ियाँ चरित गठन कर
वज्रनाद से कर विरोध अत्याचारों का
हृदय हिला दे हठी हेकड़ों हत्यारों का
बने जहाँ तक मेट विश्व की विकट विषमता
कर समता की वृद्धि बढ़ाकर ममता क्षमता
स्वावलम्ब के भूरिभाव हम सब में भर दे
रहें न हम परतन्त्र हमें बस ऐसा कर दे
त्याग और बलिदान हमारे जीवन धन हों
जगे प्रेम में पगे साहसी संयत मन हों
धीर ललित गम्भीर नाद सुनकर हाँ तेरा
आत्मभाव जग जाय मोह का मिटे अँधेरा
रख तू उच्चादर्श देश के सम्मुख सारे
जिन पर कोई जाति गर्व कर सब कुछ वारे
सच तो यह है कि तू हमें वह अमृत पिला दे
मृतकों को भी एक बार जो यहाँ जिला दे
बन जा वह निर्दोष घोष वाली घनमाला
जिसमें जल हो और साथ ही जलती ज्वाला
विभु की बाँहें बढ़ें और वे तुझे निबाहें
चाहें तेरा पदस्पर्श उन्नति की राहें
तुलसी-सूर-समान सिद्ध कवि तू भी पावे
तेरा सत्साहित्य गगन नवरस बरसावे !

प्रगीत-कविता

झंकार

झंकार

इस शरीर की सकल शिराएँ
हों तेरी तन्त्री के तार,
आघातों की क्या चिन्ता है,
उठने दे ऊँची झंकार।
नाचे नियति, प्रकृति सुर साधे,
सब सुर हों सजीव, साकार,
देश देश में, काल काल में,
उठे गमक गहरी गुंजार।
कर प्रहार, हाँ, कर प्रहार तू,
मार नहीं यह तो है प्यार,
प्यारे, और कहूँ क्या तुझसे,
प्रस्तुत हूँ मैं, हूँ तैयार।
मेरे तार तार से तेरी
तान तान का हो विस्तार,
अपनी अँगुली के धक्के से
खोल अखिल श्रुतियों के द्वार।
ताल ताल पर भाल झुका कर
मोहित हों सब वारंवार,
लय बँध जायँ और क्रम क्रम से
सम में समा जाय संसार॥

विराट-वीणा

तुम्हारी वीणा है अनमोल।
हे विराट ! जिसके दो तूँबे
हैं भूगोल - खगोल॥

दया-दंड पर न्यारे न्यारे,
चमक रहे हैं प्यारे प्यारे,
कोटि गुणों के तार तुम्हारे,
खुली प्रलय की खोल।
तुम्हारी वीणा है अनमोल ॥

हँसता है कोई रोता है—
जिसका जैसा मन होता है,
सब कोई सुधबुध खोता है,
क्या विचित्र हैं बोल।
तुम्हारी वीणा है अनमोल ॥

इसे बजाते हो तुम जब लों,
नाचेंगे हम सब भी तब लों,
चलने दो—न कहो कुछ कब लों,—
यह क्रीड़ा - कल्लोल।
तुम्हारी वीणा है अनमोल ॥

अर्थ

कुछ न पूछ, मैंने क्या गाया,
बतला कि क्या गवाया ?
जो तेरा अनुशासन पाया
मैंने शीश नवाया।
क्या क्या कहा, स्वयं भी उसका
आशय समझ न पाया,
मैं इतना ही कह सकता हूँ—
जो कुछ जी में आया।
जैसा वायु बहा वैसा ही
वेणु - रन्ध्र - रव छाया;
जैसा धक्का लगा, लहर ने
वैसा ही बल खाया।
जब तक रही अर्थ की मन में
मोहकारिणी माया,

तब तक कोई भाव भुवन का
भूल न मुझको भाया।
नाची कितने नाच न जानें,
कठपुतली - सी काया,
मिटी न तृष्णा, मिला न जीवन,
बहुतेरे मुँह बाया।
अर्थ भूल कर इसीलिए अब,
ध्वनि के पीछे धाया,
दूर किए सब बाजे गाजे,
ढूह ढोंग का ढाया।
हृत्तन्त्री का तार मिले तो
स्वर हो सरस सवाया,
और समझ जाऊँ फिर मैं भी—
यह मैंने है गाया॥

इकतारा

त्याग न तप केवल यह तूँबी
अब रह गई हाथ में मेरे,
आ बैठा हे राम! आज मैं
लेकर इसे द्वार पर तेरे।

इसमें वह अभिमन्त्रित जल था,
जिसमें अभिषेकों का बल था,
पर मेरे कर्मों का फल था
वह पानी ढल गया हरे रे!

दे तू मुझको दंड, विधाता,
पर कोदंड-गुणों से दाता,
एक तार भी दे, बन त्राता,
बजे वेदना साँझ-सवेरे!

नटनागर आज कहाँ अटके ?

नटनागर, आज कहाँ अटके ?
रथ-सूत हुए अपने भट के,

कि फँसे युग छोर कहीं पट के,
कल-हंस हुए यमुना-तट के,
कि बने पिक वीर किसी वट के,
नटनागर, आज कहाँ अटके ?

फिर याद पड़े टटके टटके,
व्रज-गोप-वधू दधि के मटके,
उनका कहना—'हटके ! हटके !'
उलझी-सुलझी लट के लटके,
नटनागर, आज कहाँ अटके ?

तुम चित्त चुरा कर जो चटके,
रस गोरस लूट कहीं सटके,
भटका कर तो न फिरो भटके,
हम इच्छुक हैं फिर आहट के,
नटनागर, आज कहाँ अटके ?

उर के न कपाट खुले खटके,
हम हार गए कब के रट के,
भव-कूप पड़े घट में लटके,
झट दो अपने गुण के झटके,
नटनागर, आज कहाँ अटके ?

संघात

हममें है मचा संघात।
सब कहें अपनी, सुनें तब कौन किसकी बात।
जाय तम का द्वन्द्व कैसे मोह की है रात,
अकड़ते हैं हम कि हठ का हो रहा हिम-पात।
एक कहता है तुझे रवि अन्य सविता ख्यात,
जानता है एक उज्ज्वल दूसरा अवदात।
उदित हो तू, ज्ञान का हो जाय आप प्रभात,
देख लें सब, एक तू बहु नाम तेरे तात।

मोह

मुझको क्रीड़ा से तुमने इस
पिंजड़े में है बन्द किया,
खूब किया, आनन्द किया, पर
द्वार खुला ही छोड़ दिया।

लीलामय, तुम सदा यही आनन्द करो,
किन्तु दुहाई है कि द्वार भी बन्द करो।

द्वार खुला रहने से इसमें
यदि कोई घुस आवेगा,
तो यह क्रीड़ा-कीर तुम्हारा
यों ही मारा जावेगा।

इसे सोच कर डर के मारे
काँप रहा है हाय ! हिया,
मुझको क्रीड़ा से तुमने इस
पिंजड़े में है बन्द किया।

अहो दयामय, आज सहज भी ध्यान गया,
बद्ध-भाव के भान मात्र से ज्ञान गया।

द्वार बन्द करने को तो मैं
तुमसे विनती करता हूँ,
किन्तु निकल स्वच्छन्द इसी से
बाहर नहीं विचरता हूँ।

नहीं जानता किस माया ने
मेरे मन को मोह लिया,
मुझको क्रीड़ा से तुमने इस
पिंजड़े में है बन्द किया॥

गुंजार

तेरे गीतों की गुंजार
मेरे शून्याकार गर्त्त को भर दे वारंवार।

उठे उमंग, उठे उन्माद,
कण कण करे संग अनुवाद,
दुहरावे वह शुभ-संवाद,
फिर फिर सुने उसे संसार,
यही गर्व-गौरव हो उसका यही सफलता-सार।
तेरे गीतों की गुंजार।

पाकर ऐसा अमृतस्रोत,
हो जावे वह ओतप्रोत,
तेरे पद-पद्मों के पोत,
तरें वहाँ मुझको भी तार,
इसी प्रकार पार होऊँ मैं ओ मेरे आधार !
तेरे गीतों की गुंजार।

प्रवाह

ठहर, तनिक ठहर आह !
ओ प्रवाह मेरे,
आप मैं बहूँ न कहीं
संग संग तेरे।

कूड़ा-कर्कट समेत,
बह चला स्वयं निकेत,
डूबे खलिहान खेत,
बहे गाँव खेरे,
ठहर, तनिक ठहर आह !
ओ प्रवाह मेरे !

पृथ्वीतल पाट पाट,
पृथुल शैल काट काट,

घाट घाट बाट बाट,
तू न चाट ले रे,
ठहर, तनिक ठहर आह !
ओ प्रवाह मेरे !

सुनकर निर्मम निनाद,
पाकर विषमय विषाद,
नभ ने भी निर्विवाद,
आज कान फेरे,
ठहर, तनिक ठहर आह !
ओ प्रवाह मेरे !

आशा थी हरा हरा
होगा भव भरा भरा,
किन्तु प्रलय-मग्न धरा !
अब न और एरे,
ठहर, तनिक ठहर आह !
ओ प्रवाह मेरे !

पकड़े कर कौन आज,
एक वही राजराज,
किन्तु अहंकार-लाज,
कौन उसे टेरे,
ठहर, तनिक ठहर आह !
ओ प्रवाह मेरे !

खेल

ध्यान न था कि राह में क्या है,
काँटा कंकर ढोंका ढेला,
तू भागा मैं चला पकड़ने
तू मुझसे मैं तुझसे खेला।

सुरभित शीतल ब्यार बही थी,
चारु चन्द्रिका छिटक रही थी,
रजतमयी-सी मुदित मही थी,

रत्नाकर लेता था हेला,
तू मुझसे मैं तुझसे खेला।

अब पकड़ा, अब पकड़ा पल में,
मैं पीछे दौड़ा जल-थल में,
आ आकर के भी कौशल में,
हाथ न आया तू अलबेला,
तू मुझसे मैं तुझसे खेला।

यदि तू कभी हाथ भी आया,
तो छूने पर निकली छाया,
हे भगवन् ! यह कैसी माया,
इतना कष्ट व्यर्थ ही झेला,
तू मुझसे मैं तुझसे खेला।

थका अन्त में बैठ गया मैं,
लगा चाहने दैव दया मैं,
पाता था सब दृश्य नया मैं,
लगा हुआ था मन का मेला,
तू मुझसे मैं तुझसे खेला।

क्रय-विक्रय का क्रम चलता था,
मुझको अपना श्रम खलता था,
तिस पर तेरा भ्रम छलता था,
श्रान्त-भ्रान्त मैं रहा अकेला,
तू मुझसे मैं तुझसे खेला।

बिना मोल मन मैंने जिसको
दिया कहाँ वह ? दूँ अब किसको ?
बेचूँ क्यों न मोलकर इसको,
मचल रहा यह, मिटे झमेला,
तू मुझसे मैं तुझसे खेला।

गाहक एक इसी क्षण आया,
मुझे देखकर वह मुसकाया,
उसने मन का मोल लगाया—

आधी दमड़ी पूरा धेला,
तू मुझसे मैं तुझसे खेला।

इतने में पीछे कोई जन,
बोला—"यह तो है अमूल्य धन।"
और ले भगा मुट्ठी में मन,
तू था, थी अरुणोदय बेला !
तू मुझसे मैं तुझसे खेला।

स्वयमागत

तेरे घर के द्वार बहुत हैं,
किसमें होकर आऊँ मैं ?
सब द्वारों पर भीड़ मची है
कैसे भीतर जाऊँ मैं ?

द्वारपाल भय दिखलाते हैं,
कुछ ही जन जाने पाते हैं,
शेष सभी धक्के खाते हैं,
क्यों कर घुसने पाऊँ मैं ?
तेरे घर के द्वार बहुत हैं,
किसमें होकर आऊँ मैं ?

इसमें सभी दैन्य दूषण हैं,
नहीं वस्त्र तक, क्या भूषण हैं,
किन्तु यहाँ लज्जित पूषण हैं,
अपना क्या दिखलाऊँ मैं,
तेरे घर के द्वार बहुत हैं
किसमें होकर आऊँ मैं ?

मुझमें तेरा आकर्षण है,
किन्तु यहाँ घन-संघर्षण है,
इसीलिए दुर्द्धर घर्षण है,
क्यों कर तुझे बुलाऊँ मैं ?
तेरे घर के द्वार बहुत हैं,
किसमें होकर आऊँ मैं ?

तेरी विभव कल्पना करके,
उसके वर्णन से मन भर के,
भूल रहे हैं जन बाहर के,
कैसे तुझे भुलाऊँ मैं,
तेरे घर के द्वार बहुत हैं
किसमें होकर आऊँ मैं ?

बीत चुकी है बेला सारी,
किन्तु न आई मेरी बारी,
करूँ कुटी की अब तैयारी,
वहीं बैठ गुन गाऊँ मैं,
तेरे घर के द्वार बहुत हैं
किसमें होकर आऊँ मैं ?

कुटी खोल भीतर जाता हूँ,
तो वैसा ही रह जाता हूँ,
तुझको यह कहते पाता हूँ—
''अतिथि, कहो क्या लाऊँ मैं ?''
तेरे घर के द्वार बहुत हैं
किसमें होकर आऊँ मैं ?

आय का उपयोग

निकल रही है उर से आह;
ताक रहे सब तेरी राह।
चातक खड़ा चोंच खोले है,
सम्पुट खोले सीप खड़ी;
मैं अपना घट लिये खड़ा हूँ,
अपनी अपनी हमें पड़ी।
सबको है जीवन की चाह;
ताक रहे सब तेरी राह।

मैं कहता हूँ—मैं प्यासा हूँ,
चातक—'पी, पी'—रटता है;

व्यंग्य मानता हूँ मैं उसको,
हृदय क्षोभ से फटता है।
पर क्या वह रखता है डाह ?
ताक रहे सब तेरी राह।

मैं अपनी इच्छा कहता हूँ,
पर वह तुझे बुलाता है;
मुझसे अधिक उदार वही है,
पर भ्रम यहाँ भुलाता है।
किसको है किसकी परवाह !
ताक रहे सब तेरी राह।

हम अपनी अपनी कहते हैं,
किन्तु सीप क्या कहती है ?
कुछ भी नहीं, खोल कर भी मुँह
वह नीरव ही रहती है !
उसके आशय की क्या थाह ?
ताक रहे सब तेरी राह।

घनश्याम, फिर भी तू सबकी
इच्छा पूरी करता है;
चातक-चंचु, सीप का सम्पुट,
मेरा घट भी भरता है।
सब पर तेरा दया-प्रवाह;
ताक रहे सब तेरी राह।

तेरे दया-दान का मैंने,
चातक ने भी, भोग किया;
किन्तु सीप ने उसको लेकर
क्या अपूर्व उपयोग किया—
बना दिया है मुक्ता, वाह !
ताक रहे सब तेरी राह।

कामना

हरे ! तुम्हारी करुणा-धारा।
तारा — हाराकारा,
धोती रहे धरा के धब्बे,
बहे ग्लानि-श्रम सारा।
जीवन-सुधा पिए यह वसुधा,
रहे भवाब्धि न खारा;
प्रेम-वृष्टि सविवेक दृष्टि हो—
सृष्टि एक परिवारा।
हरे-भरे सब क्षेत्र निहारें
हम निज नेत्रों द्वारा,
मुक्ति-शुक्तियाँ फलें निरन्तर,
तके स्वर्ग बेचारा।
मनोमीन हो जाय मग्न, हाँ,
रहे न कूल-किनारा,
स्वयं शान्त हों सब तृष्णाएँ,
घट भर जाय हमारा।

बाँसुरी

यह बाँसुरी ही बाँस की,
है साक्षिणी तेरी सरस—
संजीवनी-सी साँस की।

क्या मन्त्र फूँका कान में,
बस, बज उठी यह आन में !
उस गान में, उस तान में,
गहरी गमक थी गाँस की।
यह बाँसुरी ही बाँस की।

कैसी करारी कूक थी !
आह्वान-युक्ति अचूक थी;
उठती हृदय में हूक थी—
फिर फिर उसी की फाँस की;
यह बाँसुरी ही बाँस की।

मृदु अँगुलियाँ बचती रहीं,
ध्वनि-धार पर नचती रहीं,
श्रुति-सृष्टि-सी रचती रहीं,
क्या है कुशलता काँस की ?
यह बाँसुरी ही बाँस की।

निस्सारता हरकर हरे,
वे छिद्र सब तूने भरे;
क्या स्वर-सुधा-निर्झर झरे !
मैं बलि गई उस आँस की,
यह बाँसुरी ही बाँस की।

आहट

तेरी स्मृति के आघातों से
छाती छिलती रहे सदा,
चाहे तू न मिले, पर तेरी
आहट मिलती रहे सदा।

हाल वहाँ से मैं हट आऊँ,
जहाँ न तेरी आहट पाऊँ;
कोलाहल में भी डट जाऊँ,
झंझट झिलती रहे सदा;
चाहे तू न मिले, पर तेरी
आहट मिलती रहे सदा।

वीणा की बहु झंकारों में,
धनुषों की शत टंकारों में,
और असंख्य अहंकारों में,
डोरी हिलती रहे सदा;
चाहे तू न मिले, पर तेरी
आहट मिलती रहे सदा।

काँटे सुई बनें, जब झाड़ी
आ जावे यात्रा में आड़ी;

तेरे गुण-सूत्रों से साड़ी
सज कर सिलती रहे सदा;
चाहे तू न मिले, पर तेरी
आहट मिलती रहे सदा।

नहीं इयत्ता अभिलाषा की,
इतनी ही गति है भाषा की,
तेरे मिलने की आशा की
कलिका खिलती रहे सदा;
चाहे तू न मिले पर तेरी
आहट मिलती रहे सदा।

आँखमिचौनी

अच्छी आँखमिचौनी खेली,
बार बार तुम छिपो और मैं
खोजूँ तुम्हें अकेली।

किसी शान्त एकान्त कुंज में
तुम जाकर सो जाओ,
भटकूँ इधर-उधर मैं, इसमें
क्या रस है बतलाओ,
यदि मैं छिपूँ और तुम खोजो
अनायास ही पाओ,
कहाँ नहीं तुम जहाँ छिपूँ मैं
जाने भी दो आओ,
करें बैठ रँग-रेली।
अच्छी आँखमिचौनी खेली।

पर जब तुम हो सभी कहीं तब
मैं ही क्यों यों भटकूँ,
चाहूँ जिधर उधर ही अपना
भार पटक कर सटकूँ,
इसकी भी क्या आवश्यकता
जो बाहर पर अटकूँ,

अन्तर के ही अन्धकार में
क्यों न पीत पट झटकूँ—
बन अपनी ही चेली !
अच्छी आँखमिचौनी खेली।

वंचिता

आँखमिचौनी की क्रीड़ा में
सचमुच तूने मुझे छला,
तूने या मैंने ही मुझको,
क्या बतलाऊँ इसे भला ?

आँख मूँदकर देख रही थी
मैं तुझको ही प्यारे,
कैसे वर्णन करूँ भाव वे
नटखट, न्यारे न्यारे,
जब आँखें खोलीं तब दीखे
दृश्य यहाँ के सारे,
किन्तु दिखाई दिया न फिर तू
हारे दोनों तारे।

कौन जानता था मायावी,
तेरी ऐसी कुशलकला ?
आँखमिचौनी की क्रीड़ा में
सचमुच तूने मुझे छला।

यदि फिर भी मैं पलक गिराऊँ
तो क्या तुझको पाऊँ,
हेर हेर वह भृकुटि हास्य फिर
बेर बेर बलि जाऊँ ?
डरती हूँ यह दृश्यमान भी
अब के मैं न गँवाऊँ,
नहीं जानती हूँ कि क्या करूँ
और कहाँ अब जाऊँ ?

तुझे पुकारूँ भी तो कैसे ?
भर आया है हाय गला !
आँखमिचौनी की क्रीड़ा में
सचमुच तूने मुझे छला।

भूल-भुलैयाँ

लूँ मैं सौ सौ बार बलैयाँ,
धन्य तुम्हारी भूल भुलैयाँ।

गेल नहीं, अपने को भी मैं,
भय है, भूल न जाऊँ सैयाँ।
अब की निकलूँ, फिर न घुसूँगी
भूली, देख घनी घमछैयाँ।
धन्य तुम्हारी भूल भुलैयाँ।

अटक रही मैं इधर-उधर हा,
भटक न भूलें मेरी गैयाँ,
आओ, बैयाँ पकड़ उबारो
लाओ, पड़ूँ तुम्हारी पैयाँ।
धन्य तुम्हारी भूल भुलैयाँ॥

ज्ञान और भक्ति

मैं यों ही भटकी हे आली !
मिले अचानक वनमाली।

उन्हें स्वप्न में देख रात को
प्रातःकाल चली मैं,
और खोजती हुई उन्हीं को
घूमी गली गली मैं।
कितनी धूल छान डाली,
मैं यों ही भटकी हे आली !

उनके चिह्न अनेक मिले पर
वे न दिए दिखलाई,
नगर छोड़कर सन्ध्या तक मैं
निर्जन वन में आई।
वहाँ शून्यता ही साली,
मैं यों ही भटकी हे आली !

कितनी ही विभीषिकाओं ने
मुझको वहाँ डराया,
अन्धकार में दानव बनकर
वृक्षों ने मुँह बाया।
ऊपर घिरी घटा काली।
मैं यों ही भटकी हे आली !

साहस करके चली गई मैं
किन्तु कहाँ तक जाती,
पैर थके, सूझा न पन्थ भी
धड़क उठी यह छाती,
थी बयार वा ब्याली।
मैं यों ही भटकी हे आली !

आँख मूँदकर चिल्लाई तब—
"कहाँ छिपे हो बोलो ?"
करस्पर्श-युत सुना उसी क्षण—
"तुम आँखें भी खोलो।
ओ मेरी मतवाली !"
मैं यों ही भटकी हे आली !

"सुनो, खोजता है जो मुझको
कहीं नहीं पाता है,
यह पुकारना किन्तु आप ही
मुझे खींच लाता है।"
हुई अहा ! उजियाली,
मैं यों ही भटकी हे आली !

छलना

चोर चोर !
घर के पीछे हो उठा शोर।

मैं जाग पड़ी,
हो गई खड़ी,
फिर चौंकी ज्यों चौंके चकोर।
चोर चोर !

अति घबराई,
बाहर आई,
बस अन्धकार था सभी ओर।
चोर चोर !

दृष्टि विफल थी,
मुझे न कल थी,
घन थे, बिजली की थी न कोर।
चोर चोर !

जग सोता था,
नभ रोता था,
मैं हुई वृष्टि से सराबोर।
चोर चोर !

वायु प्रबल थी,
उथल पुथल थी,
फर फर करता था चीर छोर।
चोर चोर !

सुध हुई अहा !
घर खुला रहा !
लौटूँ जब तक हो गया भोर।
चोर चोर !

छल हुआ अरे,
मैं लुटी हरे !
बस सन्नाटा छा गया घोर।
चोर चोर !

यह हँसी कहाँ ?
तुम कौन यहाँ ?
यह वंचकता कैसी कठोर !
चोर चोर !

यथाशक्ति

जो मुझसे हो सका, किया,
यह लो, तिल तिल तलस्नेह से
दीपक मैंने जला दिया।

पड़कर इस प्रकाश के श्रम में,
मैं पड़ गई और भी भ्रम में;
सौ बिम्बों ने एकक्रम में
उठकर मुझको घेर लिया !
जो मुझसे हो सका, किया।

आगे-पीछे, दाएँ बाएँ,
छेड़ रही हैं सौ छायाएँ;
नीचे वे विलीन हो जाएँ,
कर दो ऊँचा ठौर-ठिया।
जो मुझसे हो सका, किया।

ब्यार बह रही है अति बल से,
घात हो रहा है जल थल से;
ओट किए हूँ मैं अंचल से,
धड़क रहा है किन्तु हिया;
जो मुझसे हो सका, किया।

कैसे मैं मन्दिर तक आऊँ,
इसको यथास्थान पहुँचाऊँ ?
स्वयं न झोंकों में उड़ जाऊँ ?
काँप रहा है दीन दिया !
जो मुझसे हो सका, किया।

अचल करो इसको, अपनाओ;
इससे ऐसी ज्योति जगाओ,
जिसमें प्रिय, तुम देखे जाओ
और रूप-रस जाय पिया।
जो मुझसे हो सका, किया।

असावधाना

अब जागी—अरी अभागी !
अब जागी ? खोने को सोई,
अब रोने को जागी !

लिखती रही स्वप्न की लेखा,
आए प्रिय प्रत्यक्ष, न देखा,
निरख, रख गए हैं ध्वज-रेखा,
वे पद-पद्म परागी,
अब जागी—अरी अभागी !

झुक, धीरे, कोमल कर फेरा,
जागा पुलक भाव भर तेरा,
बस सुहाग का हुआ सबेरा,
गूँजा राग विहागी,
अब जागी—अरी अभागी !

सुख-संस्मरण और भी दुख हैं,
कहता-सा सम्मुख वह मुख है—
"इसको सपने का ही सुख है"
तब भी नींद न भागी !
अब जागी—अरी अभागी !

सपने को तो सच्चा माना,
सच्चे को खो दिया, न जाना।
अब तो दोनों को पहचाना,—
त्याग गए जब त्यागी ?
अब जागी—अरी अभागी !

किधर गए क्या जानें, अब वे,
मार्ग देख, लौटें फिर जब वे,
एक ठौर ठहरे हैं कब वे,
सब उनके अनुरागी,
अब जागी—अरी अभागी !

आई उषा, अहा, क्या लाई ?
उनकी श्वास-सुरभि फिर आई !
तेरी व्यथा विश्व में छाई,
वही विश्व के भागी,
अब जागी—अरी अभागी !

कुहक

घूम रही थी मैं निर्जन में,
प्रान्तर और गहन में।

हरे-भरे खेतों का मेला,
उनमें खुले पवन की खेला,
खिली सुनहली सन्ध्या बेला,
उठी तरंगें मन में,
घूम रही थी मैं निर्जन में।

यह भू हरी और नभ नीला,
क्या सब है माया की लीला ?
बोल उठी कोकिल कलशीला—
'कुहक कुहक' कर वन में !
घूम रही थी मैं निर्जन में।

रंग-ढंग

आया इस चोले का प्रसंग,
तेरे कर में है कौन रंग ?

यह योग अहा ! ऐसा रसाल,
अवसर में परिणत आज काल !
दिन का मुख है जो लाल लाल,
डाला है ऊषा ने गुलाल !
खिल गए कली के अखिल अंग,
तेरे कर में है कौन रंग ?

रवि-किरणों में है विविध-वर्ण;
कल-राग पूर्ण हैं लोक-कर्ण।
कुसुमांकित हैं द्रुम-गुल्म-पर्ण;
अर्णव-अचला में मणि-सुवर्ण।
सबमें तेरा रस है अभंग,
तेरे कर में है कौन रंग ?

पुलकित, पराग-रंजित समीर,
हो रहा तरंगित तरल नीर,
उड़ता है अम्बर में अबीर,
है नया प्रकृति का चारु चीर।
मेरे उर में भी है उमंग,
तेरे कर में है कौन रंग ?

तेरे छींटों से आज मित्र,
यह मेरा पल्ला हो पवित्र,
ये धब्बे हैं या सुमन-चित्र,
मैं मनन करूँ जिनके चरित्र।
समझूँ कुछ तेरे रंग ढंग,
तेरे कर में है कौन रंग ?

विश्वास

थे, हो और रहोगे जब तुम
थी, हूँ और सदैव रहूँगी (मैं)
कल निर्मल जल की धारा-सी
आज यहाँ कल वहाँ बहूँगी (मैं)
मार्ग-वक्रता और विषमता
आगे बढ़ती हुई सहूँगी (मैं)
पाकर तुम्हें कभी न कभी तो
अपने मन की बात कहूँगी (मैं)

उत्कंठिता

दूती ! बैठी हूँ सज कर मैं।
ले चल शीघ्र मिलूँ प्रियतम से,
धाम धार धन सब तज कर मैं॥

धन्य हुई हूँ इस धरती पर,
निज जीवनधन को भज कर मैं।
बस अब उनके अंक लगूँगी,
उनकी वीणा-सी बज कर मैं॥

उच्छ्वास

नक्षत्र-निपात

जो स्वजनों के बीच चमकता था अभी,
आशा-पूर्वक जिसे देखते थे सभी।
होने को था अभी बहुत कुछ जो बड़ा,
हाय ! वही नक्षत्र अचानक खस पड़ा।
निशि का सारा शान्त भाव हत हो गया;
नभ के उर का एक रत्न-सा खो गया।
आभा उसके अमल अन्तिमालोक की,
रेखा सी कर गई हृदय पर शोक की !
सारे तारे उसे देखते ही रहे;
हिम-कण-रूपी कोटि कोटि आँसू बहे।
किन्तु न उसको बचा सका फिर इन्दु भी;
काम न कुछ कर सके अमृत के बिन्दु भी।
भूतल का भी इसी तरह का हाल है—
सचमुच निष्ठुर काल बड़ा विकराल है।

पुष्पांजलि

उठती है कैसी हाय ! हूल;
मेरे आँगन का एक फूल !
सौभाग्य-भाव से मिला हुआ,
श्वासोच्छ्वासों से हिला हुआ,
संसार-विटपि में खिला हुआ,
झड़ पड़ा अचानक झूल झूल;
मेरे आँगन का एक फूल !

ऊषा ने अपना उदय किया,
दीपक ने निज निर्वाण लिया,
मुझको मारुत ने जगा दिया,
देखा कि दे गया हृदय-शूल;
मेरे आँगन का एक फूल !

वह रूप कहाँ, वह रंग कहाँ,
हिलने-डुलने का ढंग कहाँ,
हो गया हरे ! रस-भंग यहाँ,
उड़ गई गन्ध की हाय ! धूल;
मेरे आँगन का एक फूल !

करता समीर था साँय साँय,
भूतल लगता था भाँय भाँय,
बकता था मैं भी आँय बाँय,
दिखलाई देता था न कूल;
मेरे आँगन का एक फूल !

आए इतने में श्रीनिवास,
था उसी फूल-सा मन्द हास,
बोले—उसमें था स्वर्ग-वास,
वह गया, सूक्ष्म था, रहा स्थूल;
मेरे आँगन का एक फूल !

बोला तब मैं हे राज-राज !
क्या है इसके अतिरिक्त आज,
जिसकी अंजलि दूँ तुम्हें साज,
लो इसको भी सब दोष भूल;
मेरे आँगन का एक फूल !

अवलम्बन

अब तो अवलम्बन तेरा है !
होकर भी अस्तित्व नहीं-सा
आज कहीं भी मेरा है।

जो प्रकाश था बुझा अचानक
झंझा के झोंके से
खड़े रह गए हैं सब साथी
चित्रित-से चौंके-से

यह विस्तीर्ण विश्व अब मानो
एक संकुचित घेरा है
चारों ओर अँधेरा है
अब तो अवलम्बन तेरा है !

नहीं प्रकाश-मात्र ने हमको
छाया तक ने छोड़ा
जाग हमारे हृदय-देव, अब
जब सबने मुँह मोड़ा।

सभी डरों से घिरा आज यह
बीच डगर में डेरा है
अब भी दूर सवेरा है
अब तो अवलम्बन तेरा है !

शोक

कैसे तजूँ तुझे मैं शोक?
आ जा, आसन मार बैठ जा, मेरा उर है तेरा ओक !

अवसर जहाँ हर्ष लाता है,
भगवत मुझे भूल जाता है।
पर जैसे ही तू आता है,
पाता हूँ उसका आलोक।
कैसे तुझे तजूँ मैं शोक?

जिससे अपने प्रभु को पाऊँ,
क्यों न उसे मैं गले लगाऊँ ?
आ, रोदन, आ, तुझको पाऊँ
धैर्य, दूर जा, मुझे न रोक।
कैसे तुझे तजूँ मैं शोक ?

अब तो हँस दे

अब तो हँस दे, ले, मैं रोया !
यह न पूछ ओ मेरे निर्मम, मैंने क्या कुछ खोया ?

आँसू नहीं, रत्न ये मेरे,
कुन्दन बनें पीत पट तेरे,
उठ आया हूँ बड़े सवेरे,
रात न सुख से सोया।
अब तो हँस दे, ले, मैं रोया !

तुझे हँसाकर जैसे-तैसे,
मेरे अश्रु सफल हों ऐसे,
हिमकण तरणि-किरण से जैसे,
अरुण हुआ वह कोया !
अब तो हँस दे, ले, मैं रोया !

ओ मेरे नीले, ओ काले,
फिर भी इस डर के उजियाले।
ले, इन तारों को चमका ले,
तब तो इन्हें सँजोया।
अब तो हँस दे, ले, मैं रोया !

तेरा पाद्य इन्हीं का पानी,
आज बात यह मैंने जानी,
आ, तो फिर ओ मेरे मानी !
मैंने यह घर धोया !
अब तो हँस दे, ले, मैं रोया !

गोड़ा तूने, भूल न जाना,
अपने खड़े खेत में आना।
बीज मोतियों का मनमाना,
भर, मैंने यह बोया।
अब तो हँस दे, ले, मैं रोया !

दुग्ध-भिक्षा

दुग्ध-भिक्षा दी तुमने नाथ !
पर इस प्यासे का मुँह झुलसा पीने के ही साथ!

अन्य पात्र तुम बढ़ा रहे हो मेरी ओर उदार,
किन्तु दूध का जला हाय ! मैं डरता हूँ इस बार।
और रुकता है मेरा हाथ।
दुग्ध-भिक्षा दी तुमने नाथ !

हाथ नहीं, अब पैर बढ़ाकर पूरो मेरी चाह,
मिटे उन्हीं पद्मों के मधु से इन अधरों का दाह।
वही रस है मेरा प्रिय पाथ !
दुग्ध-भिक्षा दी तुमने नाथ !

स्वस्ति और संकेत

याचना

दो, हे प्राणों के पति, दो।
जिसको दीनों के अर्थ सहें हम,
नाथ, हमें ऐसी क्षति दो।
दुखियों में रहकर सुखी रहें हम,
नाथ, हमें ऐसी रति दो।
जिससे श्रान्तों की श्रान्ति हरें हम,
नाथ, हमें ऐसी यति दो।
जीवन में कोई क्रान्ति करें हम,
नाथ, हमें ऐसी मति दो।
दुर्बल लोगों का साथ दे सकें,
नाथ, हमें ऐसी गति दो।
पद-धूलि तुम्हारी माथ ले सकें,
नाथ, हमें ऐसी नति दो।
दो, हे प्राणों के पति दो !

तुम निरखो

तुम निरखो, हम नाट्य करें !
राम, तुम्हारी रंगभूमि में कहो, कौन सा रूप धरें ?

हाव भाव तो आगे आवें,
भावें अथवा तुम्हें न भावें,
वे न हमारे समझे जावें,
हम कोई भी स्वाँग भरें।
तुम देखो, हम नाट्य करें !

खेलें, डोलें, हँस लें, बोलें,
अनायास कुछ के कुछ हो लें,
तनिक इसी मिष गा लें रो लें,
हम अलिप्त, किस हेतु डरें ?
तुम देखो, हम नाट्य करें !

किन्तु धारणा तुच्छ हमारी,
पावें हम सब बारी बारी,
अलख सूचना सदा तुम्हारी,
तारो तो हम क्यों न तरें !
तुम देखो, हम नाट्य करें !

सुन ओ मोती वाले

हंस, कहाँ मैं मुक्ता पाऊँ ?
व्योम विहारी को इस भू पर मैं क्योंकर बहलाऊँ ?

हाय! न जाने किस मानस से उड़कर ऊला ऊला,
यहाँ आ पड़ा इस बंजर में तू पथ भूला भूला,
यह विवेक ! बलि जाऊँ।
हंस, कहाँ मैं मुक्ता पाऊँ ?

निरख निरख के अरुण चंचु-नख विमल वर्ण मैं रीझा,
पाला तुझे कहाँ से मैंने अब मन ही मन खीझा,
क्या मुँह लेकर आऊँ ?
हंस, कहाँ मैं मुक्ता पाऊँ ?

हैं अभाव के अश्रु यहाँ तो सुन ओ मोती वाले,
पीना हो तो पी ले इनको खाना हो तो खा ले,
ले तो भर-भर लाऊँ।
हंस, कहाँ मैं मुक्ता पाऊँ ?

अब भी द्वार खुला है तेरा ऊँचे उड़ जा भाई,
ले जा, मेरी अगति गिरा ही जहाँ शून्यता छाई,
अब क्या रोऊँ-गाऊँ ?
हंस, कहाँ मैं मुक्ता पाऊँ ?

दरसो-परसो घन

दरसो-परसो घन ! बरसो।
सरसो जीर्ण शीर्ण जगती के तुम नवयौवन ! बरसो।

घुमड़ उठो आषाढ़ ! उमड़कर, पावन सावन ! बरसो।
भाद्र भद्र ! आश्विन के चित्रित हस्ति ! स्वरति-धन ! बरसो।

सृष्टि-दृष्टि के अंजन-रंजन ! ताप-विभंजन ! बरसो।
व्यग्र उदग्र जगज्जननी के अयि अग्रस्तन ! बरसो।

गत सुकाल के प्रत्यावर्त्तन ! हे शिखिनर्त्तन ! बरसो।
जड़-चेतन में बिजली भर दो ओ उद्‌बोधन ! बरसो।

चिन्मय बनें हमारे मृण्मय पुलकांकुर-वन ! बरसो।
मन्त्र पढ़ो, छींटे दो, जागें सोए जीवन, बरसो।

घट पूरो त्रिभुवन-मानस-रस ! कनकन छनछन बरसो।
आज भींगते ही घर पहुँचें जन जन के जन, बरसो।

दीप-दान

जल, रे दीपक, जल तू।
जिनके आगे अँधियारा है, उनके लिए उजल तू।
जोता, बोया, लुना जिन्होंने,
श्रम कर ओटा, धुना जिन्होंने,
बत्ती बटकर तुझे सँजोया, उनके तप का फल तू।
जल, रे दीपक, जल तू।

अपना तिल तिल पिरवाया है,
तुझे स्नेह देकर पाया है,
उच्च स्थान दिया है घर में रह अविचल झलमल तू।
जल, रे दीपक, जल तू।

चूल्हा छोड़ जलाया तुझको,
क्या न दिया, जो पाया तुझको,
भूल न जाना कभी ओट का वह पुनीत अंचल तू।
जल, रे दीपक, जल तू।

कुछ न रहेगा, बात रहेगी,
होगा प्रात, न रात रहेगी,
सब जागें तब सोना सुख से तात, न हो चंचल तू।
जल, रे दीपक, जल तू।

वे वासर

अब वे वासर बीत गए !
मन तो भरा-भरा है अब भी पर तन के रस रीत गए !

चमक छोड़ चौमासे बीते कम्प छोड़ कर शीत गए,
देकर सुध की ऊमस आगे बढ़ कितने मधुमीत गए,

इसे राम जानें जीवन में हारे हम वा जीत गए,
इतना ही क्या थोड़ा जो यह गूँज बची है, गीत गए !

प्रस्थान

अयि नियति, न कर निज भृकुटि बंक;
ले, अपने अनुपम आँगन का छोड़ चला मैं अतुल अंक।

वह आँगन जिसमें गूँजे हैं कितने हर्ष-विषाद-नाद,
कौन कहे कूजे हैं क्या क्या आपस के वादानुवाद,
एक साथ मिल-बैठ जहाँ हम पाते रहे अनेक स्वाद,
वे भी प्रेमोन्माद दे गए हुए वहाँ जब जो प्रमाद,
धूलि उड़ी, प्लावन भी आए फिर भी जम पाया न पंक;
अयि नियति, न कर निज भृकुटि बंक।

बाँधे गए जहाँ जी भरकर नए नए कितने प्रबन्ध,
रमे रहें हम सब में उसके फूलों के मधु और गन्ध,

रहें सदा हम सब उसके प्रति सब सहकर भी सत्य सन्ध,
प्रेम भले ही करें स्वार्थ कर सके कभी हमको न अन्ध,
उसका बड़ा नाम छोटा भी सह न सके कोई कलंक,
अयि नियति, न कर निज भृकुटि बंक।

जाने में करुणा आती है, हो जाता है कंठ-रोध,
किन्तु चाहता है दृढ़ता ही नई दिशा का विषम बोध,
इसके भी पहले अभीष्ट है अपना अन्तःकरण शोध,
बहें आँसुओं में हम सबके क्षोभ, उलहने और क्रोध,
टूटा निज गृहराज्य भले ही, नहीं हमारे हृदय रंक;
अयि नियति, न कर निज भृकुटि बंक।

आज नई पीढ़ी का नवयुग, कठिन पुरातन संग मेल,
किन्तु मूल का ध्यान न भूले तो है अपनी सफल बेल,
जो भावी है उसको हम सब लेंगे बिना प्रयास झेल,
यदि जानेंगे अपना जीवन अपने प्रभु का एक खेल,
रामनाम लेकर करता हूँ आज नई यात्रा अशंक;
अयि नियति, न कर निज भृकुटि बंक।

मारुत मेरा

मारुत मेरा तरल तरंगी।
आग और पानी दोनों का वही एक-सा अंगी।

मानस में है लहरें लाता,
वहाँ आग भी वही जलाता,
वह धरती-आकाश एक सा बनता है बहुरंगी।
मारुत मेरा तरल तरंगी।

वेणु बजाकर रास रचाता,
वही कभी हुंकार मचाता,
अति अद्‌भुत है और अतर्कित है उसकी गति-भंगी।
मारुत मेरा तरल तरंगी।

कहीं नहीं वह आता जाता,
किन्तु कौन उसको धर पाता,
सबका साथी होकर भी वह नहीं किसी का संगी।
मारुत मेरा तरल तरंगी।

अनुवाद

विरहिणी व्रजांगना

वसन्त

हे सखि ! फूलों के खिलने से कानन अति कमनीय हुआ,
पिक-कुल कलकल चंचल अलि-दल दृश्य परम रमणीय हुआ।
कलित ललित जल उछल रहा है, चलो चलें हम कानन को,
आँखें ठंडी करें देखकर श्रीहरि के चन्द्रानन को ॥

हे सखि ! उदयाचल पर ऊषा देखो, हँसती है आकर,
काटी विरह-निशा यह मैंने किसी भाँति से धीरज धर।
पर अब कैसे रहूँ ? कहो तुम, रोते हैं ये मेरे प्राण,
चलो, जहाँ हरि नाच रहे हैं उसी कुंज को करें प्रयाण ॥

हे सखि ! आज मही फूलों से है ऋतुपति को पूज रही,
खग-कुल के कल मंगल-रव से वनस्थली है कूज रही,
धूप-रूप-परिमल से नभयुत मँहक रहा है कुंजनिकेत,
चलो वहीं पूजें हम अपने प्राणेश्वर को प्रेम समेत॥

हे सखि ! पाद्य-रूप दृग जल से धोवेंगी प्रिय के पद-पद्म,
पूजेंगी निज कर-कंजों से उनके चरण-कमल सुख-सद्म।
श्वास हमारी धूप बनेगी, दृग दीपक बन जावेगे,
कंकण और किंकणी मिलकर सुन्दर वाद्य बजावेंगे॥

हे सखि ! यह यौवन-धन अपना दूँगी प्रियतम को उपहार,
यह मस्तक-सिन्दूर आग-सा, बन जावेगा चन्दन-सार।
देखूँगी दस इन्दु नखों में करके जीवन सफल अहा !
मागूँगी चिर-प्रेम रूप वर जो मन में है समा रहा॥

हे सखि ! फूलों के खिलने से कानन अति कमनीय हुआ,
पिक-कुल कलकल चंचल अलि-दल दृश्य परम रमणीय हुआ।
कलित ललित जल उछल रहा है, चलो चलें हम कानन को,
आँखें ठंडी करें देखकर रसनिधि श्रीमधुसूदन को॥

वीरांगना

दशम सर्ग

(पुरूरवा के प्रति उर्वशी)

ख चन्द्रवंशी राजा पुरूरवा ने किसी समय केशी नामक दैत्य के हाथों से उर्वशी का उद्धार किया था। उर्वशी उनका रूप-लावण्य देखकर उन पर मोहित हो गई थी। तब उसने राजा को निम्नलिखित पत्र लिखा था। पाठकगण महाकवि कालिदास- कृत विक्रमोर्वशीय नाटक पढ़कर विशेष वृत्तान्त जान सकते हैं।,

भूप, स्वर्गभ्रष्ट हूँ तुम्हारे लिए आज मैं।
नाटक हुआ था कल देव-नाट्यशाला में,
'लक्ष्मी स्वयंवर'। बनी वारुणी थी मेनका,
लक्ष्मी मैं बनी थी, कहा वारुणी ने मुझसे
देखो यह देव-सभा चारों ओर चंचले;
केशव वे बैठे हैं, बताओ मुझे, मैं सुनूँ,
भाता कौन तुमको है ? भूल गुरु-शिक्षा मैं
जी की बात बोल उठी—भूपति पुरूरवा !
कौतुक से शक्र-शची संग हँसने लगे
और सब देवता, सभा में शोर छा गया।
रुष्ट भरतर्षि हुए, शाप दिया मुझको।
सुनो देव, अमर-सभा में मुक्त कंठ से
मैंने जो कहा था कल आज भी कहूँगी; मैं,
लाज से क्या, आज भी कहूँगी पदयुग्म में।
सागर की ओर नदी जाती है सदैव ज्यों
देखती है सूर्य्यमुखी सर्वदा ज्यों सूर्य्य को
रत उन चरणों में त्यों ही यह मन है।
दासी है तुम्हारी प्रभो, उर्वशी—घृणा हो जो

उससे तुम्हें तो कहो शीघ्र सुनूँ देव, मैं
मर तो सकूँगी नहीं, अप्सरा हूँ अमरा
जाकर अरण्य में तपस्विनी बनूँगी मैं
सांसारिक भोग छोड़ शूर, जो कृपा हो तो
वह भी कहो, मैं उड़ आऊँ उन पैरों के
आश्रय में, पक्षिणी ज्यों उड़ती है कुंज को
टूटने से पिंजर। तुम्हारे बिना तुच्छ है
स्वर्ग भी, शुभ क्षण में हेमकूट गिरि पै
केशी ने हरा था मुझे, अब भी अकेले में
सोचती हूँ बातें वे—पड़ी थी हाय ! रथ में
शस्त्राहत हरिणी-सी, काँपा गिरि सहसा !
चौंक उठी और सुना सौ सौ स्रोतनाद-सा
घोर रथ-चक्र-घोष, सिंहनाद भी सुना—
'रे रे दुष्ट दैत्य, यमलोक तुझे भेजूँगा।'
तत्क्षण हो गर्ज उठा केशी प्रतिनाद-सा।
भीषण निनाद से मैं संज्ञा शून्य हो गई।
आई जब चेतना दिखाई पड़ी सामने—
आली चित्रलेखा—संग वह छवि माधुरी—
अमरी-नरी की स्पृहा। गुणमणि, सौ गुनी
दीख पड़ी उज्ज्वल तुम्हारे समागम से
हेमकूट हेमकान्ति—मानो रवि-तेज से !
मूँद रही लाज से मैं आँखें नररत्न हे !
डाली किन्तु अन्तर्दृष्टि मैंने अति हर्ष से
सन्ध्या को कमलाकान्त देख के कमल ज्यों
हृदय निमग्न हुआ सुख के सलिल में।
तब तुम बोले चित्रलेखा ओर देख यों—
होती तमोहीना निशा जैसे इन्दु-योग से,
जैसे छिन्न धूमवाली अग्निशिखा रात में,
सुन्दरि, निहारो अब मूर्च्छा छूट जाने से,
वररुचि रुच्यमान है इस वरांगी की;
कूलभंग होने से निमेष भर के लिए
होकर मलिन फिर बहती है जाह्नवी
ऐसे ही प्रसाद से शुभे ! जो और था कहा
उससे रसज्ञता तुम्हारी है टपकती;
नरकुल धन्य है तुम्हारे गुण-गण से।

बार बार काँपने से दग्ध इस उर के,
मेरा दिव्य पुष्प-हार हिलता निहार के,
तुमने पढ़ा था जो सु-पद्य कवे, याद है ?
जैसे म्रियमाण जन सुनता है भक्ति से
जीवन का मन्त्र, सुनी उर्वशी ने वैसे ही
गाथा सो तुम्हारी हे सुधांशुकुल-सन्मणे !
तुमने सहज नरराज, सुरबाला के
मन को भुलाया, क्यों भुलाओगे न अथवा
चिर सुर-वैरी तव विक्रम से काँपते
हैं हे महाविक्रम, विधाता के सु-वर से;
वज्री से विशेष है तुम्हारा वीर्य्य रण में।
देख वह रूप-ओज लज्जित मनोज है।
मोहे क्यों न देवबाला तब गुण-रूप से ?
देव, सुनो, इच्छा से तुम्हारे राजवन में
वरती है आम को स्वयंवरा वधू-लता
जैसे, ठीक वैसे इस नन्दन विपिन में
रूपगुणाधीन नारियाँ हैं हे नरश्रेष्ठ;
मर्त्य में क्या स्वर्ग में विधान यही विधि का।
करके कठोर तप स्वर्ग-भोग पाने से
यह चिरयौवन सुधा ही सब चाहते;
अर्पूंगी तुम्हारे चरणों में वही आप मैं,
काय, मन, दोनों नरनाथ, बेच दूँगी मैं।
उर्वशी को ठौर दो हे उर्वीश्वर, उर्वी में,
राजचरणों में कर देगी, प्रजा-भाव से,
दासी, सदा सर्वदा सयत्न, और क्या कहूँ ?
विष ही विषौषध बताते सब लोग हैं
मरती थी देव, काम-विष से मैं, ऋषि ने
मानो यही सोच दिया शाप-विष मुझको—
होकर कृपालु। तुम विज्ञ हो, विचार के
आज्ञा दो नरेन्द्र, मुझे, छोड़ सुरपुर को
उन पद-पद्मों में पड़ूँ मैं, वारिधारा ज्यों
मेघाश्रय छोड़ पड़ती है दूर सिन्धु में,—
नील नीर-राशि में, सहर्ष मिल जाने को।
मन्दाकिनी-तीर बैठ नन्दनविपिन में
पत्र यह मैंने लिखा। कल्पतरु को प्रभो,

पूजा भक्ति-भाव से है, कह निज कामना।
फूले हुए फूल मेरे माथे पर हैं गिरे;
कहती हरप्रिया है वीचि रव-मिष से
मुझसे कि पूर्ण होगी तेरी मनः कामना।
भेजती हूँ भूप, इसी साहस से सेवा में
चित्रलेखा आली को बना के पत्रवाहिका
एकटक दृष्टि से रहूँगी राह देखती
उत्तर की, पृथ्वीनाथ ! और भला क्या लिखूँ ?

मेघनाद-वध

प्रथम सर्ग

बैठा कनकासन पै वीर दशानन है,
सोहता है हेमकूट-हेम शिर पर ज्यों
शृंगवर तेजःपुंज। चारों ओर बैठे हैं
सौ सौ पात्र, मित्र, सभासद नतभाव से
विश्व में विचित्र सभा स्फटिक-गठित है;
उसमें जड़े हैं रत्न, मानो मानसर में
सरस सरोज-फूल चारों ओर फूले हैं।
श्वेत, हरे, लाल, पीले, नीले स्तम्भ पंक्ति से
ऊँची सुनहरी छत सिर पर रक्खे हैं;
उत्थित अयुत फन फैलाकर अपने
धारण किए है धरा सादर फणीन्द्र ज्यों।
मोती, लाल, पन्ने और हीरे अनमोल-से
झलमल झालरों में झूम झूलते हैं यों—
झूला करते हैं ज्यों महोत्सव-भवन में
पल्लवों के हार गुँथे कलियों, फूलों से।
जागती है बार-बार, जगमग भाव से,
क्षोणी में क्षणप्रभा-सी, रत्नसम्भवा विभा
चक्षु चौंधियाती हुई ! चारुमुखी चेरियाँ
करके मृणाल-भुज संचालित सुख से
रत्न-दंड वाले चारु चामर डुलाती हैं।
धारण किए हैं छत्र छत्रधर यों अहा !
जलकर काम हर-कोपानल में न ज्यों
छत्रधर-रूप में खड़ा है सभा-सौध में।
भीममूर्ति द्वारपाल द्वार पै है घूमता,
शूल लिये, पांडव-शिविर-द्वार पर ज्यों

रुद्रेश्वर ! गन्ध सह बहता सु-मन्द है
अक्षय अनन्त वायु विश्रुत वसन्त का।
काकली-तरंग-संग लाके अहा ! रंग से
बाँसुरी-सुधा-तरंग मानो वज्र-वन में।
दैत्यराज मय, क्या तुम्हारी सभा ? तुच्छ है
इसके समक्ष, स्वच्छ रत्नमयी, जिसको
तुमने रचा था इन्द्रप्रस्थ में प्रयास से
पांडवों को तुष्ट करने के लिए आप ही।
ऐसी सभा-मध्य बैठा रक्षः कुलराज है,
मौन सुत-शोक-वश, बहती है आँखों से
अविरल अश्रुधारा—वस्त्र भिगो करके,
तीक्ष्ण शर लगने से सरस शरीर में
रोता तरु नीरव है जैसे। कर जोड़ के—
सामने खड़ा है भग्न दूत, भरा धूल से;
शोणित से आर्द्र है शरीर सब उसका।
शत शत योद्धा जो कि वीरबाहु-संग ही
पैठे समराब्धि में थे, शेष बचा सबमें
एक यही वीर; उस काल की तरंग ने
सबको डुबोया, इसी राक्षस को छोड़ के;
नाम मकराक्ष, यक्षराज-सम है बली।
सुत का निधन सुन हाय ! इसी दूत से,
आज महा शोकाकुल राजकुल रत्न है
रावण ! सभाजन दुःखी हैं राज-दुःख से।
घन जब घेरता है भानु को, भुवन में
होता है अँधेरा। चेत पाके कुछ देर में
दीर्घ श्वास छोड़ वह शोक सह बोला यों—
"शर्वरी के स्वप्न के समान तेरा कहना
है रे दूत, आकुल है देव-कुल जिसके
भीम भुज-विक्रम से, दीन नर राम ने
मारा उसे सम्मुख समर में ? क्या विधि ने
छेंकुर का वृक्ष छेद डाला फूल-दल से ?
हा सुत, हा वीरबाहो, शूरशिरोरत्न हा !
खोया है तुम-सा धन मैंने किस पाप से ?
दारुण रे दैव, दोष देख मेरा कौन सा
तूने यह रत्न हरा ? हाय ! यह यातना

कैसे सहूँ ? और कौन मान अब रक्खेगा
काल-रण-मध्य इस सुविपुल कुल का !
काटकर कानन में एक एक शाखा को,
अन्त में लकड़हारा काटता है वृक्ष को ;
हे विधाता, मेरा महा वैरी यह वैसे ही
करता है देख, बलहीन मुझे नित्य ही !
सत्वर निर्मूल मैं समूल हूँगा इसके
शायकों से ! अन्यथा क्या मरता समर में
भाई कुम्भकर्ण मेरा, शूलधर शम्भु-सा
एक मेरे दोष से अकाल में ? तथा सभी
रक्षोवंशरक्षी वीर ? शूर्पणखा, तूने हा !
पंचवटी में जा किस कुक्षण में देखा था
कालकूट धारी यह नाग, ओ अभागिनी ?
और किस कुक्षण में (तेरे दुख से दुखी)
लाया था कृशानु शिखा रूपी जानकी को मैं
स्वर्ण के सुगेह में ? हा ! इच्छा यही होती है—
छोड़ यह हेमधाम, निविड़ अरण्य में
जाकर जुड़ाऊँ निज ज्वाला मैं अकेले में !
पुष्प दाम-सज्जित, प्रदीपों के प्रकाश से
उद्भासित नाट्यशाला-सी थी यह सुन्दरी
हेमपुरी मेरी ! अब एक एक करके
सूखते हैं फूल और बुझते प्रदीप हैं;
नीरव रवाब, वीणा, मुरली, मृदंग हैं;
फिर क्यों रहूँ मैं यहाँ शोक मात्र पाने को ?
किसकी निवास-वासना है अन्धकार में ?''
रक्षोराज रावण ने करके आक्षेप यों
शोक से विलाप किया; हाय ! हस्तिना में ज्यों
सुनकर दिव्यदृष्टि-संजय के मुख से
अन्धराज, भीमभुज भीम के प्रहारों से
पुत्रों का प्रणाश, कुरुक्षेत्र काल-रण में,
रोए थे विलापकर बार-बार शोक से।
उठ तब, दोनों हाथ जोड़, नतभाव से,
मन्त्रिवर सारण यों कहने लगा कि—''हे
रक्षोवंश-शेखर महीपते, महामते,
विश्व में विदित, इस दास को क्षमा करो।

शक्ति किसकी है भला ऐसी इस लोक में
समझावे आपको जो ? किन्तु प्रभो, मन में
सोच देखो, अभ्रभेदी शृंग यदि भंग हो
वज्र के प्रहार से तो होता है कभी नहीं
भूधर अधीर उस बाधा से। विशेषतः
यह भवमंडल है मायामय, स्वप्न-सा,
इसके प्रदत्त सुख-दुःख सब झूठे हैं।
झूलते हैं मोह-छलना में अज्ञ जन ही।''

उत्तर दिया यों तब लंकापति ने उसे—
''मन्त्रिवर सारण, कहा जो तुमने, सभी
सत्य है, मैं जानता हूँ, मायामय विश्व है;
इसके प्रदत्त सुख-दुःख सब झूठे हैं।
रोते हैं अबोध प्राण किन्तु जानकर भी।
मंजु मनोवृन्त पर फूलता है फूल जो
तोड़े उसे काल तो अधीर मन होता है
और डूबता है शोक-सिन्धु में, मृणाल ज्यों
डूबता है पद्म रूपी रत्न हरा जाने से।''

इसके अनन्तर निदेश दिया राजा ने—
''वार्तावह, बोल, गिरा क्योंकर समर में
अमरगणों का त्रास वीरबाहु विक्रमी ?''

करके प्रणाम चरणों में, कर जोड़ के,
कहने लगा यों भग्न दूत—''हाय ! स्वामी, मैं
कैसे सो अपूर्व कथा आपको सुनाऊँगा ?
वर्णन करूँगा शौर्य्य कैसे वीरबाहु का ?
मदकल कुंजर घुसे ज्यों नल-वन में,
धन्वी वीर-कुंजर प्रविष्ट हुआ, वेग से,
शत्रु-दल में त्यों। उर काँपता है अब भी
थर थर, सोच उस भीषण हुंकार को !
हे प्रभो, सुना है सिंहनाद घनघोष भी,
कल्लोलित सिन्धु-रव; और मैंने देखा है
वेग से इरम्मद को जाते वायु-मार्ग में;
किन्तु सुना मैंने नहीं तीनों लोक में कभी
ऐसा घोर घर्घर कठोर शोर धन्वा का !
और ऐसी भीम शर-वृष्टि नहीं देखी है !

यूथनाथ-संग गज-यूथ यथा जाता है

रण में प्रविष्ट हुआ, साथ ही कुमार के,
वीर-वृन्द। धूल उड़ छा गई गगन में,
घेर लिया मानो व्योम आके क्रुद्ध मेघों ने;
कौंधा के समान चक्षु चौंधा कर वेग से
तीक्ष्णतम बाण उड़े व्योम-पथ में प्रभो,
सन सन ! धन्य युद्ध-शिक्षा वीरबाहु की।
गिन सकता है कौन, शत्रु मरे कितने ?
सैन्यसह यों ही महाराज, पुत्र आपका
जूझा वैरियों से। फिर नर वर राम ने
रण में प्रवेश किया। सोने का किरीट था
सिर पर और महा भीम चाप कर में,—
वासव का चाप बहु रत्नों से खचित ज्यों।''
रोया भग्न दूत चुपचाप यह कह के,
रोता है विलापी यथा पूर्व व्यथा सोच के
रोए सब सभ्य जन नीरव, विषाद से।
साश्रुमुख मन्दोदरीमोहन ने आज्ञा दी
''कह हे सन्देशवह, कैसे, कह मैं सुनूँ,
मारा रावणात्मज को दशरथ-पुत्र ने ?''
''कैसे, हे महीप,'' फिर भग्न दूत बोला यों—
''कैसे मैं कहूँगा वह वृत्त, कैसे आप भी
उसको सुनेंगे ? हाय ! कालमूर्ति केसरी,
ज्वालामयी दृष्टि वाला, घोर दाँत पीस के
टूटे वृष-स्कन्ध पर, कूदकर कोप से—
जैसे, ठीक वैसे ही कुमार पर राम ने
आके किया आक्रमण ! चारों ओर रण की
तुमुल तरंगें उठीं, सिन्धु ज्यों समीर से
जूझकर गर्जता हो। ज्वाला-तुल्य असियाँ
घूम घूम धूम, ऐसे ढालों के समूहों में
जागती थीं सैकड़ों-हजारों ! अम्बुराशि ज्यों
नाद करते थे कम्बु, देव, और क्या कहूँ ?
पूर्वजन्म-दोष-वश एकाकी बचा हूँ मैं !
हाय रे विधाता ! मुझे तूने किस पाप से
आज यह ताप दिया ? सोया क्यों न युद्ध में
लंकाअलंकार वीरबाहु के ही साथ मैं
शूर-शर-शय्या पर ? किन्तु निज दोष से

दोषी मैं नहीं हूँ। देव, देखो इस वक्ष को,
विक्षत है शत्रु के प्रहारों से समक्ष ही;
कोई अस्त्र-चिह्न मेरी पीठ पर है नहीं।''
राक्षस निस्तब्ध हुआ घोर मनस्ताप से,
बोला तब लंकापति हर्ष से, विषाद से—
''धन्य दूत, तेरी बात सुन किस वीर का
चाहेगा न चित्त भला जाने को समर में ?
डमरू निनाद सुन काल फणी क्या कभी
रह सकता है पड़ा बिल में शिथिल-सा ?
धन्य लंका, वीर-पुत्र-धात्री ! चलो, चलके
देखें हे सभाजन, पड़ा है किस भाँति से
शूरशिरोरत्न वीरबाहु रणभूमि में;
आओ सब, देख आँखें ठंडी करें अपनी।''
रावण चढ़ा यों तब सौध के शिखर पै,
हेम उदयाद्रि पर अंशुमाली भानु ज्यों।
स्वर्ण-सौध रूपी मंजु मुकुट-विमंडिता
शोभित थी चारों ओर लंकापुरी-सुन्दरी !
श्रेणीबद्ध हेमहर्म्य, पुष्पवाटिकाओं में;
कमल सरोवरों में रौप्यच्छटा उत्सों में
और नेत्रलोभी फूल वृक्षराजियों में थे,
युवती में यौवन ज्यों; हीरों के कलश थे
देवालय-शिखरों में, और सब रंगों के
रत्नों की प्रपूर्णता थी विपणि-समूह में।
लाकर असंख्य धन मानो इस विश्व ने
रक्खा है स्वर्णलंके, तेरे पदतल में
भक्तिभावना के साथ, पूजा के प्रकार से।
विश्व की है वासना तू, सर्व सुखशाला है।
उन्नत प्राचीर महा अटल-अचल-सी
रक्षोराज रावण ने देखी; उस पर था
वीर-मद-मत्त अस्त्रधारी-दल घूमता,
शैल पर सिंह मानो। चार सिंहद्वार जो
रुद्ध अब थे, विलोके सीताहर ने; वहाँ
सज्जित असंख्य गज, अश्व, रथ आदि थे;
और थे सतर्क शूर सैनिक महारथी।
बाहर पुरी के वैरि-वृन्द देखा वीर ने,

बालू का समूह यथा तीर पर सिन्धु के,
तारागण-मंडल या विस्तृत गगन में।
थाना रोप पूर्व वाले द्वार पर, युद्ध में
दुर्द्धर, अरुद्धगति वाला वीर नील है।
दक्षिण के द्वार पर अंगद है घूमता,
करभ-समान नव बल से बलिष्ठ, या
विषधर नाग तुल्य, अन्त में जो हिम के
फन को उठा के और शूल जैसी जिह्वा को
गर्व से हिलाके, नव कंचुक धरे हुए
घूमता है ! उत्तर के द्वार पर आप ही
मर्कट-महीप वीर-केसरी सुकंठ है।
पश्चिम के द्वार पर देव दाशरथि हैं,
हाय रे ! विषण्ण अब सीता के वियोग से
कुमुद-विनोदी विधु कौमुदी-विहीन ज्यों !
लक्ष्मण, विभीषण, समीर-सुत साथ हैं।
होकर सतर्क, सावधान, शतघेरों से
चारों ओर वैरि-वृन्द घेरे हेम लंका हैं,
गहन विपिन में ज्यों व्याध-दल मिलके,
जाल ले, सतर्क घेरता है नेत्ररंजनी
रूप में, पराक्रम में भीमा, आदि भीमा सी,
केसरी की कामिनी को ! युद्धक्षेत्र सामने
देखा वीर रावण ने। कोलाहल करके
घूमते शृगाल, गीध, कुक्कुर, पिशाच हैं।
बैठते हैं, उड़ते हैं और लड़ते हैं वे
आपस में; कोई सम-लोभी जीव को कहीं
पक्ष के प्रहारों से खदेड़ता है दूर लों,
सुख से निनाद कर कोई मांस खाता है;
पीता है रुधिर कोई; मृतकों के ढेर हैं।
भीमाकृति कुंजरों के पुंज हैं पड़े वहाँ,
झंझागति-अश्व गति-हीन हाय ! अब हैं;
चूर्ण हैं असंख्य रथ; सादी, निषादी, रथी
और शूली, एक साथ सब हैं पड़े हुए !
वर्म, चर्म, चाप, शर, भिन्दिपाल, असियाँ,
मुग्दर, परशु, तूण फैले सब ओर हैं।
कुंडल, किरीट, हार, शीर्षकादि वीरों के

तेजोमय भूषण विकीर्ण हैं जहाँ-तहाँ।
यन्त्रि-दल यन्त्रों में पड़े हैं यम-तन्त्र हों !
ध्वजवह, हेम-ध्वज-दंड लिये हाथ में,
कालदंडाघात से पड़े हैं। हाय रे ! यथा
स्वर्ण-चूर्ण शस्य कट गिरते हैं क्षेत्र में
कर्षक-करों से, पड़े राक्षस असंख्य हैं;
भानु-कुल-भानु वीर राघव के बाणों से !
शूरशिरोरत्न वीरबाहु है पड़ा वहीं
वैरियों को दाबे बली, जैसे था पड़ा अहा !
जननी हिडिम्बा के विशाल स्नेह-नीड़ में
पालित गरुड़-सा घटोत्कच महाबली,
जब उस कालपृष्ठधारी कर्ण धन्वी ने
छोड़ी शक वाली शक्ति कौरव-हितार्थ थी।
शोक से अधीर तब बोला राक्षसेन्द्र यों—
"आज जिस शय्या पर वत्स, तुम सोए हो,
शूर-कुल इच्छुक है सर्वदा ही उसका !
दलकर शत्रु-दल रण में स्वबल से,
जन्मभूमि-रक्षा हेतु कौन डरे मृत्यु से ?
भीरु है जो मूढ़ डरे, धिक उसे, धिक है !
तो भी, यह चित्त तात, मोह-मद-मुग्ध है,
फूल-सा मृदुल; इस वज्र के प्रहार से
कैसा आज कातर है, जानेंगे इसे वही
जो कि अन्तर्यामी हैं, जना मैं नहीं सकता।
यह भव-भूमि विधे, रंगभूमि तेरी है;
किन्तु पर-दुःख देख क्या तू सुखी होता है ?
होता है सदैव पिता दुःखी पुत्र-दुःख से,
विश्व-पिता तू है, यह तेरी कौन रीति है ?
हा सुत, हा वीरबाहो, शूरशिरोरत्न हा !
क्योंकर तुम्हारे बिना मैं ये प्राण रक्खूँगा ?"
करके आक्षेप यों ही राक्षसों के राजा ने
दृष्टि फेर देखा दूर मकरालय सिन्धु यों—
मेघों का समूह मानो निश्चल है, उसमें
प्रस्तर-विनिर्मित, सुदीर्घ, दृढ़, सेतु है।
दोनों ओर फेनमयी फणिवर रूपिणी
उठती तरंगें हैं निरन्तर निनाद से।

वह पुल विपुल, अपूर्व है, प्रशस्त है,
राज-पथ-तुल्य; जन-स्रोत कल रव से
बहता है, स्रोत पथ से ज्यों वारि वर्षा में।
        सिन्धु-ओर देख महामानी राक्षसेन्द्र यों
बोला अभिमान वश—"क्या ही मंजु मालिका
पहनी प्रचेतः, आज तुमने, हा ! धिक है,
तुम जो अलंघ्य हो, अजेय हो, क्या तुमको
अच्छा लगता है यही ? सोचो, हे महोदधे !
आभूषण क्या तुम्हारा रत्नाकर, है यही ?
हाय ! किस गुण से, कहो, हे देव, मैं सुनूँ,
किस गुण से है तुम्हें क्रीत किया राम ने ?
वैरी हो प्रभंजन के और प्रभंजन ज्यों
भीम विक्रमी हो तुम; फिर किस पाप से
पहने हो तुम यह निगड़, कहो, सुनूँ ?
नीच भालुओं को बाँध, बाजीगर उनसे
खेल करता है, किन्तु राजपद सिंह के
बाँधे पक्षि-रज्जु से जो, शक्ति यह किसकी ?
यह जो सुवर्ण-पुरी लंका, नील जलधे,
शोभित तुम्हारे वक्ष पर है कि नित्य ज्यों
माधव के वक्ष पर कौस्तुभ सुमणि है,
इस पर बताओ, क्यों तुम यों अदय हो ?
अब भी उठो हे वीर, तोड़ो वीर-बल से
तुम यह पाप-बन्ध, मेटो अपवाद को;
शान्त करो ज्वाला यह, अतल सलिल में
शीघ्र ही डुबोके इस शक्तिशाली शत्रु को।
न यह कलंक-रेखा रक्खो तुम माथे पै,
विनती तुम्हारे चरणों में यही मेरी है।"
        राजपति रावण यों कह फिर मौन हो,
बैठा कनकासन पै, आके सभा-धाम में;
बैठे मौन पात्र-मित्र-सभ्य सब शोक से
चारों ओर। इतने में गूँजा वहाँ सहसा
रोदन-निदान-मृदु; गूँज उठा साथ ही
नूपुर-रणन और किंकिणी-क्वणन भी !
हेमांगिनी संगिनी-समूह लिये संग में
चित्रांगदा देवी तब आई सभाधाम में।

केश बिखरे थे, देह आभरण-हीन थी;
पाले से प्रसूनहीना, दीना लता हो यथा !
अश्रुमय नेत्र, हेम-पूर्ण यथा पद्म थे !
वीरबाहु-शोक-वंश व्याकुल थी महिषी,
होती है विहंगिनी ज्यों, हाय ! जब नीड़ में
घुसकर कालनाग शावक को ग्रस ले !
फैली शोक-झंझा सभा-मध्य महा वेग से,
चारों ओर वामा-वृन्द शोभित हुआ वहाँ,
रूप में सुरांगना ज्यों, मुक्त केश-घन थे,
आँसुओं की वृष्टि वारि-धारा थी, उसाँसों का
प्रलय-प्रभंजन था, हाहाकार मन्द्र था !
चौंका कनकासन पै लंकापति देख के।
फेंक दिया चामर दृगम्बु भर दासी ने,
छत्र फेंक छत्रधर रोया; क्षोभ-रोष से
खींच लिया घोर खर खड्ग द्वारपाल ने,
पात्र-मित्र-सभ्य सब रोए घोर रव से

बोली, कुछ देर बाद, चित्रांगदा महिषी,
रावण की ओर सती देख, मृदु स्वर से—
"एक रत्न विधि ने दिया था मुझे कृपया,
रक्खा उसे पास था तुम्हारे, मुझ दीना ने,
रक्षःकुलरत्न, रक्ष-हेतु; वृक्ष-नीड़ में
शावक को रखती खगी है ज्यों। कहो, कहाँ
रक्खा तुमने है उसे लंकानाथ ? है कहाँ
मेरा सो अमूल्य रत्न ? पाऊँ मैं उसे कहाँ ?
दीन-धन-रक्षण है राजधर्म्म; तुम हो
राजकुल-राज, राजा, रक्खा कहो, तुमने
कैसे, मैं अकिंचना हूँ, मेरे उस धन को ?"

उत्तर में बोला तब वीर दशानन यों—
"व्यर्थ यह लांछन लगाती हो प्रिये, मुझे
क्यों तुम ? उचित है क्या निन्दा उस जन की,
दोषी ग्रह-दोष से है जो ? हा ! यह यातना
सहता हूँ दैव-वश, देवि, यह सोने की
वीरपुत्रधात्री पुरी देखो, आज हो रही
वीरशून्य, वीरप्रसू—मानो ग्रीष्म ऋतु में
नीर-शून्य सरिता, प्रसून-शून्य अटवी !

करके प्रवेश नागवल्ली-लता-गृह में
शल्य यथा करता है छिन्न-भिन्न उसको,
तोड़ता है दाशरथि मेरे हेमपुर को !
आप अब्धि भी है बँधा आग्रह से उसके !
एक सुत-शोक से हो व्यग्र तुम ललने,
शत सुत-शोक से है मेरा हिया फटता
रात-दिन ! हाय ! देवि, आँधी जब आती है,
करके विदीर्ण तब सेमल की फलियाँ,
उनकी रुई को वह वेग से उड़ाती है,
रक्षःकुल-शेखर विपुल हाय ! मेरे त्यों
होते हैं विनष्ट इस काल-रण-रंग में।
लंका के विनाश को बढ़ाता विधि हाथ है।''
रक्षोराज मौन हुआ, होकर अधोमुखी
चन्द्रानना चित्रांगदा रोने लगी शोक से;
होने लगी व्याकुल हा ! याद कर पुत्र को।
राघवारि बोला फिर सान्त्वना के स्वर में—
''योग्य है विलाप यह देवि, क्या तुम्हें कभी ?
रण में तुम्हारा पुत्र, देश-वैरी मार के,
स्वर्ग को गया है; तुम वीरसू हो, वीरों का
कर्म्म कर वीरगति पाई तव पुत्र ने।
उसके लिए क्या यह क्रन्दन उचित है ?
मेरा कुल उज्ज्वल हुआ है तव पुत्र के
विक्रम से, इन्दुमुखि, रो रही हो फिर क्यों ?
क्यों तुम भिगो रही हो आँसुओं से आपको ?''
बोली तब चारुनेत्रा चित्रांगदा सुन्दरी—
''देश-वैरी मारता है रण में जो, धन्य है;
धन्य उसका है जन्म, मानती हूँ आपको
धन्य मैं, प्रसू जो हुई ऐसे वीर सूनु की।
किन्तु सोचो नाथ, तव लंकापुरी है कहाँ;
है वह अयोध्या कहाँ ? कैसे, किस लोभ से,
राम यहाँ आया ? यह स्वर्णपुरी सुन्दरी,
इन्द्र को भी वांछित है, अतुल त्रिलोकी में;
शोभित है रत्नाकर चारों ओर इसके
उन्नत प्राचीर जैसे रजत-रचित हो।
सुनती हूँ सरयू किनारे वास उसका;

मानव है तुच्छ वह। क्या तुम्हारा सोने का
सिंहासन छीनने को राघव है जूझता ?
वामन हो चाहे कौन चन्द्र को पकड़ना ?
देव, फिर देश-वैरी कहते हो क्यों उसे ?
रहता सदैव नतमस्तक भुजंग है,
किन्तु यदि उस पै प्रहार करे कोई तो
फन को उठाके वह डसता है उसको।
किसने जलाई यह कालानल लंका में ?
हाय ! निज कर्म्म-दोष से ही नाथ, तुमने
कुल को डुबोया और डूबे तुम आप भी !''
कहके यों मर्मवाक्य वीरबाहु-जननी
चित्रांगदा रोती हुई सखियों को साथ ले,
अन्तःपुर को गई। सशोक, साभिमान यों
गर्ज उठा राघवारि, हेमासन छोड़ के—
''इतने दिनों में (बोला) शूर-शून्य हो गई
मेरी स्वर्णलंका। इस कालान्तक रण में
भेजूँ अब और किसे ? कौन अब रक्खेगा
रक्षःकुल-मान ? आप मैं ही अब जाऊँगा।
सज्जित हो, लंका-अलंकार शूर-सैनिको !
देखूँ, रघुवंशमणि रखते हैं गुण क्या ?
होगा आज जगत अरावण, अराम वा।''
इतना कहा जो शूर-सिंह दशानन ने,
दुन्दुभि सभा में बजी घोर घन घोष से।
सुन वह नाद, सजी वीर-मद-मत्त हो,
सुर-नर-दैत्य भीति, यातुधानवाहिनी।
निकले सवेग वारियों से—जलस्रोत-से,
विक्रम में दुर्निवार—वारणों के यूथ, त्यों
अश्व मन्दुराओं से, लगामों को चबाते-से,
ग्रीवाएँ सुभंग किए। स्वर्णचूड़ रथ भी
आए वायु-वेग से, पुरी में प्रभा छा गई।
प्रबल-पदातिक, सुवर्ण-टोप पहने,
खड्ग खनकाते हुए कान्तिमान कोषों में,
पीठों पर ढाल बाँधे, रण में अभेद्य जो;
हाथों में त्रिशूल लिये, अभ्रभेदी शाल ज्यों,
वर्म्मावृत देह किए, आगे पंक्ति बाँध के।

आए यों निषादी कि ज्यों मेघ-वरासन पै
वज्रपाणि, सादी यथा अश्विनीकुमार हों;
भीम भिन्दिपाल, विश्वनाशी फरसे लिये।
फैली नभोमंडल में आभा, यथा वन में
दावानल लगने से फैलता उजाला है।
रक्षःकुल-केतु-पट, रत्नों से जड़ा हुआ,
धीर ध्वजधर ने उड़ाया, यथा फैलाके
पक्षों को उड़ा हो स्वयं वैनतेय व्योम में !
चारों ओर शोर कर बाजे बजे युद्ध के,
उल्लसित हो के हय हींसे, गज गरजे;
अम्बुराशि ऐसा कम्बुराशि-रव छा गया;
टंकारित चाप हुए, झंकारित असियाँ,
कान फटने-से लगे घोर कोलाहल से।

परिशिष्ट

गुप्तजी की मुख्य कृतियाँ और उनका प्रकाशन-काल

प्रबन्ध-कविता

1. रंग में भंग (1909)
2. जयद्रथ-वध (1910)
3. शकुन्तला (1914)
4. पंचवटी (1915)
5. किसान (1916)
6. सैरन्ध्री (1927)
7. वक-संहार (1927)
8. वन-वैभव (1927)
9. शक्ति (1927)
10. विकट भट (1928)
11. गुरुकुल (1928)
12. साकेत (1931)
13. यशोधरा (1932)
14. द्वापर (1936)
15. सिद्धराज (1936)
16. नहुष (1940)
17. कुणाल-गीत (1941)
18. कर्बला (1942)
19. अर्जन और विसर्जन (1942)
20. अजित (1946)
21. हिडिम्बा (1950)
22. प्रदक्षिणा (1950)
23. जय भारत (1952)
24. विष्णुप्रिया (1957)
25. रत्नावली (1960)

नाट्य-कविता

26. अनघ (1925)
27. दिवोदास (1950)
28. पृथिवीपुत्र (1950)
29. जयिनी (1950)
30. लीला (1960)

निबन्ध-कविता

31. भारत-भारती (1912)
32. हिन्दू (1927)
33. राजा-प्रजा (1956)

मुक्तक-कविता

34. पद्य-प्रबन्ध (1912)
35. पत्रावली (1916)
36. स्वदेश-संगीत (1925)
37. मंगल-घट (1937)
38. आस्वाद (1938)
39. काबा (1942)
40. अंजलि और अर्घ्य (1948)
41. स्वस्ति और संकेत (1979)

प्रगीत-कविता

42. वैतालिक (1916)
43. झंकार (1927)
44. विश्ववेदना (1942)
45. भूमि-भाग (1953)
46. उच्छ्वास (1960)

गद्य-रचनाएँ

47. तिलोत्तमा (नाटक, 1915)
48. चन्द्रहास (नाटक, 1916)
49. श्रद्धांजलि और संस्मरण (1979)
50. मुंशी अजमेरी (संस्मरण, 1982)

पद्यानुवाद : बाँग्ला से

1. विरहिणी व्रजांगना : माइकेल मधुसूदन दत्त (1914)
2. पलासी का युद्ध : नवीनचन्द्र सेन (1914)
3. वीरांगना : माइकेल मधुसूदन दत्त (1927)
4. मेघनाद-वध : माइकेल मधुसूदन दत्त (1927)
5. वृत्र-संहार : हेमचन्द्र वन्द्योपाध्याय (1962)
6. रुबाइयात-उमर खय्याम (अंग्रेजी से, 1931)

गद्यानुवाद : संस्कृत से

7. स्वप्नवासवदत्ता : भास (1914)
8. दूतघटोत्कच : भास (1955)
9. अविमारक : भास (1963)
10. प्रतिमा : भास (1963)
11. अभिषेक : भास (1963)

●●●